재능이 뛰어난 사람을 조기에 발굴하여
능력과 소질에 맞는 교육을 실시함으로써
개인의 타고난 잠재력을 계발하고 개인의 자아실현을 도모하며
국가와 사회의 발전에 이바지하게 함을 목적으로 한다.

영재교육 진흥법 제1조(목적)

자신의 능력과 소질에 맞는 책을 만나, 개인의 타고난 잠재력을 계발하고 개인의
자아실현을 도모하며 국가와 사회의 발전에 이바지하는 성장이 이루어지기를
도서출판 세화가 응원합니다.

생소한 물리수업

호기심을 실력으로 바꾸는
브리지 영재 학습

생소한 물리수업

신학수 · 남철주
지음

도서출판
세화

프롤로그

● chat GPT로 세상이 떠들썩합니다.

　인공지능이 사람의 지적 능력을 대체할 가능성을 보여주기 때문이지요. 상상만 했던 일들이 현실이 되는 것을 보면 과학기술의 발전이 정말 놀랍다는 생각이 듭니다. 그런데 돌이켜보면 인류의 역사에 이런 놀라운 경험은 늘 있어 왔습니다. 코페르니쿠스의 태양중심설, 뉴턴의 고전역학, 상대성이론과 양자역학을 기반으로 한 현대물리학 등 새로운 학문이 등장할 때마다 인류는 장밋빛 미래상을 기대했었지요. 그러고 보면 지금 우리가 경험하고 있는 인공지능 기술은 새로운 시대를 여는 서막에 불과한 것일지도 모릅니다. 머지않은 장래에 인공지능을 포함한 정보기술뿐만 아니라 생명과학의 획기적인 발전을 기반으로 한 새로운 과학기술이 등장하게 될 것이기 때문이지요.

　앞으로는 정보와 생명과학이 융합된 새로운 과학기술 시대가 시작될 것이고, 웬만한 문제는 인공지능이 해결하게 될 것입니다. 이렇듯 새로운 과학기술은 예측 불가한데다가, 인간의 정체성에 대한 의문도 담고 있어서 간혹 희망보다는 불안이 더 크게 보이기도 합니다.

이런 시대를 살아가야 할 사람이 갖추어야 할 능력은 무엇일까요? 적어도 문제 해결 방법을 스스로 설계할 수 있는 역량은 갖추어야 하지 않을까요? 이러한 역량을 갖추고, 나아가 시대를 이끌어 가는 인재로 성장하려면 어떻게 해야 할까요?

기본으로 돌아가야 합니다. 현대 과학기술의 겉모습에 취하지 말고 과학의 본질을 파고들어야 합니다. 특별히 물리학은 이러한 현대 과학기술의 본질을 이루고 있기에 더욱 관심을 가져야 할 학문입니다.

호기심을 실력으로 바꾸는 브리지 영재 학습, 생소한 물리수업은 과학에 흥미를 갖고 있는 초등학교 고학년 이상의 학생을 대상으로 집필되었습니다. 물리학을 포함한 과학에 많은 관심을 가지고 있던 초등학생이 중학생, 고등학생이 되며 과학을 어렵고 지겨운 과목으로만 생각하게 되는 안타까운 현실을 되돌리고 싶었습니다. 그래서 꼭 필요한 내용을 쉽고 재미있게 전달하기 위해 노력하였고, 책을 읽고 나면 자연스럽게 물리학의 큰 그림이 그려질 수 있도록 구성하였습니다.

이 책이 초등과학을 뛰어넘어 더 깊은 과학으로 가는 가교가 되고, 물리학의 기초를 제대로 공부하려는 학생에게 하나의 길잡이가 되어주길. 그래서 이 책을 읽은 학생들이 훌륭한 과학 인재로 성장하는데 작은 도움이 되길 희망합니다.

저자 일동

차례

프롤로그 004
이 책을 활용하는 법 010
등장인물 소개 012

PART 1 운동 교실

**눈 깜빡할 사이에
30만 km를 가는 것은?** 014

개념문제 040 | 응용문제 042 | 영재문제 044

PART 2 속도와 가속도 교실

**시간이 갈수록 지치기는커녕
점점 더 빨라지는 것은?** 046

개념문제 074 | 응용문제 076 | 영재문제 078

 **PART 3** 갈릴레이의 상대성 교실

오리일까, 토끼일까? 080

개념문제 110 | 응용문제 112 | 영재문제 114

 **PART 4** 알짜힘 구하기 교실

1+1은 2가 아닐 수도 있다!?!? 116

개념문제 142 | 응용문제 144 | 영재문제 146

 **PART 5** $F=ma$ 교실

세상의 모든 운동을 설명하는 단 하나의 비밀 공식 148

개념문제 174 | 응용문제 176 | 영재문제 178

작용과 반작용 교실
헤라클레스가 힘을 쓸 수 없는 이유는? 180

개념문제 204 | 응용문제 208 | 영재문제 210

자유낙하 교실
떨어지는 모든 것에는 물리학이 숨어있다 212

개념문제 236 | 응용문제 240 | 영재문제 242

충돌과 운동량 교실
달걀을 떨어뜨렸는데, 깨지지 않는 이유는? 246

개념문제 274 | 응용문제 276 | 영재문제 278

원운동 교실
우리는 매일 회전그네를 탄다 280

개념문제 306 | 응용문제 308 | 영재문제 310

PART 10 일과 에너지 교실
까도 까도 끝이 없는 에너지의 세계 312

개념문제 **338** | 응용문제 **342** | 영재문제 **344**

PART 11 역학적 에너지 보존법칙 교실
분명히 변했는데, 변하지 않는 것은? 346

개념문제 **370** | 응용문제 **374** | 영재문제 **376**

PART 12 만유인력 교실
과학계의 새로운 별은 누가 될까? 378

개념문제 **400** | 응용문제 **402** | 영재문제 **404**

정답 및 풀이 **407**

생소한 물리수업①은 물리학의 기초인 운동과 에너지에 관한 기본 개념의 학습, 적용, 응용을 할 수 있도록 구성되었습니다. 독자들의 어려움을 줄이기 위해 과학 및 물리학 교육과정을 바탕으로 하였고, 물리학의 본질을 설명하는데 불가피한 경우가 아니면 어려운 수식은 피하려고 노력하였습니다.

1단계 일단 재미있게 읽는다.

1 주제

2 선생님과 학생들의 대화를 통해 이번에 배우게 될 내용이 무엇인지 알아본다.

3 선생님의 깊이있는 설명이 필요한 부분은 본문에서 자세하게 나온다.

2단계 멈추고 반복한다.

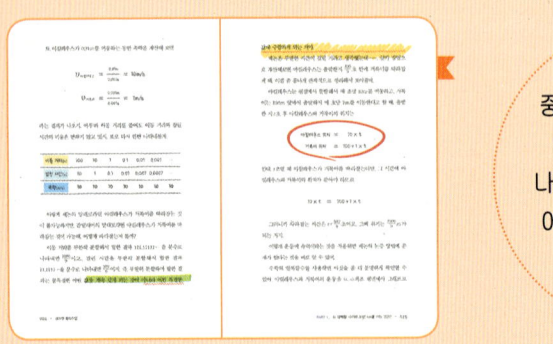

중간중간 어려운 내용이 나오면 읽기 진도가 나가는 것을 잠시 멈추고, 어려운 부분을 반복해서 읽으며 이해한다.

3단계 스스로 확인한다.

① 본문을 통해 내가 알게 된 내용이 무엇인지, 이 내용에서 나올 수 있는 문제는 어떤 것들이 있는지 알아본다.

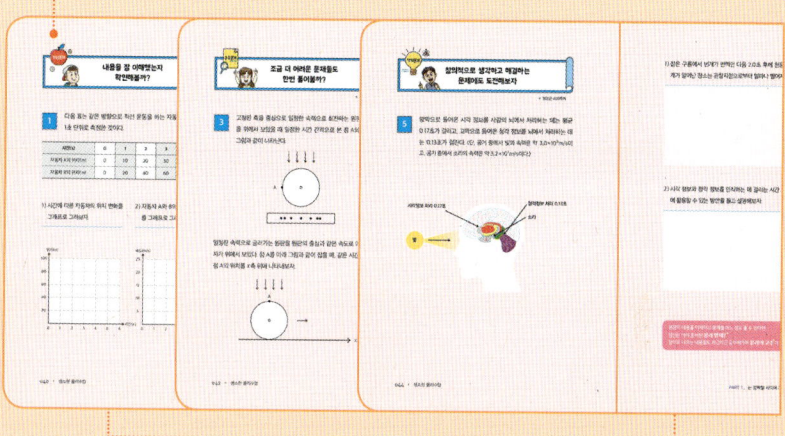

② 난이도별로 구성된 개념-응용-영재문제를 풀어보고 나의 실력이 어느 정도인지 가늠해본다.

4단계 궁금증이 해소될 때까지 파고든다.

더 깊이 있는 내용을 알고 싶다면
blog.naver.com/nam24111로 Go, Go~
남쌤의 친절한 답변을 들을 수 있다.

등장인물 소개

신쌤

물리는 정확한 개념을
오류없이 배워야 한다고
늘 강조하시는 선생님

남쌤

어려운 물리를 쉽고, 재미있게
가르칠 수 있는 방법을
늘 고민하시는 선생님

장빛나

나이: 12세
취미: 책읽기, 군것질, 주말의 뒹굴이
어렸을 때는 쌀, 설탕, 밀가루를 요리재료가 아닌 실험재료로 알았을 정도로 실험을 좋아했다. 이름 때문인지 재미있는 걸 배울 때는 머리에서 빛이 난다.

용수철

나이: 12세

취미: 옷무덤 만들기,
SNS 과학채널 구독하기

파키케팔로사우루스, 드로미케이오미무스…
잘 돌아가지도 않는 혀로 끊임없이 공룡이름을 외우고 외우며 유아기를 보냈다.
세상 모든 것이 궁금한 호기심 덩어리, 모르는 걸 알 때까지 공부하는 집요함이 있다.

나영특

나이: 13세

취미: 새로 나온 과학책 찾기,
금요일 밤늦게까지 게임하기

17개월 때 자동차 플랩북을 본 이후 모든 돌아가는 것들을 사랑하게 된 바퀴홀릭 영아기를 보냈다.
기가막히게 설명을 잘하는 타고난 이야기꾼, 잘났지만 잘난척을 안해서 친구들이 좋아한다.

운동 교실

빛의 속력은 어떻게 측정할 수 있을까?

빛의 속력을 알기 위해선 운동에 대해 정확하게 알고 있어야 해. 운동은 물리학을 공부하는 데 기본 중의 기본이기 때문에 다른 어떤 부분보다도 더 잘 알고 있어야 하는 부분이기도 해.

자동차를 타고 갈 때 바깥 풍경을 본 적 있지? 길가에 가로수, 우리 차를 앞질러가는 택시, 신호등 앞의 사람들, 대형 마트가 있는 건물…….

자동차를 타고 지나가면서 보면, 풍경들도 굉장히 빠르게 움직이는 것처럼 보이잖아. 이런 상황에서 멈춰있는 것과 움직이는 것을 구별할 수 있겠어?

멈춰있는 것과 움직이는 것은 어떤 기준으로 구별할 수 있는 걸까? 선생님이 쉬운 방법을 알려줄게.

시간에 따라 물체의 위치가 변하는 것은 움직이는 것이고, 시간이 흘러도 물체의 위치가 그대로라면 그것은 멈춰있는 것이야.

움직이는 것은 운동을 하는 것이고, 멈춰있는 것은 운동을 하지 않는 것이지. 이제 좀 정리가 되지?

우리 주변을 보면 시간이 지남에 따라 위치가 변하는 것도 있고, 시간이 지나도 위치가 변하지 않는 것도 있어. 지금 앉아있는 자리에서 주변을 둘러봐. 운동을 하는 것과 운동을 하지 않는 것을 3개씩 찾아볼래? 어렵지 않게 찾을 수 있지?

이제 운동과 멈춤은 어느 정도 알 것 같은데, 그러면 운동은 어떻게 나타낼 수 있을까?

운동을 나타내기 위해서는 시간과 위치라는 개념을 잘 정의해서 사용해야 해. 시간과 위치는 세상을 이루는 주춧돌과 같은 것이기 때문에 쉬운 것 같지만, 생각하면 할수록 생각의 미궁에 빠지게 하는 엄청나게 어려운 것이기도 해.

하지만 훌륭한 과학자들은 이 미궁 속에서 실마리를 찾고, 위대한 발견을 하기도 했어.

다음에 나오는 내용을 읽어보며 시간과 위치에 대한 개념을 잡아보고, 위대한 과학자들은 어떤 발견을 해 왔는지 한번 알아보도록 하자.

알쏭달쏭, 아킬레우스와 거북이 이야기

○ 지금으로부터 2500여 년 전, 그리스에서는 사물의 운동을 두고 철학자들 간에 격렬한 논쟁이 벌어지곤 했어. 그 가운데 제논의 논증이 아주 유명해. 제논과 그의 학파는 세상은 변화가 없는 하나인 상태라고 주장했어. 즉 만물은 언제나 정지해 있다는 거지. 다시 말하면, 사물이 움직이는 것처럼 보이는 것이 모두 환상이라는 거야.

무슨 말인지 잘 모르겠지?

아킬레우스와 거북이 경주 이야기를 들어보면 좀 이해가 될 거야.

1. 날쌘 아킬레우스가 10초동안 100m를 가는 동안 느림보 거북이는 10m를 간다고 해보자.

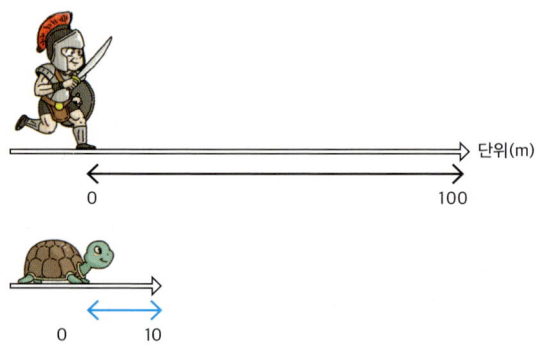

2. 거북이는 아킬레우스보다 100m 앞에 있고, 둘은 동시에 출발했어.

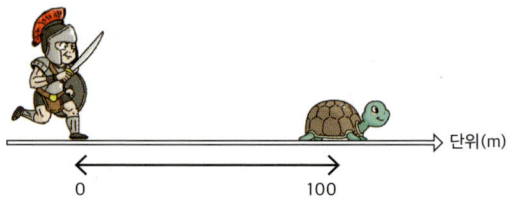

3. 아킬레우스가 거북이를 따라잡기 위해 100m를 갔다고 하면, 그동안 거북이는 10m를 가는 거지.

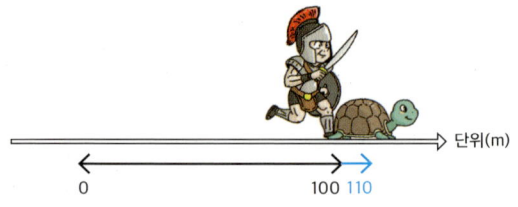

4. 이때 아킬레우스가 다시 10m를 나아가면 거북이는 1m를 이동해서 거북이가 다시 1m만큼 앞서게 되는 거야.

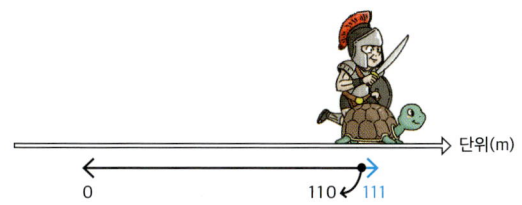

5. 마찬가지로 아킬레우스가 다시 1m를 가면 거북이는 0.1m를 가게 되지.

6. 아킬레우스가 0.1m를 가면 거북이는 0.01m를 가고, 아킬레우스가 0.01m를 가면 거북이는 0.001m를 가고…….

따라서 아킬레우스는 항상 뒤처지게 되고, 아무리 애를 써도 거북이를 따라잡는 것은 불가능하다는 거지.
'아킬레우스는 영원히 거북이를 따라잡을 수 없다'는 제논의 논리에 동의가 돼? 시간을 두고 한번 생각해 봐.

제논의 논증이
뒤엎어지다

제논이 활동하던 시대로부터 대략 2000년 후인 16세기 즈음, 갈릴레이는 물체의 운동을 속력(도)으로 나타내기 시작했어. 속력이란 물체의 빠르기로, 일정한 시간 동안 물체가 이동한 거리를 의미하지.

$$평균속력 \equiv \frac{이동\ 거리}{걸린\ 시간}$$

위 관계식을 이동 거리(Δs)와 이동하는 데 걸린 시간(Δt)으로 나타내면

$$\bar{v} \equiv \frac{\Delta s}{\Delta t}$$

여기에서 삼각형처럼 생긴 기호(Δ)는 그리스 문자인데 델타라고 읽고, 보통 변화되는 양을 나타낼 때 쓰여.

이때 거리의 단위는 미터(m), 시간의 단위는 초(s) 이니까 속력은 m/s로 나타낼 수 있지.

이동 거리를 걸린 시간으로 나눈 비율이 평균 속력인데, 평균 속력의 공식을 이용해서 아킬레우스와 거북이 운동을 분석해 볼까?

아킬레우스가 100m 이동하는 동안 걸린 시간은 10초니까 아킬레우스와 거북이의 빠르기는 다음 표와 같이 나타낼 수 있어.

	이동 거리	걸린 시간	속력
아킬레우스	100m	10초	10m/s
거북이	10m	10초	1m/s

같은 방법으로 아킬레우스와 거북이가 각각 10m, 1m를 이동하는 동안 걸린 시간이 1초니까 아킬레우스와 거북이의 빠르기는

$$v_{아킬레우스} = \frac{10m}{1s} = 10m/s$$

$$v_{거북이} = \frac{1m}{1s} = 1m/s$$

으로 여전히 같은 속력을 유지하고 있는 거야.

또 아킬레우스가 0.01m를 이동하는 동안 속력을 계산해 보면

$$v_{아킬레우스} = \frac{0.01m}{0.001s} = 10m/s$$

$$v_{거북이} = \frac{0.001m}{0.001s} = 1m/s$$

라는 결과가 나오지. 아무리 이동 거리를 줄여도 이동 거리와 걸린 시간의 비율은 변하지 않고 있지. 표로 다시 한번 나타내볼게.

이동 거리(m)	100	10	1	0.1	0.01	0.001	…
걸린 시간(s)	10	1	0.1	0.01	0.001	0.0001	…
속력(m/s)	10	10	10	10	10	10	10

이렇게 제논의 말대로라면 아킬레우스가 거북이를 따라잡는 것이 불가능하지만, 갈릴레이의 말대로라면 아킬레우스가 거북이를 따라잡는 것이 가능해. 어떻게 따라잡는지 볼까?

이동 거리를 무한히 분할해서 합한 결과 111.11111… 을 분수로 나타내면 $\frac{1000}{9}$ 이고, 걸린 시간을 무한히 분할해서 합한 결과 11.1111… 을 분수로 나타내면 $\frac{100}{9}$ 이지. 즉, 무한히 분할하여 합한 결과는 불특정한 어떤 값을 계속 갖게 되는 것이 아니라 어떤 특정한

값에 수렴하게 되는 거야.

제논은 무한한 시간이 걸릴 거라고 생각했는데……. 앞의 방법으로 계산해보면 아킬레우스는 출발한지 $\frac{100}{9}$초 만에 거북이를 따라잡게 돼. 이걸 좀 폼나게 관계식으로 정리해서 보여줄게.

아킬레우스는 원점에서 출발해서 매 초당 10m를 이동하고, 거북이는 100m 앞에서 출발해서 매 초당 1m를 이동한다고 할 때, 출발한 지 t초 후 아킬레우스와 거북이의 위치는

$$\text{아킬레우스 위치} = 10 \times t$$
$$\text{거북이 위치} = 100 + 1 \times t$$

인데, t초일 때 아킬레우스가 거북이를 따라잡는다면, 그 시간에 아킬레우스와 거북이의 위치가 같아야 하므로

$$10 \times t = 100 + 1 \times t$$

그러니까 따라잡는 시간은 $t=\frac{100}{9}$초이고, 그때 위치는 $\frac{1000}{9}$m가 되는 거지.

이렇게 운동에 속력이라는 것을 적용하면 제논의 논증 방법에 문제가 있다는 것을 바로 알 수 있어.

수학의 일차함수를 사용하면 이것을 좀 더 분명하게 확인할 수 있어. 아킬레우스와 거북이의 운동을 (t, x)좌표 평면에서 그래프로

나타내면 일차함수 문제에 불과하지. 아래 그래프에서 볼 수 있듯이 두 직선은 $t=\frac{100}{9}$s 일 때 $x=\frac{1000}{9}$m에서 교차하게 되고, 그 시간 이후에는 아킬레우스가 거북이를 앞서게 된다는 사실을 바로 확인할 수 있어.

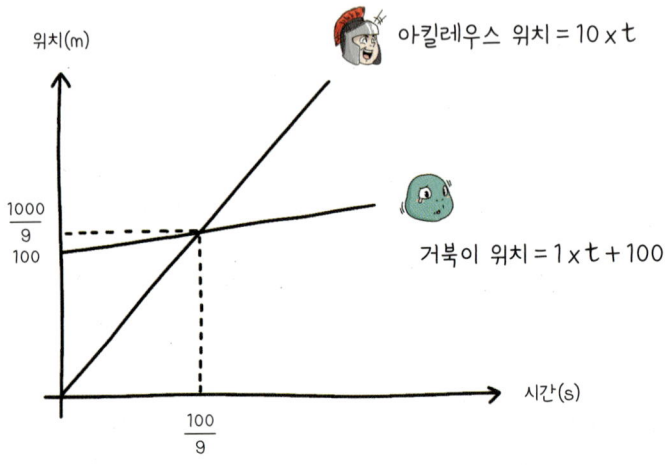

갈릴레이,
무한이라는 믿음에
도전하다

어때, 갈릴레이 덕분에 이렇게 놀라운 사실이 밝혀졌다는 게 정말 감사하지 않아? 그럼 이제 갈릴레이가 많은 관심을 가졌던 빛에 대해서도 좀 알아보자.

빛이 없다면 이 세상은 없었을 거야. 태초의 시작은 빛이라는 이야기도 있잖아.

이 빛은 얼마나 빠를까? 무한대일까? 아니면 유한한 어떤 값일까?

17세기만 해도 빛은 무한대의 속력을 가질 거라는 믿음이 있었는데, 갈릴레이(1564~1642)는 이 믿음에 도전했어.

어느 날 밤, 갈릴레이와 그

PART 1_ 눈 깜빡할 사이에 30만 km를 가는 것은? • 027

의 조수는 덮개가 있는 램프를 하나씩 들고 서로 다른 산봉우리로 올라갔어. 그 산봉우리들은 약 1.6km 정도 떨어져 있었지.

두 사람은 헤어지기 전에 램프의 빛을 주고받는 법을 정하고 연습도 했어. 갈릴레이가 먼저 램프의 덮개를 열면, 조수는 램프의 빛을 보는 즉시 그의 램프 덮개를 열기로 약속했어.

이런 식으로 해서 갈릴레이가 자신의 램프 덮개를 연 순간부터 조수가 램프 빛을 보게 되는 순간까지의 시간을 측정하기로 한 거지.

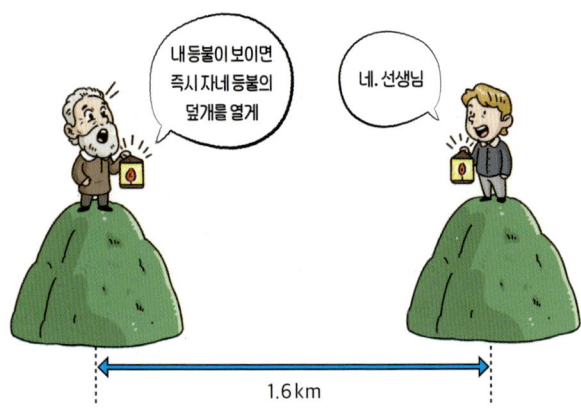

갈릴레이가 위 실험을 통해서 측정하고 싶었던 것은 빛이 두 사람 사이를 왕복하는데 걸리는 시간이었어.

아킬레우스와 거북이의 운동을 분석할 때 썼던 평균 속력을 이용해서 빛의 속력도 구할 수 있을 거라 생각했던거지.

이러한 갈릴레이의 생각을 공식으로 나타내볼까?

$$\text{빛의 속력} = \frac{\text{봉우리 사이 거리} \times 2}{\text{측정한 시간}}$$

이 공식대로라면, 원하는 결과를 얻을 수 있을 것 같은데…….

그런데 실험 결과 두 사람 사이의 거리가 너무 가까워 빛이 왕복하는 데 걸리는 시간을 제대로 측정할 수 없었다고 해.

갈릴레이로서는 크게 실망도 되었겠지만, 갈릴레이였기에 생각할 수 있었던 실험이었고, 이러한 시도는 빛의 속력을 측정하려는 노력의 출발점이 되었다는 점에서 큰 의미가 있다고 봐.

뢰머, 빛의 속력 값을 측정하다

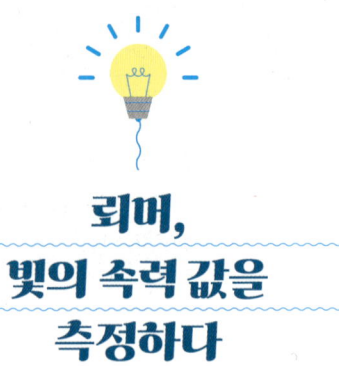

1610년, 갈릴레이는 자신이 만든 망원경을 이용하여 목성의 위성인 이오가 목성 주위를 한 바퀴 도는데 약 42시간이 걸린다는 것을 알아냈어.

이오가 발견된 지 한참 시간이 지난 1676년, 덴마크의 천문학자 뢰머(1644~1710)는 이오의 관측 데이터를 자세하게 살펴보다가, 데이터에 규칙적인 변동이 있다는 것을 알아냈어. 이러한 사실로부터 빛의 속력을 계산할 수 있는 아이디어를 생각해내게 되었지.

뢰머가 발견한 것은 무엇이었을까? 다음에 나오는 그림을 참고해서 봐.

지구가 A에 있을 때 관측된 이오의 공전 주기와 6개월 후 지구가 B의 위치에 있을 때 관측된 이오의 공전 주기가 약 22분 차이가 있

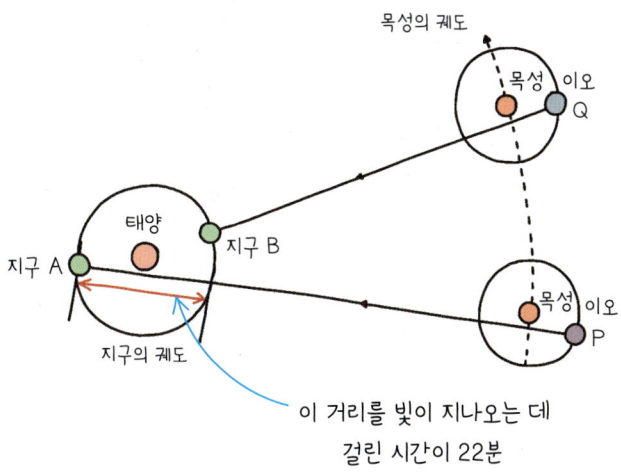

다는 것을 발견한 거지. 이러한 차이가 생기는 이유는 무엇일까?

이오에서 출발해서 A에 도착한 빛은 B에 도착한 빛에 비해 지구 공전 궤도의 지름만큼 더 와야 하지? 그래서 시간이 더 걸린 거라구! 이런 사실의 발견으로부터 뢰머는 빛의 속력을 다음과 같이 계산할 수 있었어.

$$\text{빛의 속력} = \frac{\text{태양에서 지구까지 거리} \times 2}{22\text{분}}$$

$$\simeq \frac{2 \times 1.5 \times 10^8 \text{km}}{22 \times 60\text{s}}$$

$$\simeq 2.2 \times 10^5 \text{km/s}$$

사실 이때 뢰머가 측정한 값은 현재 우리가 알고 있는 빛의 속력과는 상당한 차이가 있어. 하지만 당시에는 사용할 수 있는 장비의 성능도 매우 낮았고, 여러 가지로 지금과는 비교할 수 없는 매우 어려운 상황이었음이 확실하잖아. 그럼에도 불구하고 이러한 결과를 얻었다는 것은 정말 놀라운 일이 아닐 수 없어. 그래서 뢰머의 측정 결과 역시 나름대로 의미있게 평가받아야 한다고 생각해.

피조, 실험실에서 빛의 속력을 측정하다

뢰머가 빛의 속력을 측정한 지 100년도 더 지난 19세기에 들어서서 프랑스의 물리학자 피조(1819~1896)는 실험 장치인 톱니바퀴를 이용하여 빛의 속력을 측정하려고 했어. 피조는 거울과 톱니바퀴를 이용한 장치를 구상했는데, 광원에서 나온 빛이 일정한 속력으로 빠르게 회전하는 톱니바퀴의 톱니 틈을 통과하게 한 후 멀리 있는 거울에 반사된 빛이 다시 톱니바퀴를 통과하도록 했어.(뒷장에 나오는 그림과 같이 광원에서 출발하여 톱니의 틈을 통과한 빛은 8.6km 떨어져 있는 거울에 반사된 후 다시 톱니 틈을 통과한다.)

여기서 잠깐, 빛이 톱니 장치와 거울 사이를 왕복하는 데 걸린 시간은 어떻게 알 수 있을까?

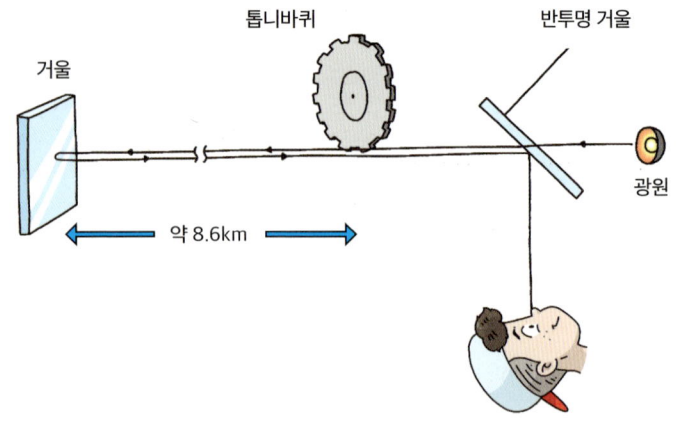

측정 방법을 쉽게 이해하기 위해 그림을 보면서 생각해보자. 처음에 톱니바퀴의 틈 P를 통과해서 거울로 향한 빛이 거울에서 반사되어 톱니바퀴의 틈 Q로 돌아왔다면 빛이 왕복하는데 걸린 시간만큼 톱니바퀴가 돌았기 때문에 P와 Q사이 각도만 재면 왕복하는데 걸린 시간을 알 수 있어.

톱니바퀴가 한 바퀴 도는데 걸리는 시간이 T, P와 Q 사이 각도를 θ라고 할 때, 왕복하는데 걸린 시간은 $\frac{\theta}{2\pi}T$지.

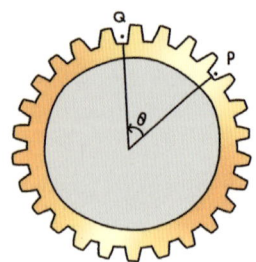

따라서

$$\text{빛의 속력} = \frac{\text{톱니와 거울 사이의 거리} \times 2}{\text{톱니 회전각도를 이용하여 측정한 시간}}$$

이와 같은 방법으로 피조는 빛의 속력을 313,000,000m/s로 측정했어. 이 값은 현재 빛의 속력 값과 비교해도 4.5% 정도의 차이밖에 안 나는 획기적인 값이야.

이 결과를 얻기까지 오차를 줄이기 위해 기술적으로 정말 많은 어려움이 있었을 거야. 톱니바퀴를 만들고, 톱니바퀴를 일정하고 빠른 속력으로 돌리고, 빛이 어떤 톱니를 통과했는지 알아내는 등 진실을 알아내기 위해 끈질기게 노력을 한 피조와 동료들에게 정말 큰 박수를 쳐주고 싶어.

마이컬슨, 빛의 속력 연구로 노벨상을 받다

　　피조의 측정방법은 푸코(1819~1863)에 의해 회전 거울을 이용한 측정법으로 발전되었고, 1879년에는 마이컬슨(1852~1931)에 의해 또 진일보하게 되었지.

　마이컬슨은 윌슨산 천문대에 회전 거울 장치를 설치하고, 35km 떨어진 샌안토니오산에 반사경을 설치한 다음 강렬한 광원을 사용한 실험을 했어. 회전 거울도 8각형, 12각형, 16각형으로 바꾸어 가면서 실험했고, 바람의 방향과 속력 등 다양한 변인을 고려했다고 해.

　수백 번의 측정 결과 마침내 2.99796×10^8m/s의 결과를 얻었고, 현재 공인되고 있는 진공 중에서 빛의 속력 299,792,458m/s에 근접하는 놀라운 결과를 얻었어.

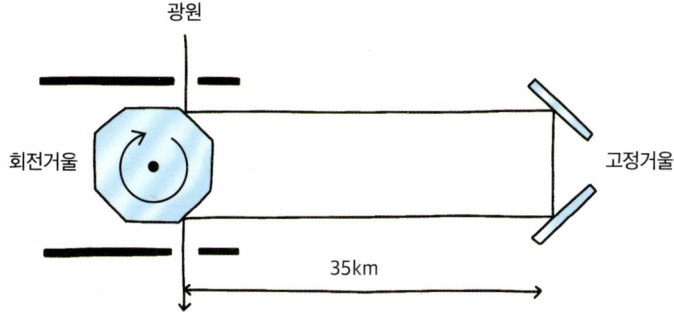

그 후 마이컬슨은 빛의 속력에 대한 연구를 계속하여 1907년 미국인 최초로 노벨 물리학상을 받게 되지.

우리가 빛의 속력을 알게 되기까지 이렇게 오랜 시간, 많은 과학자들의 땀과 눈물이 있었다는 사실이 정말 놀랍고 감사할 뿐이야.

읽을거리

빛의 운동에 결정적인 근거를 제공한 마이컬슨-몰리 실험

맥스웰이 전자기파 방정식을 유도한 이래로 빛의 운동과 관련된 가장 중요한 실험은 빛이라는 전자기파가 전파되는 매질을 찾는 것이었어. 당시의 물리학자들은 이 매질을 에테르라고 가정했지.

미국의 물리학자 마이컬슨과 몰리는 이 에테르를 찾는 실험을 하였고, 실험의 결과는 전자기파의 매질이라고 예상되던 에테르라는 물질이 존재하지 않는다는 것이었어.

마이컬슨과 몰리는 이 실험을 위한 간섭계를 만들었는데, 이 간섭계는 하나의 광원에서 나온 빛을 두 갈래로 나누고, 이 빛들이 직각을 이루어 나아가도록 한 뒤 거울 M_1과 거울 M_2에서 반사하게 한 후 다시 스크린에서 만나게 하여 스크린에 도달하는 시간 차이를 측정하는 장치였어.

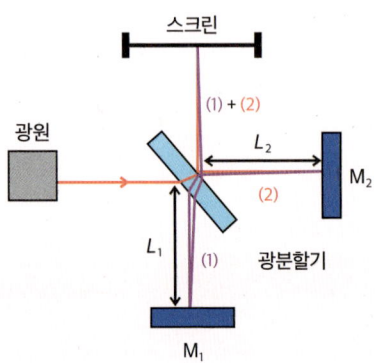

1886년부터 진행된 실험은 에테르가 가득 찬 우주 공간에서 빛이 오는 방향으로 지구가 운동할 때 거울 M_1과 M_2에서 반사되어 스크린에 도달하는 시간 차이를 측정한 다음, 간섭계를 90°로 돌려서 빛의 운동 방향과 지구의 운동 방향이 직각을 이룰 때 시간 차이를 측정하였지. 마이컬슨과 몰리는 두 실험에서 측정한 빛의 이동 시간 차이가 없다는 것을 발견했어.

당시 에테르 가설에 따르면, 빛을 둘로 나눠서 지구의 운동 방향 및 직각 방향으로 같은 거리를 왕복시킬 경우, 에테르가 빛의 속도에 영향을 미쳐서 양쪽의 시간 사이에는 미세한 차이가 생겨야 하지. 그러나 두 사람은 수없이 많은 반복 실험했음에도 불구하고 이러한 시간 차이를 전혀 검출할 수 없었다고 해.

제논의 역설에 대한 선생님 생각

 이 문제는 제논이 피타고라스 학파를 공격하기 위해 던진 논제였어. 피타고라스 학파는 '세계를 구성하는 근본 원리는 수'라고 주장했지. 그들은 자연 세계는 모두 수적 비례의 아름다움을 기초로 존재하고, 공간도 분할 가능한 수학적 법칙 아래 존재한다고 주장했어.
 제논은 이러한 피타고라스 학파의 주장대로 공간을 무수히 나눈 거야. 왜냐하면 수학적으로 공간은 무한 분할이 가능하기 때문이지.
 아킬레우스와 거북이 사이의 공간을 무한대로 나누면 아킬레우스가 거북이를 따라잡고 결승점에 가기까지 무한대의 공간을 지나야 해. 그러므로 아킬레우스는 거북이를 절대로 따라 잡을 수 없는 거지. 제논은 이러한 모순을 지적했어.
 공간이 수학적 체계 안에서 무한으로 분할 가능하다는 사실이 이러한 역설을 야기시킴을 보인거야.
 결과적으로 제논은 공간과 같은 연속체는 무한히 분할할 수 없다는 논리를 펴고 있는거야.
 피타고라스 학파는 당연히 이것이 사실이 아님을 알았지만, 이것을 논리적으로 깨부수는 것은 당시의 수학으로는 불가능한 일이었기에 '역설'이라는 이름이 붙은 거야.

내용을 잘 이해했는지 확인해볼까?

✻ 정답은 407쪽에

1 다음 표는 같은 방향으로 직선 운동을 하는 자동차 A, B의 위치를 1초 단위로 측정한 것이다.

시간(s)	0	1	2	3	4	5
자동차 A의 위치(m)	0	10	20	30	40	50
자동차 B의 위치(m)	0	20	40	60	80	100

1) 시간에 따른 자동차의 위치 변화를 그래프로 그려보자.

2) 자동차 A와 B의 시간에 따른 속도를 그래프로 그려보자.

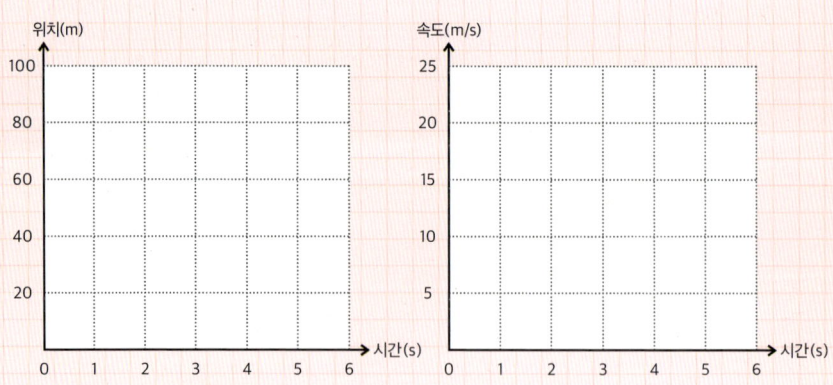

2 다음 그래프는 동일한 직선 상에서 운동하는 두 물체 A, B의 시간에 따른 위치의 변화를 나타낸 것이다.

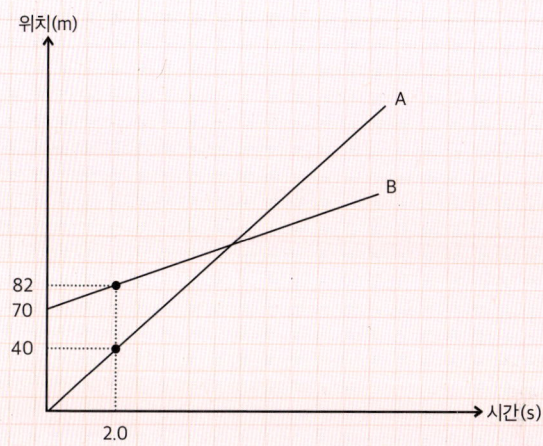

1) A와 B의 운동을 각각의 처음 위치와 속력으로 설명해 보자.

2) 물체 A가 물체 B를 따라잡는 순간의 시간과 그때까지 A, B가 이동한 거리는?

조금 더 어려운 문제들도 한번 풀어볼까?

※ 정답은 408쪽에

3 고정된 축을 중심으로 일정한 속력으로 회전하는 원판에 찍힌 A점을 위에서 보았을 때 일정한 시간 간격으로 본 점 A의 위치는 아래 그림과 같이 나타난다.

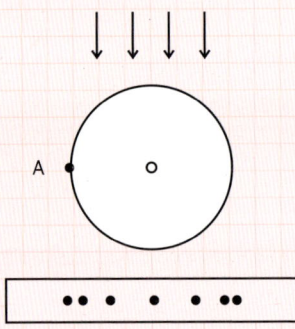

일정한 속력으로 굴러가는 원판을 원판의 중심과 같은 속도로 이동하는 관찰자가 위에서 보았다. 점 A를 아래 그림과 같이 잡을 때, 같은 시간 간격으로 본 점 A의 위치를 x축 위에 나타내보자.

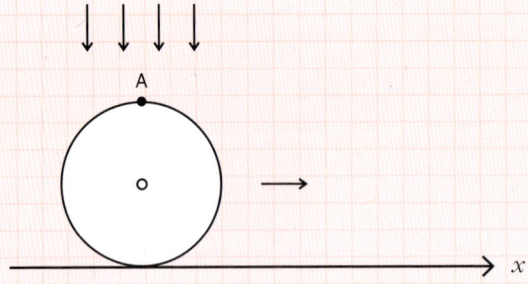

4

그림 (가)와 같이 중심에서 r인 지점에 작은 구멍이 뚫려 있는 원판 2개가 있다. 그림 (나)와 같이 두 개의 원판의 중심에 축을 끼워 L만큼 거리에 고정하고, 원판 위의 작은 구멍은 θ각도를 이루도록 하였다. 원판은 축을 중심으로 한 바퀴 돌아가는데 T의 시간이 걸린다.

※ 피조 실험 응용

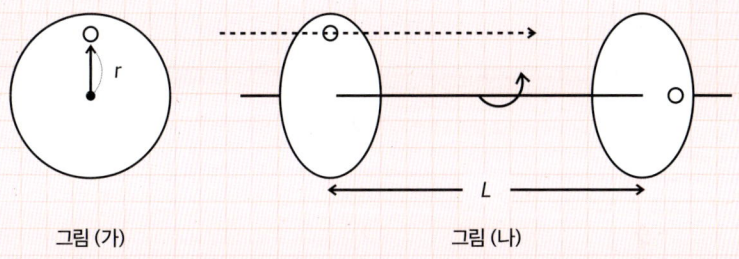

그림 (가)   그림 (나)

1) 왼쪽 원판의 구멍을 통과한 작은 입자가 오른쪽에 있는 구멍을 통과한다. 이 입자의 최대 속력은? (단, 중력은 무시한다.)

2) 더 빠른 속력의 입자를 검출하기 위해서는 장치를 어떻게 바꾸어야 할까?

영재문제 창의적으로 생각하고 해결하는 문제에도 도전해보자

✻ 정답은 408쪽에

5 망막으로 들어온 시각 정보를 사람의 뇌에서 처리하는 데는 평균 0.17초가 걸리고, 고막으로 들어온 청각 정보를 뇌에서 처리하는 데는 0.13초가 걸린다. (단, 공기 중에서 빛의 속력은 약 3.0×10^8m/s이고, 공기 중에서 소리의 속력은 약 3.2×10^2m/s이다.)

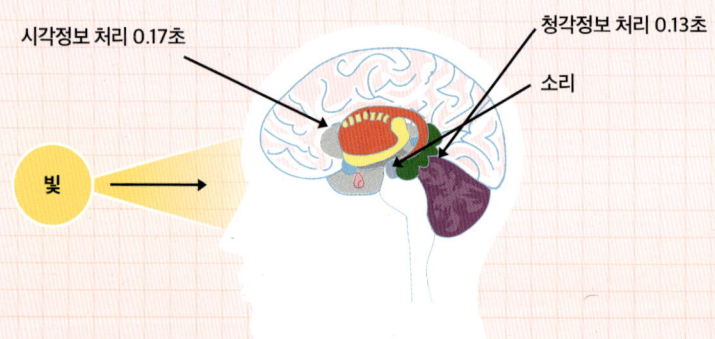

1) 짙은 구름에서 번개가 번쩍인 다음 2.0초 후에 천둥소리를 들었다. 천둥과 번개가 일어난 장소는 관찰지점으로부터 얼마나 떨어져 있는가?

2) 시각 정보와 청각 정보를 인식하는 데 걸리는 시간 차이를 일상생활이나 기술에 활용할 수 있는 방안을 들고 설명해보자.

본문의 내용을 이해하고 문제를 어느 정도 풀 수 있다면
당신은 이미 준비된 **물리 영재**!
앞으로 나오는 내용들도 차근차근 공부해가며 **물리의 고수**가 되기를 바랍니다.

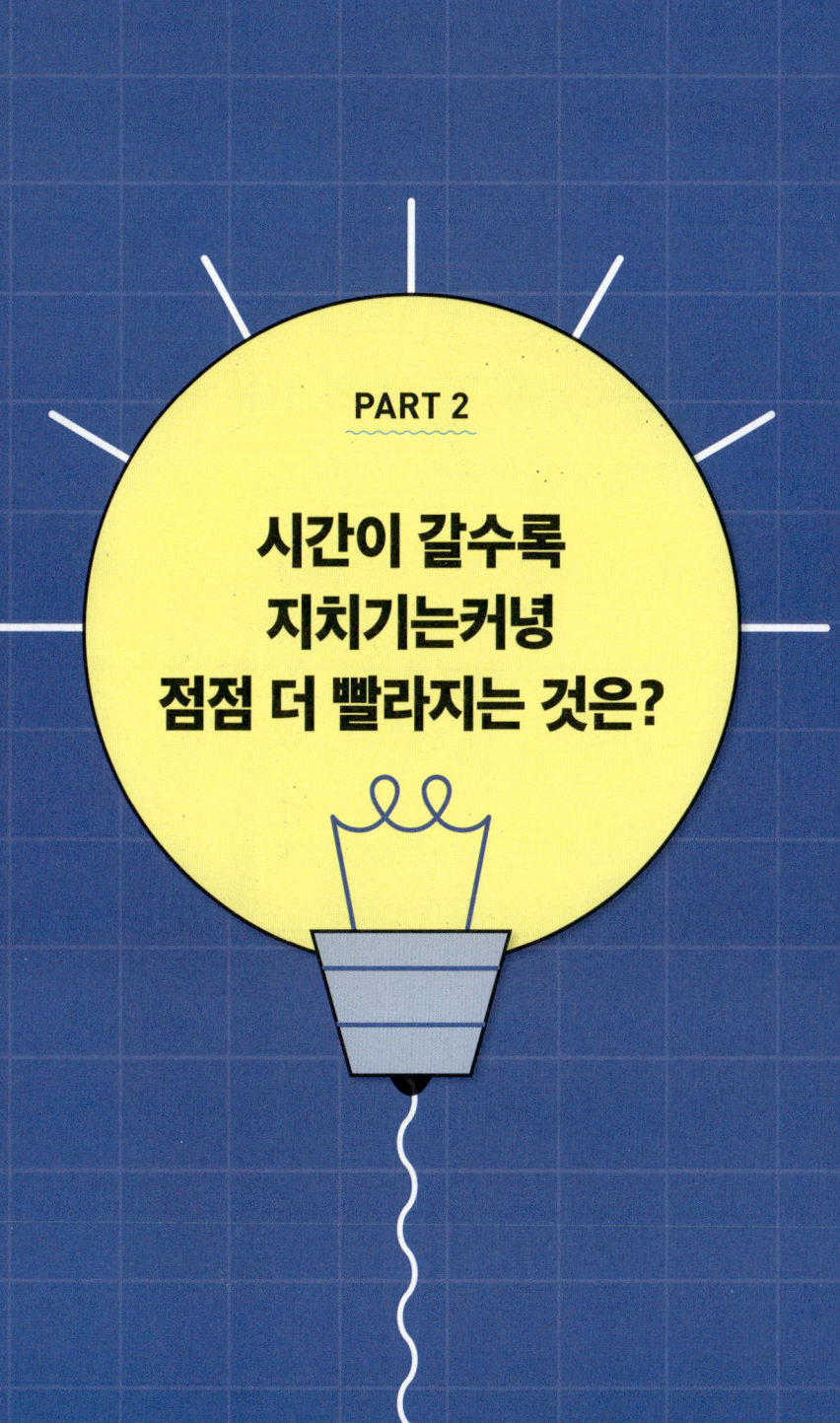

**2023년
5월 24일
18시 24분**

이 시각, 전 국민이 브라운관 앞에서 숨죽이고 있었지. 전라남도 고흥에 있는 나로우주센터에서 누리호 발사의 카운트다운이 시작되었기 때문이야. 누리호 3차 발사는 본격적으로 실용급 위성을 탑재, 발사하는 발사체 본연의 역할을 최초로 수행했다는 점이 우리를 더 설레게 했지. "엔진 점화, 이륙, 누리호가 발사되었습니다."라는 말이 나오는 순간 선생님은 얼마나 가슴이 벅찼는지 몰라.

아마 이 순간을 함께 한 사람이라면 무슨 기분인지 알 거야.

발사대 위로 하얀 수증기가 올라오고, 잠시 후에 거대한 불꽃을 분사하면서 누리호가 올라가는 모습이 보였어.

발사되는 순간에는 그렇게 빨라 보이지 않던 로켓이 하늘 위로

누리호 3차 발사 장면

출처_한국항공우주연구원
(www.kari.re.kr)

올라갈수록 점점 빨라져서 1분쯤 지나니까 거의 보이지 않을 정도로 높이 올라가게 되었지.

2분쯤 지나서 64.5km 상공에서 1단 로켓 분리에 성공, 15분쯤에 고도 550km의 목표 궤도에 도달하고 위성분리에 성공했다는 뉴스가 나왔어.

그런데 사람들은 로켓이 발사되는 순간과 발사가 성공했다는 사실에만 관심이 있을 뿐, 200톤이 넘는 이 거대한 로켓이 발사된 다음, 위치와 속도가 어떻게 달라지는지에 대해서는 별로 관심이 없는 것 같아.

너희들은 어땠어? 저 로켓이 어디로 가서 어떻게 되는건지, 궁금하지 않아?

로켓 발사 후에 로켓에는 정말 복잡하고 다양한 일들이 생겨.

이러한 일들을 알기 위해서는 운동의 기초부터 차근차근 공부해 나가야 하지.

운동의 기초라고 하면 먼저 물체의 위치를 정확하게 나타내는 방법을 알아야 하고, 위치를 나타내는 방법을 알았으면 시간에 따라 위치가 변해가는 것을 나타내는 속도, 또 그 다음에는 속도가 변해가는 것을 나타내는 방법인 가속도를 공부해야 해.

위치-속도-가속도를 공부하고 나면 단순히 로켓이 발사에 성공했다는 것뿐만 아니라 그 다음의 경로에 대해 더 많은 관심도 생기고 이해도도 훨씬 깊어지게 될거야.

그러면 먼저 단순한 직선상의 운동부터 알아보자.

물체의 위치는 어떻게 나타낼까?

○ 직선 운동하는 물체는 그 위치를 수직선 위에 표시할 수 있고, 하나의 숫자로 나타낼 수 있어. 수직선은 일종의 직선 자 같은 것이지.

위의 수직선에서 점 A의 위치는 1, 점 B는 4.5, 점 C는 −6이라고 표시되어 있어.

A, B, C 각 점에 이러한 값이 매겨지기 위해서는 반드시 0의 값을 갖는 원점과 양(+)의 방향이 어딘지가 먼저 결정되어야 해.

일반적으로 수직선에서의 위치는 어떤 x라는 숫자 한 개로 표시하는데 이것을 좌표값이라고 해. 좌표값을 1개로 나타낼 수 있는 수직선 같은 공간을 1차원 공간이라고도 부르지. 이러한 1차원 공간은 직선 말고도 여러 가지가 있어. 원주도 그중 하나야. 원은 평면 위에 그려지는데 왜 원주가 1차원일까?

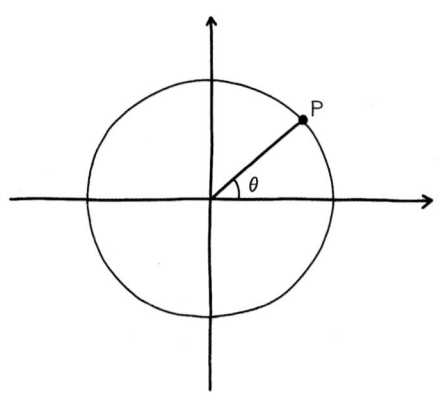

그림처럼 원 자체는 평면에 그리지만, 원주 위의 점 P는 기준만 정해지면 각도 θ 하나로 나타낼 수 있어.

반지름을 나타내는 값이 하나 더 필요하지 않을까? 아니야, 반지름은 어떤 특정 원주라는 조건이 결정되면 이미 주어지는 것이어서 생각할 필요가 없지.

이왕 원이 나왔으니 그럼 이제 수준을 높여서 평면으로 가볼까? 평면상의 위치는 수직선 1개로는 나타낼 수 없고 적어도 2개의 수직선이 필요해. 그래서 평면을 2차원 공간이라고도 불러.

아래 그림의 P점에 있는 나비의 위치를 나타낼 때는 보통 기준점으로부터 떨어진 거리와 방향으로 나타내. 나비의 위치를 나타낼 수 있는 방법은 여러 가지가 있지. 그 중에서 수학에서 가장 많이 쓰이는 방법을 알려줄게. 바로 데카르트라는 철학자가 사용한 방법이야.

수직선(직선자) 2개를 직각으로 교차한 다음 P점에서 각 수직선과 직교하는 직선을 긋고 가로 수직선과 만나는 값 x, 세로 수직선과 만나는 값 y를 이용하여 (x, y)로 위치를 나타내는 거야. 이것을 데카르트 좌표계 혹은 직교 좌표계라고 불러.(118쪽, PART 4 알짜힘 구하기 교실 참고)

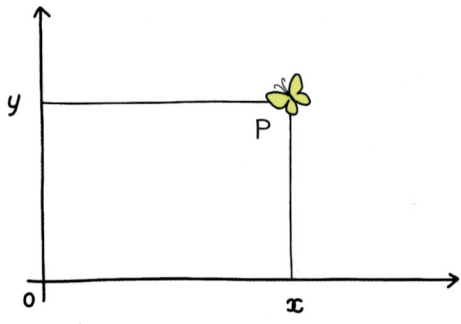

또 다른 대표적인 방법은 기준점으로부터 떨어진 거리와 방향을 직접적으로 나타내는 거야. 직선자 1개와 각도기 1개로 위치를 나타내는 방법이지.

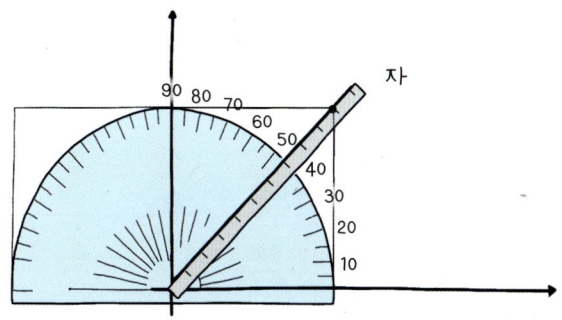

　원점으로부터 떨어진 거리가 10cm이고, 각도가 45°이므로 (10cm, 45°)와 같이 나타낼 수 있어.

　어때, 어렵지 않지?

　앞에서도 얘기했다시피 위치를 나타내는 것은 운동을 공부하는 데 있어서 아주 중요하니까 꼭 제대로 알아두어야 해.

　3차원 공간도 이와 유사하게 위치를 나타낼 수 있는데, 지금 당장은 필요하지 않으니까 그건 다음에 공부하기로 하자.

물체의 속도는 어떻게 나타낼까?

서울역이나 용산역, 혹은 강남 고속버스 터미널역 같은 큰 역에 가본 적 있어? 이런 곳에는 오가는 사람이 많아서 계단 대신 에스컬레이터가 설치되어 있어.

대부분의 에스컬레이터는 경사면을 따라 직선으로 일정하게 움직이잖아. 선생님은 이 에스컬레이터를 보면서 직선운동을 생각했어.

그래서 에스컬레이터 운동을 탐구해 보기로 했지.

먼저 지하철역 사무실에 가서 허락을 얻은 다음 에스컬레이터 손잡이 바로 밑의 벽에 임시로 줄자를 붙였어. 그런 다음 에스컬레이터를 타고 가면서 5초 간격으로 위치를 측정해서 평균을 내보니 다음 표와 같은 결과가 나왔어.

시간(s)	0	5	10	15	20	25
위치(m)	0	2	4	6	8	10

그리고 그 다음에는 에스컬레이터 운동을 분석하기 위해 5초를 1구간으로 잡고 구간 위치 변화량과 평균 속도를 구해보았어. 속도는 일반적으로 운동 방향과 빠르기를 모두 나타내는 양이야. 두 가지 양을 모두 나타내는 양으로 평균 속도를 정의하는데, 위치의 변화량을 걸린 시간으로 나눠준 값을 평균 속도라고 하지.

$$평균속도 = \frac{나중\ 위치 - 처음\ 위치}{걸린\ 시간}$$

구간시간(s)	0~5	5~10	10~15	15~20	20~25
위치변화량(m)	2	2	2	2	2
구간평균속도(m/s)	0.4	0.4	0.4	0.4	0.4

이렇게 알아본 결과 에스컬레이터는 0.4m/s의 속도로 일정하게 운동한다는 것을 알아냈어.

이 실험을 수학적으로 보기 위해 시간을 가로축으로, 위치를 세로축으로 잡고 둘의 관계를 나타내는 그래프를 그려볼까.

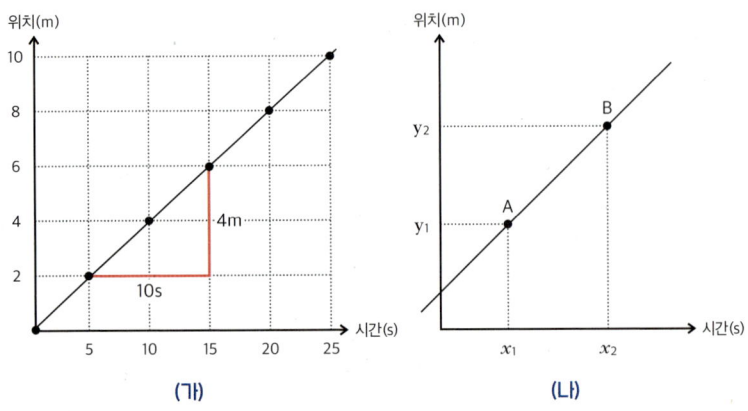

(가)   (나)

위의 그래프 (가)를 보면 시간 간격을 어떻게 잡든 5초마다 위치가 2m씩 증가한 것으로 나오잖아.

일반적으로 그래프 (나)와 같은 시간과 위치의 관계에서 두 점 A, B에 대한 직선의 기울기 m은 다음과 같이 정의할 수 있어.

$$m = \frac{y_2 - y_1}{x_2 - x_1}$$

그래프에서 시간 간격을 어떻게 잡든지 기울기가 동일하다는 것은 속도가 일정한 등속 직선 운동 혹은 등속도 운동을 하고 있다는 것을 알려주는 것이지.

정리해보면, 선생님이 탄 에스컬레이터는 1초당 0.4m씩 움직였으니까 속도는 0.4m/s이고 등속 직선 운동(등속도 운동)을 하고 있어.

에스컬레이터의 운동만 봐도 이렇게 많은 물리학이 숨겨져 있다니, 정말 재미있지?

이제 조금만 더 들어가 볼까?

이 운동을 시간과 속도의 그래프로 나타내면 어떻게 될까?

구간 평균 속도를 그래프에 표시하는 방법은 각 구간의 중간 시간에 점을 찍는 거야. 그런 다음 그것을 직선으로 연결하면 시간과 속도의 관계를 그릴 수 있어.

5초를 한 구간으로 하는 구간 평균 속도가 모두 0.4m/s이니까 역시나 이번에도 에스컬레이터가 일정한 속도로 운동한다는 걸 확인할 수 있지.

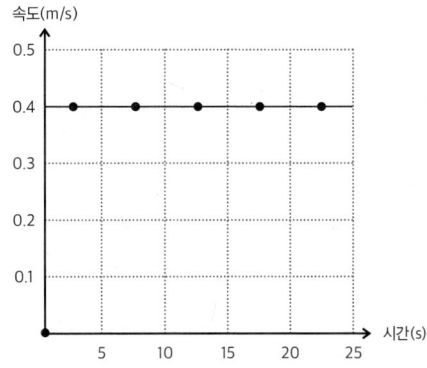

운동 방향이
일정한
등가속도 운동

이제 좀 더 복잡한 운동으로 가볼까? 위치가 아니라 속도가 일정하게 변하는 운동을 생각해 보자. 속도가 점점 빨라지거나 점점 느려지는 운동을 말하는 것인데, 우리 주변에서 쉽게 볼 수 있는 것으로는 미끄럼틀에서 미끄러지는 운동이나 물건이 위에서 아래로 떨어지는 운동과 같은 것이 있어.

우리가 앞에서 봤던 그림과 같이(048쪽 그림 참고) 갈릴레이가 탐구했던 운동 가운데 경사면에서 구슬이 굴러 내려가는 운동은 역사적으로도 굉장히 중요한 운동이야. 과학이라는 학문이 처음으로 시작된 계기라고 할 정도야!

그러면 우리도 갈릴레이처럼 경사면에서 구슬을 굴려볼까?

구슬이 굴러 내려갈 때 일정한 시간 간격으로 섬광을 비춰서 사진을 찍어 보자.

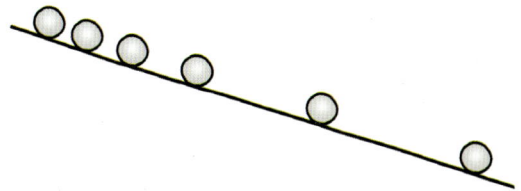

캄캄한 암실에서 카메라를 계속 노출시키고, 섬광 발생 장치를 이용하여 0.1초 간격으로 섬광을 터뜨려 찍으면 그림과 같은 모습을 얻을 수 있어. 섬광의 시간 간격이 0.1초이기 때문에 그림에 있는 구슬 사이의 시간 간격은 모두 동일하게 0.1초야. 그런데 경사면을 따라 아래로 내려갈수록 구슬이 굴러간 거리가 점점 늘어나는 게 보이지?

이러한 운동을 분석하기 위해서는 우선 출발점을 0으로 잡고 각 구슬의 위치를 측정해야 해.

다음 표는 측정한 결과를 정리한 것이야.

시간(s)	0	0.1	0.2	0.3	0.4	0.5
위치(cm)	0	2.5	10	22.5	40	62.5
구간 속도(m/s)		0.25	0.75	1.25	1.75	2.25

표로 정리해 놓고 보니 0.1초가 지날 때마다 구슬이 5cm씩 더

굴러가는 것을 정확히 확인해 볼 수가 있지? 이건 시간이 지남에 따라 속력이 점점 빨라진다는 말인데, 대체 얼마나 빨라지는건지 한번 계산해 보자.

구간(s)	0~0.1	0.1~0.2	0.2~0.3	0.3~0.4	0.4~0.5
구간 속도(m/s)	0.25	0.75	1.25	1.75	2.25

0.1초를 한 구간으로 잡아서 각 구간에서의 위치 변화량을 구한 다음 평균 속도를 구해보면 0.25m/s, 0.75m/s, 1.25m/s, …이고, 구슬의 속도는 0.1초당 0.5m/s씩 증가하므로 1초당 5m/s가 증가하는 셈이지.

이와 같이 1초당 속도가 변화되는 정도를 평균 가속도라고 하는데, 일반적으로 평균 가속도는 다음과 같이 속도의 변화량과 걸린 시간의 비로 정의해.(150쪽, PART 5 $F=ma$ 교실 참고)

$$가속도 = \frac{속도의\ 변화량}{걸린\ 시간}$$

가속도는 영어로 acceleration이야. 그러니까 앞으로는 가속도를 나타낼 때 영어 단어의 맨 앞 철자인 a로 쓰기로 하자. 단위는 속도를 다시 시간으로 나누었으므로 m/s^2을 많이 써. 이 공식에 따라 가속도를 구해보면

$$a = \frac{0.5 \text{m/s}}{0.1 \text{s}} = 5 \text{m/s}^2$$

이야. 등속 직선 운동에서 했던 것처럼 조금 수학적으로 살펴볼까? 측정한 데이터를 시간에 따른 위치의 변화를 나타내는 그래프로 나타내면, 시간에 따라 공의 속력이 점점 빨라지는 것을 볼 수 있어.

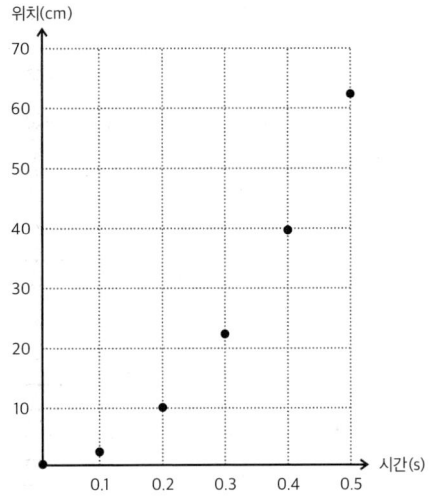

갈릴레이는 이 결과를 보고 하나의 규칙을 찾아냈다고 하는데, 그게 뭘까? 한번 생각해봐.

자… 선생님이 힌트를 줄게.

0	0.01	0.04	0.09	0.16	0.25
0	2.5	10	22.5	40	62.5

뭔가 느낌이 와? 이걸 그래프로 나타내보자.

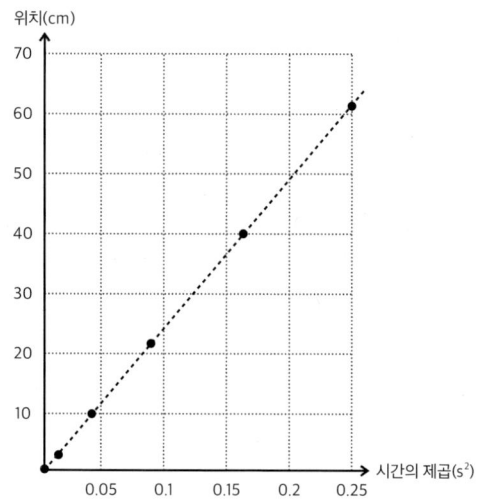

이제 보이지? 표의 첫째 줄에 있는 숫자는 시간을 제곱한 것이고, 그래프는 시간의 제곱과 위치가 비례한다는 것을 보여주고 있어. 갈릴레이가 경사면 운동에서 찾아낸 것이 바로 이거야.

결과적으로 물체의 위치가 시간의 제곱에 비례해서 변한다는 것이지. 이것을 식으로 나타내면,

$$x = Ct^2$$

인데, 이 운동의 경우 $C = \frac{0.625}{0.25} = 2.5$가 되는 거지. 나중에 알아낸 사실이지만 이것은 가속도의 절반, 즉 $C = \frac{1}{2}a$이고, 따라서 $x = \frac{1}{2}at^2$이 되는 거야.

이제 시간에 따라 속도가 어떻게 변하는지 알아볼 차례야.

각 구간별 평균 속도를 그래프에 표시하면 5개의 점이 정확하게 원점을 통과하는 직선상에 놓이게 돼. 그리고 그 직선의 기울기는

$$\frac{0.5 \, m/s}{0.1s} = 5 m/s^2$$

이고, 이것은 앞에서 계산한 가속도 값과 같아.

즉, 시간과 속도의 그래프에서 직선의 기울기는 가속도가 되는 거지.

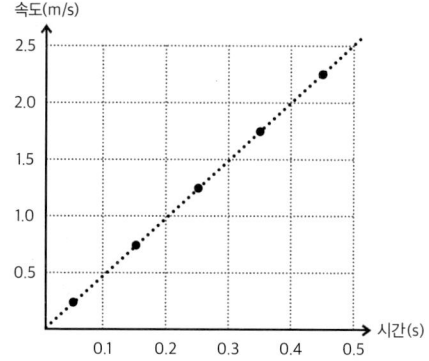

이제 뭔가 규칙이 보이는 것 같은데... 그 규칙이 뭔지 정리해보자.

> 처음에 정지한 상태에서 출발하여
> 속도가 일정하게 변하는 운동의 경우,
> 속도는 시간에 비례하고,
> 위치의 변화는 시간의 제곱에 비례한다.

이것을 공식으로 쓰면

$$v = at, \quad x = \frac{1}{2}at^2$$

으로 정리할 수 있어.

갈릴레이는 처음에는 이러한 관계가 낙하 운동에만 적용된다고 생각했는데, 그 후 다른 학자들에 의하여 낙하운동뿐만 아니라 일반적인 등가속도 운동에도 적용됨을 알게 되었어.

운동 방향이 정반대로 바뀌는 등가속도 운동

이제, 경사면을 따라 올라가는 방향으로 공을 굴려볼까? 이때 경사면을 따라 올라가는 방향을 (+) 방향이라고 하자.

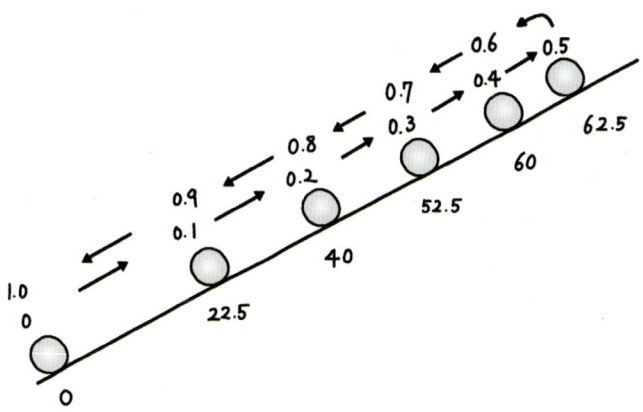

공은 경사면을 따라 올라가면서 점점 속력이 줄어들다가 한순간 정지했고, 다시 반대 방향으로 내려오면서 빨라졌어. 시간에 따른 공의 위치를 측정했더니 아래와 같은 표가 완성됐어.

시간(s)	0	0.1	0.2	0.3	0.4	0.5
위치(cm)	0	22.5	40	52.5	60	62.5

시간(s)	0.6	0.7	0.8	0.9	1.0
위치(cm)	60	52.5	40	22.5	0

표의 시간과 위치의 관계를 그래프로 그리면 $t=0.5$초를 대칭축으로 하는 오른쪽과 왼쪽에 찍힌 점의 위치가 완전히 똑같아 보여.

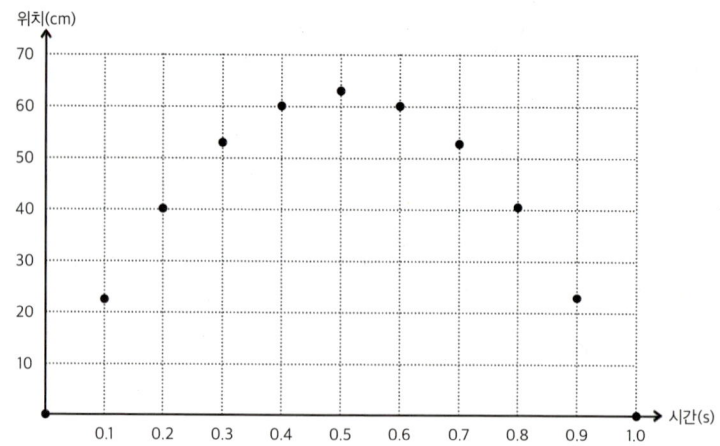

속도가 어떻게 변화하는지를 보기 위해 앞에서 했던 것처럼 0.1초를 한 구간으로 잡고 각 구간의 평균 속도를 구해보았어.

구간(s)	0~0.1	0.1~0.2	0.2~0.3	0.3~0.4	0.4~0.5
평균 속도(m/s)	2.25	1.75	1.25	0.75	0.25
구간(s)	0.5~0.6	0.6~0.7	0.7~0.8	0.8~0.9	0.9~1.0
평균 속도(m/s)	-0.25	-0.75	-1.25	-1.75	-2.25

구간 사이의 속도 변화량은 -0.5m/s로 일정하므로 구간 평균 가속도도 일정하게 돼.

$$a = \frac{-0.5 \text{m/s}}{0.1 \text{s}} = -5 \text{m/s}^2$$

그리고 표의 구간 평균 속도를 이용하여 시간과 속도의 관계를 그래프로 그려보면 기울기가 -5m/s^2인 직선 관계임을 알 수 있어.

뒷장에 나오는 그래프를 해석하자면 공은 처음에 경사면 위쪽으로 +2.5m/s로 출발하여 0.1초가 지날 때마다 0.5m/s씩 속도가 감소하다가 0.5초가 되는 순간 최고점에 도달하게 돼. 그런 다음 운동 방향이 반대로 바뀌면서 0.1초가 지날 때마다 0.5m/s씩 속력이 증가하고, 다시 원점에 도달할 때 반대 방향으로 출발할 때와 같은 속력을 갖게 되는 거지.

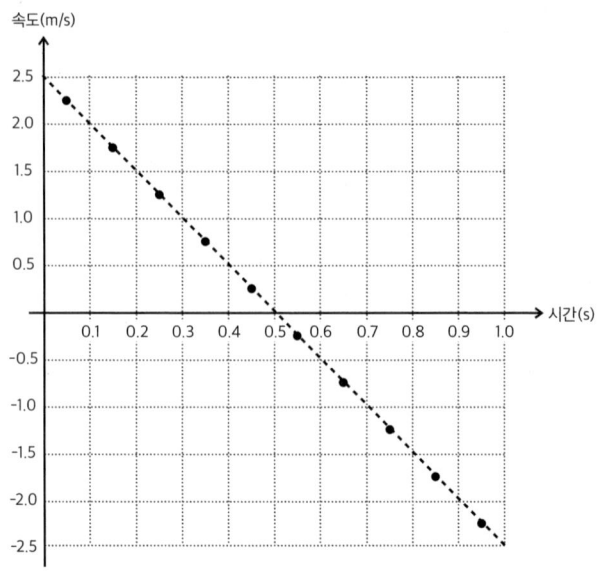

위와 같은 경우는 중간에 운동 방향이 한번 정반대로 바뀌지만 가속도가 일정하므로, 등가속도 운동이라고 볼 수 있어.

운동 방향과 속력이 변하는 가속도 운동

속도가 변하는 운동들은 대부분 평면상 운동이야. 너희들이 좋아하는 집라인도 그 중 하나야. 집라인 줄은 자체 무게 때문에 직선이 아니라 약간 아래로 처진 곡선이고, 도착하는 부분은 안전 때문에 경사도를 낮추거나 오히려 약간 반대로 올려야 하지. 그래서 집라인을 타면 처음에는 속력이 빠르게 증가하다가 도착할 때쯤에는 속력이 줄어들어.

나로우주센터에 가면 누리호, 나로호와 같은 우주발사체의 발사 임무

출처_한국항공우주연구원
(www.kari.re.kr)

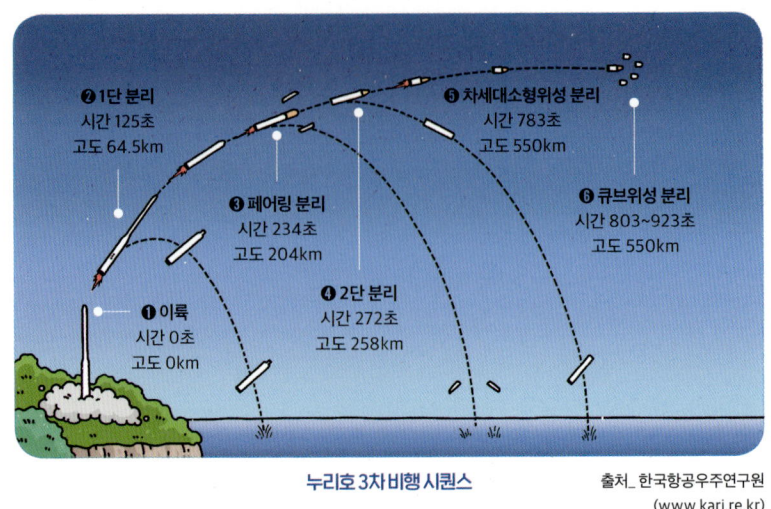

누리호 3차 비행 시퀀스   출처_ 한국항공우주연구원
                              (www.kari.re.kr)

를 총괄적으로 지휘 및 통제하는 곳이 있는데, 그 곳을 '발사지휘센터'라고 해. 스크린을 통해 전달되는 데이터를 보면서 종합적인 상황을 판단하는 곳이지.

위의 그림은 누리호가 발사된 다음부터 위성의 임무궤도에 도달할 때까지의 과정을 나타낸 것이야. 각 비행 단계에서 로켓의 위치와 속도가 사전에 계획된 값에 도달해야 인공위성을 궤도에 올릴 수 있다고 해. 비행 시퀀스에 맞게 작동되어야 임무를 완수할 수 있는 거지. 물론 그림에서 볼 수 있듯이 로켓은 비행하는 동안 운동 방향이 계속 달라지기 때문에 가속도를 구하는 것은 직선 운동하는 물체의 경우처럼 단순한 문제는 아니야.

이러한 문제는 수학적으로 벡터를 알아야 풀 수 있으니, 다음에 도전해 보는 걸로 하자.

잠시 쉬어가는 이야기

경사면 실험을 통한 갈릴레이의 발견

앞에서 선생님이 들고 있던 그림은 물리학을 탄생하게 한 매우 유서깊은 실험의 모습을 보여주는 거야. 운동의 변화를 연구하기 위한 실험이지. 갈릴레이는 청동으로 구슬을 만들고, 나무로 경사면을 만든 다음, 경사면에는 일정한 간격으로 작은 홈을 파서 길이를 쉽게 잴 수 있도록 했어. 사실 갈릴레이는 자유낙하 운동을 분석하고 싶었지만, 자유낙하 운동은 속도가 너무 빨리 변하기 때문에 당시의 시계로는 측정할 수 없었지. 그렇지만 놀랍게도 갈릴레이는 경사면에서의 운동이 자유낙하 운동과 본질적으로 다르지 않다는 것을 직관적으로 알았고, 그래서 경사면 운동을 탐구한 것 같아.

갈릴레이의 실험 일지에 따르면, 실험하는 동안 박자가 일정한 노래를 불러 시간을 측정했다고 해. 갈릴레이 자신이 박자가 일정한 노래를 부르면서 구슬을 경사면에 굴렸고, 첫 박자에 구슬이 굴러간 거리, 두 번째 박자에 굴러간 거리, 세 번째 박자에 굴러간 거리, … 를 조수에게 재도록 한 거야. 이처럼 일정한 박자에 구슬이 경사면을 굴러간 거리를 재어보니 아래로 내려갈수록 간격이 넓어졌고, 그 간격은 시간(박자)의 제곱에 비례하여 커진다는 놀라운 사실을 알게 된 거지.

내용을 잘 이해했는지 확인해볼까?

* 정답은 409쪽에

1 디지털 카메라를 이용하여 경사면에서 직선 운동하는 수레의 운동을 동영상 촬영하고 있다. 동영상 프로그램을 이용하여 수레의 한 지점 P가 기준선을 통과하는 순간부터 0.1초 간격으로 P의 위치를 기록하였더니 시간에 따른 수레의 위치는 다음 표와 같았다.

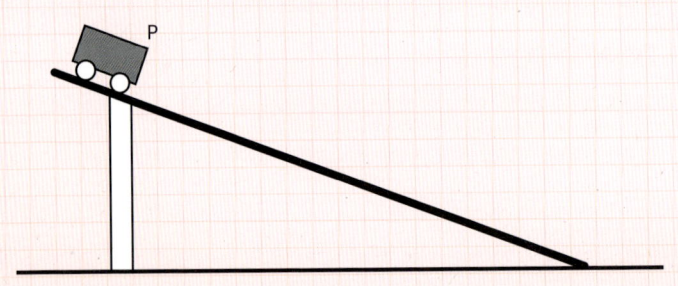

시간(s)	0	0.1	0.2	0.3	0.4	0.5
위치(cm)	0	6	14	24	36	50

1) 0.1초를 한 구간으로 잡고 구간별 평균 속도를 구하고, 시간에 따른 속도 그래프를 그려보자.

구간(s)	0~0.1	0.1~0.2	0.2~0.3	0.3~0.4	0.4~0.5
평균 속도(cm/s)					

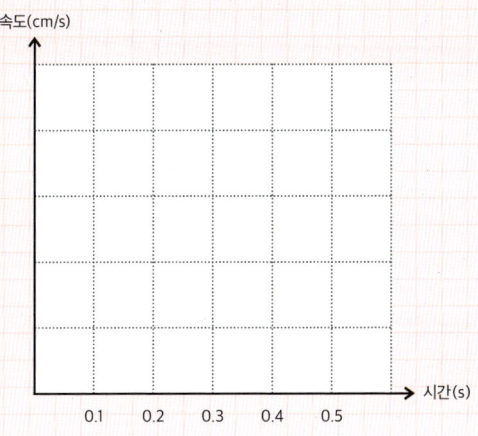

2) 수레의 평균 가속도를 구해보자.

조금 더 어려운 문제들도 한번 풀어볼까?

※ 정답은 410쪽에

2 우주선 발사 기지에서 어떤 로켓을 정지 상태에서 연직 방향으로 발사하였다. 발사된 로켓은 $3.2m/s^2$의 일정한 가속도로 상승하여 고도 1,200m에 도달했을 때 연료가 모두 소진되었다.

1) 고도 1,200m에 도달하는 순간, 로켓의 속력은?

2) 이 고도까지 도달하는 데 걸린 시간은?

3) 로켓이 도달하는 최대 고도는?

4) 최대 고도에 도달할 때까지 걸린 시간은?

5) 로켓이 땅에 다시 낙하할 때 땅과 부딪히는 속력은?

3 그림은 자를 이용해서 사람의 시각 반응 속도를 측정하는 간단한 실험이다. 한 사람이 수직으로 세운 자에서 손을 놓아 떨어뜨리면, 다른 사람이 그 떨어지는 자를 손으로 붙잡는 것이다. 그 사이에 자가 낙하한 거리를 자의 눈금을 이용하여 측정한다.

1) 자가 낙하한 거리 d는 낙하하는 데 걸린 시간 t의 제곱에 비례한다. 이때 비례상수는 g인데, 중력가속도라고 한다. 즉, $d=\frac{1}{2}gt^2$이다. 실험자의 시각 반응 시간은?

2) 실험을 하는 과정에서 오차가 발생할 수 있는 여러 가지 요인이 있을 수 있다. 이에 대하여 설명하고 오차를 줄일 수 있는 방안을 제시해보자.

3) 자를 이용하여 청각 반응 속도를 잴 수 있는 실험을 고안해보자. (단, 필요한 도구는 모두 활용할 수 있으나 반드시 자가 낙하하는 원리를 이용할 것)

창의적으로 생각하고 해결하는 문제에도 도전해보자

＊ 정답은 411쪽에

4 20○○년 ○월 ○일 밤 11시에 바다 한가운데서 발신한 SOS 신호가 섬 양쪽 끝에 있는 A와 B기지에서 감지된 다음 거대한 폭음이 관측되었다. A기지에서는 SOS 신호를 수신한 지 100초 후에 폭음을 관측했고, B기지에서는 SOS 신호를 수신한 지 80초 후에 폭음을 관측했다. 폭발이 일어난 위치를 결정하는 방법에 대하여 간략하게 설명해보자. (단, 아래 그림의 1칸 간격은 대기 중에서 충격파가 10초 동안 이동한 거리를 나타낸 것이다.)

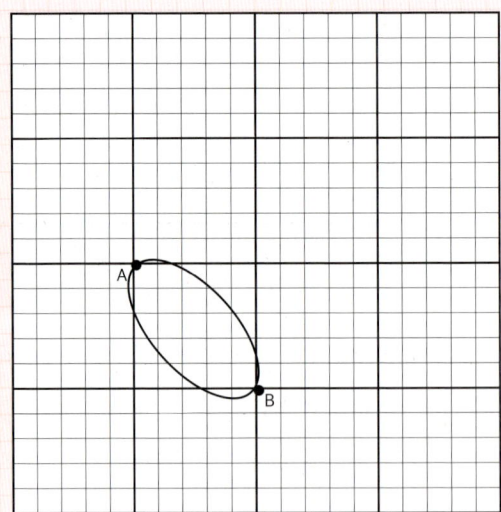

5 20○○년 ○월 ○일 우주를 떠돌던 유성체가 지구 대기권에 진입하여 고온의 밝게 빛나는 고리를 만들면서 낙하하다가 공중에서 폭발하였다.

사건 당일 평원의 세 지점 A, B, C에 있던 세 사람은 유성체가 섬광을 내면서 폭발하고 공중에서 사라지는 장면을 동시에 목격한 다음 얼마 지나지 않아 강력한 폭발음을 들었다. 유성체가 폭발한 후 폭발음이 도달하는 데 걸리는 시간은 A지점에서는 120초, B지점에서는 80초, C지점에서는 140초였다. 아래 그림의 1칸 간격은 대기 중에서 충격파가 10초 동안 이동한 거리를 나타내고 A, B, C는 지표상의 위치를 나타낸 것이다.

유성체가 폭발한 연직 아래 위치를 모눈종이에 표시하고 높이 H를 구해보자.

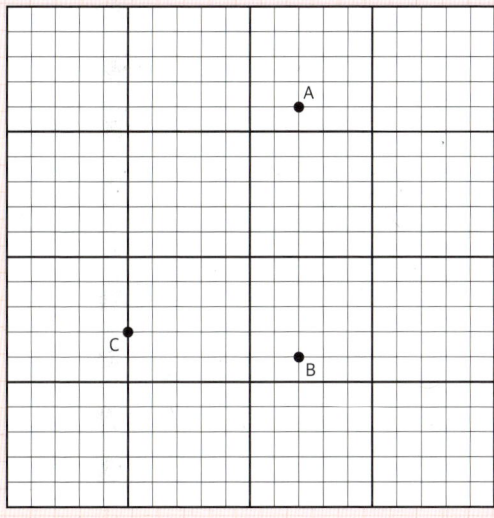

갈릴레이의 상대성 교실

이리 보아도
저리 보아도

횡단보도를 건널 때 초록불이 켜졌다 해도 그냥 막 건너면 안되는 거 알지? 급하게 오는 오토바이나 자동차는 없는지 주변을 꼭 둘러보고 안전하게 건너야 해. 꼭이야!

　이렇게 안전을 위해서 주변을 잘 확인하고 조심해야 하듯이, 우리는 생활하면서 무언가를 주의 깊게 봐야할 때가 있어. 과학시간에 양파의 표피세포나 피부의 모공을 보기 위해 현미경을 이용하기도 하고, 씨앗이 싹을 틔우는 과정을 기록해가며 보기도 하지.

　이렇게 길을 건너거나 실험을 하는 동안 우리는 알게 모르게 주변으로부터 뭔가를 알아내려고 해. 이런 것을 보통 관찰이라고 하지.

　정리하자면, 관찰이란 외부에 있는 대상을 우리의 감각을 이용해서 알아차리는 것을 의미해. 감각이란 사람의 다섯 가지 감각뿐만 아니라 기구를 이용한 측정을 모두 포함하는 말이지.

　이러한 관찰에 대하여 조금 더 생각해 보면 이런 궁금증이 생길 거야.

　우리가 눈으로 들어오는 시각 정보를 모두 알 수 있을까? 혹은 귀로 들어오는 청각 정보를 모두 알 수 있을까? 하는 궁금증 말이야.

이런 것들에 대해 어떻게 생각해? 우리 같이 생각해볼까?

관찰을 하려면 일단 대상을 관찰하려는 의도가 있어야 해. 그다음에는 어떻게 관찰할 것인지에 대한 생각이 정해져야 하고.

이와 같이 우리 머릿속에 목표와 방법이 정해지면 감각 기관을 통해 들어온 대상에 대한 정보를 알 수 있는 준비가 된 것이지.

다음 그림은 비트겐슈타인이라는 철학자가 인용해서 유명해진 그림인데, 한번 잘 봐봐. 이 그림이 뭘로 보여?

왼쪽에 길쭉하게 나온 부분을 부리로 생각한 사람에게는 오리로 보일거고, 오른쪽에 약간 들어간 부분을 입이라고 생각한 사람에게는 토끼로 보일거야. 그러니까 오리도 맞고 토끼도 맞는 거야.

이와 같이 하나의 대상을 관찰할 때조차도 무엇을 기준으로 잡느냐에 따라 완전히 다른 결과가 나타나지.

우리는 어떤 대상을 관찰할 때 기준을 정하는데, 그 기준이 무엇이냐에 따라 동일한 대상도 다르게 관찰되는 거야.

운동의 경우에도, 어떤 것을 기준으로 하느냐에 따라 같은 운동도 전혀 다르게 관찰될 수 있지. 역사적으로 천동설과 지동설이 그 대표적인 사례라고 볼 수 있어. 지구를 기준으로 하면 지구는 정지해 있고 태양, 달, 별들이 움직이는 것이고, 태양을 기준으로 하면 태양은 정지해 있지만 지구, 달, 행성, 별들이 움직이는 거지. 이 가운데 어느 이론이 자신들의 진리관에 맞는지를 놓고 심판, 논쟁, 투쟁, 전쟁이 일어났던 거야.

운동 기준과
상대 속도

기준이 달라지면 운동이 달라지는 경우에 대해서 좀 더 구체적으로 알아볼까?

아래 그림과 같이 직선 도로에서 자동차가 일정한 속력으로 달리는 경우를 생각해 보자.

이때 빛나는 도롯가에 서 있고, 수철이가 타고 있는 택시는 정면으로 40m/s, 영특이가 타고 있는 버스는 정면으로 30m/s로 운동하고 있어.

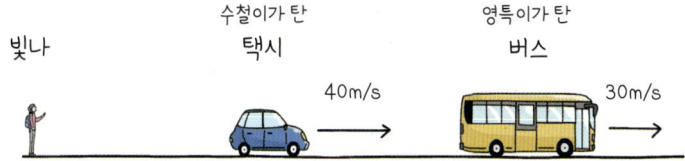

빛나가 본 택시와 버스의 속도는 각각 40m/s, 30m/s이지. 이때 빛나가 선택한 운동 기준은 뭘까? 땅에 정지해 있기 때문에 지면이 기준이 되겠지. 그래서 택시와 버스는 지면을 기준으로 각각 40m/s, 30m/s의 속력으로 정면으로 운동하고 있는 거야.

이제 택시 안의 관찰자인 수철이의 입장에서 생각해 볼까? 이 관찰자가 선택한 기준은 자신이 타고 있는 택시라는 것은 금방 알 수 있지? 택시를 기준으로 했다는 것은 택시에 타고 있는 수철이는 자신이 정지해 있는 것으로 생각한다는 거야. 그런 경우 빛나는 뒤쪽으로 40m/s로 멀어지고, 버스는 앞쪽으로 10m/s로 다가와.

버스 안의 관찰자인 영특이도 유사한 방법으로 생각할 수 있어.

기준\대상	빛나	수철이	영특이
빛나	0	+40m/s	+30m/s
수철이	−40m/s	0	−10m/s
영특이	−30m/s	+10m/s	0

위 표에서처럼 빛나, 수철이, 영특이의 기준에 따라 대상이 되는 상대방의 속도가 달라짐을 볼 수 있어. 이와 같이 기준이 달라지면 물체의 운동 속도가 달라지는데, 어떤 기준에 대한 물체의 속도를 상대 속도라고 하고 다음과 같이 정의해.

a에 대한 물체 b의 속도 ≡ b의 속도 - a의 속도

$$v_{ab} \equiv v_b - v_a$$

여기서 a의 속도와 b의 속도는 절대 기준에 대한 속도를 나타내는 거고, 수직선 위에서 v_b와 v_a의 차이인 v_{ab}를 화살표의 차이로 나타낼 수 있어.

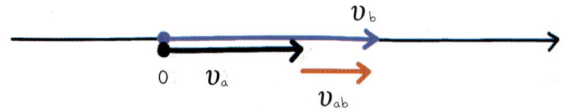

한편, 상대 속도 공식을 이용하여 다시 한번 계산해 보면, 영특이에 대한 수철이의 속도는 $v_{BT} = v_T - v_B$ = 40 - 30 = +10m/s임을 확인할 수 있어.

평면상 운동에서
상대 속도 구하기

비 오는 날 우산을 쓰고 앞으로 달려갈 때 비가 앞에서 들이치는 것을 겪은 적 있지?

비는 위에서 아래로 연직방향으로 내리는데, 왜 달려가면 비가 비스듬히 내리는 것처럼 느껴질까?

이 현상도 상대 속도를 알면 간단하게 해결할 수 있어. 하지만 직선이 아닌 평면상에서 상대 속도 계산법을 알아야 한다는 점이 중요해. 힘을 합성하는 법은 알고 있지? 힘과 같이 방향과 크기가 있는

양을 그림으로 나타낼 때는 화살표로 나타낼 수 있어. 화살표가 가리키는 방향이 그 물리량의 방향이고, 화살표의 길이가 크기에 해당해.

이런 양을 물리나 수학에서는 벡터라고 하지. 지금부터 화살표의 성질을 이용하여 벡터를 더하거나 빼는 방법을 익혀보자.

그림과 같이 $\vec{F_A}$와 $\vec{F_B}$가 한 물체에 동시에 작용할 때, 두 힘은 평행사변형 규칙을 이용하여 합성할 수 있고, 그 결과인 $\vec{F_A}+\vec{F_B}$는 평행사변형의 대각선이고 알짜힘이야.(118쪽, PART 4 알짜힘 구하기 교실 참고)

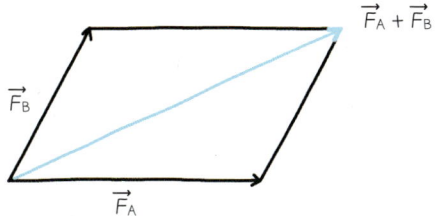

같은 원리를 이용하면 두 힘의 뺄셈 $\vec{F_B}-\vec{F_A}$도 할 수 있어. 즉, $\vec{F_B}-\vec{F_A}=(-\vec{F_A})+\vec{F_B}$이고, 화살표는 평행이동이 가능하므로, 그림의 붉은색 화살표처럼 $\vec{F_A}$의 끝에서 출발하여 $\vec{F_B}$ 끝으로 가는 화살표로 나타낼 수 있어.(벡터에서 '-'는 반대방향을 나타낸다.)

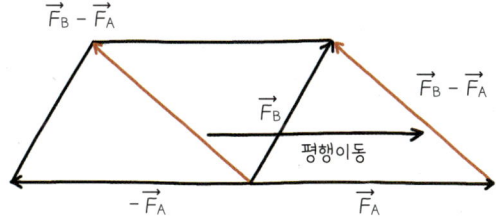

자, 이제 평면상의 상대 속도 문제로 가볼까?

지면을 기준으로 동쪽으로 10m/s로 달리는 자동차 A에서, 지면을 기준으로 북쪽으로 10m/s로 달리는 자동차 B를 보면 어떻게 운동하는 것처럼 보일까?

문제 상황을 상대 속도 구하는 공식으로 쓰면 A를 기준으로 한 B의 속도이므로

$$\vec{v}_{AB} = \vec{v}_B - \vec{v}_A$$

라고 나타낼 수 있어.

직선상에서 운동하는 경우와 마찬가지로 상대 속도를 구하기 위해 속도를 나타내는 화살표 $\vec{v}_A$와 $\vec{v}_B$를 평면상에 나타내고, 두 화살표의 차이 $\vec{v}_{AB}$를 평면상 그림으로 그리면 $\vec{v}_B$에서 $\vec{v}_A$를 빼는 것이므로 다음과 같이 나타낼 수 있어.

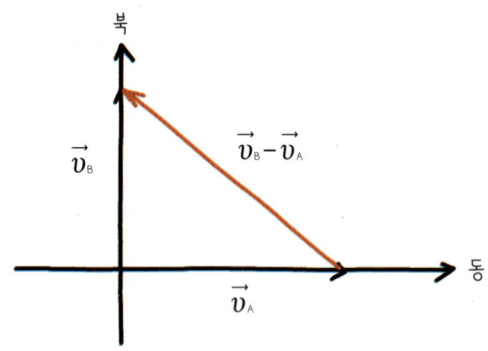

그림을 그려 놓으면, A가 볼 때 B는 북서쪽으로 $10\sqrt{2}\,\text{m/s}$의 속력으로 운동하고 있음을 계산해낼 수 있어.

이제 비오는 날 우산을 쓰고 앞으로 달려가는 문제를 풀 수 있겠지? 우산을 쓰고 앞으로 달려가는 사람이 기준이므로 사람이 본 비의 속도는

$$\vec{v}_{\text{사람비}} = \vec{v}_{\text{비}} - \vec{v}_{\text{사람}}$$

이고, 이것을 그림으로 그리면

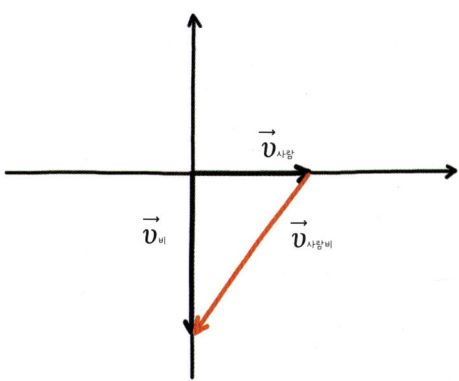

인데, 사람의 속도가 빠를수록 비 내리는 각도가 더 앞쪽으로 기울어져서 우산을 더 기울여야 해. 이와 같이 상대 속도란 실제로 관찰자가 느끼는 물리적인 속도인 것이지.

운동의 기준과 자유낙하 운동

자유낙하 운동이 뭔지는 모두 알고 있지? 낙하란 떨어지는 현상이고, 자유란 방해받지 않는다는 의미야. 물체에 오직 중력이 작용하여 나타나는 운동을 자유낙하라고 하는 거지. 자유낙하를 공부할 때 가장 중요한 내용은 중력가속도야.

지표면 근처에서 물체를 떨어뜨리면 일정한 비율로 속도가 증가하는데, 그 비율을 중력가속도라고 해. 중력가속도는 물체의 질량에는 관계없고, 지표 근처에서 값은 약 $9.8m/s^2$이야. 1초마다 $9.8m/s$씩 속도가 증가한다는 거지.(214쪽, PART 7 자유낙하 교실 참고)

갑자기 왜 자유낙하냐고?

우리는 지금 운동의 기준을 공부하고 있잖아. 자유낙하 운동을 통해 이 운동의 기준이 갖는 의미를 좀 더 살펴보려고 하는 거야. 다음에 있는 두 개의 그림을 한번 봐봐.

그림에서 빛나는 지면에 정지한 상태에서 자동차 내부를 관찰하는 사람이고, 수철이는 자동차 안에서 과자를 떨어뜨려 물체가 낙하하게 하는 사람이야.

왼쪽 그림은 자동차가 지면에 정지해 있어서 관찰자인 빛나나 수철이 모두 물체가 연직 아래로 떨어지는 것을 관찰할 거야. 이때 운동 기준은 지면과 자동차이고, 이들 기준 간에 상대 속도는 0이야.

오른쪽 그림은 상황이 약간 달라. 운동기준인 지면과 자동차 간에 상대 속도 v가 존재하지. 빛나는 지면에 정지해 있고, 수철이도 자동차 바닥에 정지해 있지만, 빛나가 볼 때 자동차는 오른쪽으로, 수철이가 볼 때 빛나는 왼쪽으로 운동하지. 여기서 지면은 절대적인 기준이야.

수철이가 들고 있는 과자가 빛나가 보기에는 오른쪽으로 속력 v로 운동하는 것으로 보일 거야. 일정한 시간 t가 지난 후에도 여전히 같은 속도로 운동해야 해.

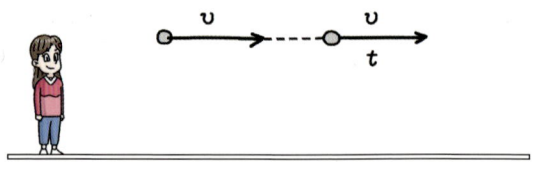

수철이의 입장에서는 자동차가 움직이고 있음에도 불구하고 왜 과자가 연직방향으로 낙하할까? 질문을 바꿔서 다시 한번 생각해 볼까?

수철이가 볼 때 연직방향으로 낙하하려면 빛나가 볼 때는 어떤 운동이어야 할까?

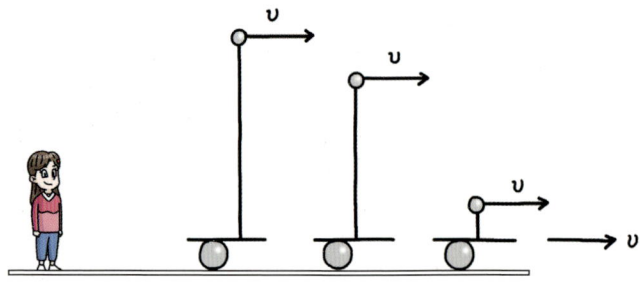

그림에서 볼 수 있듯이 수철이가 볼 때 자동차 바닥에 대해 연직방향으로 낙하하려면 빛나가 볼 때 물체와 자동차 바닥이 모두 오른쪽으로 v의 속력으로 운동해야만 해.

그러면 수철이가 과자를 떨어뜨렸을 때 낙하하는 물체가 어떻게 보이는지 생각해 보자.

수철이는 자동차가 정지해 있을 때와 마찬가지로 과자가 수직 아래로 떨어지는 것을 볼 것이고, 빛나는 과자가 지면에 대해 아래 그림과 같은 포물선을 그리며 떨어지는 것을 보겠지. 왜냐하면 그림에서 보는 것처럼 t만큼 시간이 지난 후에도 여전히 오른쪽으로는 지면에 수평하게 속력이 v이어야 해. 그래야만 수철이가 볼 때 연직방향으로 자유낙하 운동을 하는 거야. 동시에 연직방향으로는 자유낙하 운동을 하기 때문에 낙하한 후 t시간이 경과할 때 수평 속도와 수직 속도를 합성한 것이 운동 속도가 되는 거야.

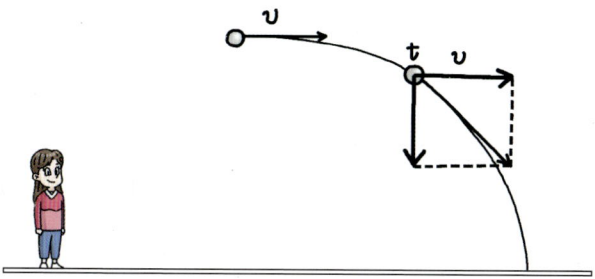

이와 같이 운동의 기준들이 상대적으로 운동하게 되면 물체의 운동이 다르게 나타남을 볼 수 있어.

그러면 한 가지 질문이 생기는데, 자유낙하 운동이라는 하나의 대상을 한 사람은 정지 상태에서 관찰하고, 다른 사람은 일정한 속도로 지나가면서 관찰한다면 두 사람이 관찰한 운동이 본질적으로 다른 것일까? 물체에는 중력 외에 다른 힘이 작용한 것도 아닌데, 일정한 속도로 지나가는 사람이 관찰한 것도 자유낙하 운동일까?

나중에 운동법칙을 배우면 더 잘 알 수 있겠지만, 결론적으로 말하자면, 일정한 속도로 지나가는 사람이 관찰한 것도 자유낙하 운동이야.

즉, 운동의 기준 간에 상대 속도가 일정한 모든 경우, 어떤 기준에서 자유낙하 운동이면 다른 기준에서도 자유낙하라고 볼 수 있다는 말이야.

(※ 주의: 예시로 나온 그림은 이해를 돕기 위한 것입니다. 버스 안에서는 과자를 먹으면 안됩니다. 바닥에 떨어뜨리면 더더욱 안됩니다.)

자유낙하 운동과 엘리베이터

🔵 자유낙하와 관련한 엘리베이터 문제는 재미있는 것들이 많아. 아인슈타인도 중력에 대한 이론을 펼치기 위해서 가상적인 엘리베이터를 많이 이용했었지.

그러면, 앞에서 공부한 것을 바탕으로 가볍게 머리 풀기를 해볼까? 그림과 같이 엘리베이터 안에 있는 수철이가 가방을 떨어뜨리면

엘리베이터 외부의 관찰자인 빛나와 엘리베이터 내부에 있는 수철이 모두 가방이 자유낙하 운동하는 것을 관찰할 수 있어.

하지만 엘리베이터가 v의 속도로 위쪽으로 올라갈 경우 수철이는 여전히 연직 아래로 자유낙하 운동을 관찰하지만, 빛나는 엘리베이터 속도에 엘리베이터 속 가방의 자유낙하 속도를 더한 결과를 관찰하게 돼.

엘리베이터가 10m/s로 올라가는 경우, 중력가속도의 크기를 계산하기 쉽게 $10m/s^2$이라고 해보자. 그런 경우 빛나가 관찰한 시간에 따른 가방의 속도는 지면을 기준으로 한 엘리베이터 속도에다가 엘리베이터를 기준으로 한 가방의 속도를 더해서 구할 수 있어.

빛나 기준 가방의 속도
= 빛나 기준 엘리베이터의 속도 + 엘리베이터 기준 가방의 속도

수철이가 가방을 떨어뜨린 순간부터 1초 간격으로 속도와 위치를 구하면 다음과 같아. (엘리베이터가 충분히 길다고 가정한다.)

시간(s)	지면(빛나) 기준 엘리베이터의 속도(m/s)	엘리베이터 기준 가방의 속도(m/s)	지면(빛나) 기준 가방의 속도(m/s)	가방의 위치(m)
0	10	0	10	0
1	10	-10	0	5
2	10	-20	-10	0
3	10	-30	-20	-15
4	10	-40	-30	-25

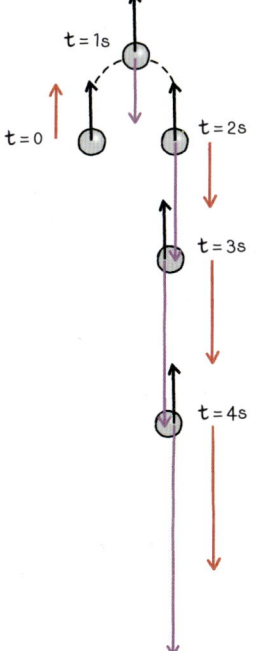

- 검은색 화살표 : 엘리베이터의 속도 (+10m/s)
- 보라색 화살표 : 엘리베이터를 기준으로 한 가방의 속도, 매초 10m/s씩 빨라짐
- 빨간색 화살표 : 빛나가 본 가방의 속도

이 결과로부터 우리는 위로 던진 물체의 경우도 자유낙하 운동과 본질적으로 같은 운동을 한다는 것을 알 수 있지.

가속 운동하는 엘리베이터

○ 이제 엘리베이터가 위로 혹은 아래로 가속 운동하는 경우에 대해 알아보자.

엘리베이터가 정지한 상태에 있다가 위쪽 방향으로 출발하여 점점 속력이 빨라지는 가속운동을 하는 경우를 생각해 봐. 관찰자인 빛나(지면을 기준)가 볼 때 가방은 중력의 작용에 의해 일정한 비율로 속력이 빨라지는 운동을 해. 이때 가방의 가속도를 $\vec{a}_{가방}$이라고 하자.

하지만 가방이 낙하하여 부딪히게 되는 엘리베이터 바닥은 위쪽으로 점점 속력이 빨라져. 이때 빛나가 측정한 가속도를 $\vec{a}_{엘}$이라고 하면 엘리베이터 바닥에 대한 가방의 가속도는

$$\vec{a}_{엘가방} = \vec{a}_{가방} - \vec{a}_{엘}$$

로 구할 수 있어.

가속도의 방향을 고려하여 계산하면 $\vec{a}_{가방} = -a_{가방}$, $\vec{a}_{엘} = a_{엘}$이므로 $\vec{a}_{엘가방} = (-a_{가방}) - a_{엘} = -(a_{가방} + a_{엘})$이야.

결과적으로 엘리베이터를 기준으로 한 가속도가 커져서 나타난 현상은 가방이 엘리베이터 바닥까지 낙하하는데 걸린 시간이 엘리베이터가 정지한 경우보다 짧아졌다는 거지. 그러면 이 현상을 각 관찰자는 어떤 식으로 이해할까?

빛나는 가방의 운동은 변하지 않았으나 엘리베이터 운동이 달라져서 가방이 엘리베이터 바닥까지 낙하하는데 걸린 시간이 짧아졌다고 말할거야. 하지만 수철이는 엘리베이터 내부 공간에서 가방의 가속도가 증가해서 가방의 운동이 달라졌다고 말하겠지.

엘리베이터가 아래쪽으로 가속되는 경우도 조금 전에 공부한 것과 유사하게 분석할 수 있어. 엘리베이터의 가속도 방향이 아래쪽으로 바뀐 것만 달라져서 엘리베이터 바닥을 기준으로 한 가방의

가속도는

$$\vec{a}_{\text{엘가방}} = \vec{a}_{\text{가방}} - \vec{a}_{\text{엘}}$$

인데, $\vec{a}_{\text{가방}} = -a_{\text{가방}}$, $\vec{a}_{\text{엘}} = -a_{\text{엘}}$이므로, 엘리베이터를 기준으로 한 가방의 가속도는 $\vec{a}_{\text{엘가방}} = (-a_{\text{가방}}) - (-a_{\text{엘}}) = a_{\text{엘}} - a_{\text{가방}}$이야.

만일 엘리베이터가 자유낙하한다면, $\vec{a}_{\text{엘}} = -a_{\text{가방}}$, $a_{\text{엘가방}} = 0$ 이어서 가방은 엘리베이터 속에서 공중에 떠 있게 되는 거지.

빛은 휘어질까?

○ 어때? 지금까지 배운 내용들이 그렇게 어렵진 않았지? 그래도 머리가 좀 아팠을텐데, 이제 우리 우주선을 타고 이 답답한 지구를 한번 떠나볼까? 머릿속으로 상상하며 읽어 봐.

우리는 지금 아무 것도 없는 텅 빈 우주 공간으로 가고 있어. 아무 것도 없기 때문에 중력조차도 없지. 우주선 밖에는 영특이, 우주선 안에는 빛나가 있다고 상상해 보자. 또 이번 상상 실험에서 가장 중요한 장치인 구슬 발사 장치를 우주선 벽에 설치하자. 이때 주의사항이 있는데, 발사 장치가 우주선 벽과 수직으로 구슬을 발사하도록 설치해야 해.

첫 번째로 우주선이 정지해 있을 때, 즉 영특이와 빛나 사이에 상대 속도가 없을 때, 구슬을 발사하면 그림에서 볼 수 있듯이 반대쪽 벽까지 직선으로 날아가서 벽에 직각으로 부딪히겠지. 영특이와 빛나 모두 같은 결과를 볼 거야.

두 번째로 영특이와 빛나가 일정한 상대 속도를 가지면, 즉 우주선이 영특이로부터 등속도로 멀어지면, 영특이는 그림에서 볼 수 있듯이 구슬이 일정한 각도로 등속 직선 운동하는 것을 관찰할 것이고, 우주선 바닥도 같은 속도로 올라오는 것을 관찰할 거야. 그래서 구슬과 우주선 바닥과의 거리는 변하지 않겠지. 따라서 빛나는 앞에서와 똑같이 구슬이 반대편 벽에 부딪히는 것을 관찰할 거야.

세 번째로 우주선이 가속되는 경우는 좀 세밀하게 생각할 필요가 있어.

구슬이 일정한 각도로 날아가는 것은 우주선이 등속 운동하는 경우와 마찬가지이지. 하지만 우주선의 바닥은 시간이 지날수록 더 빨리 올라와서 구슬과의 거리가 빠르게 좁혀지게 돼.

우주선 바닥이 기준인 빛나는 구슬의 운동 경로가 그림처럼 휘어지는 것을 관찰할 거야.

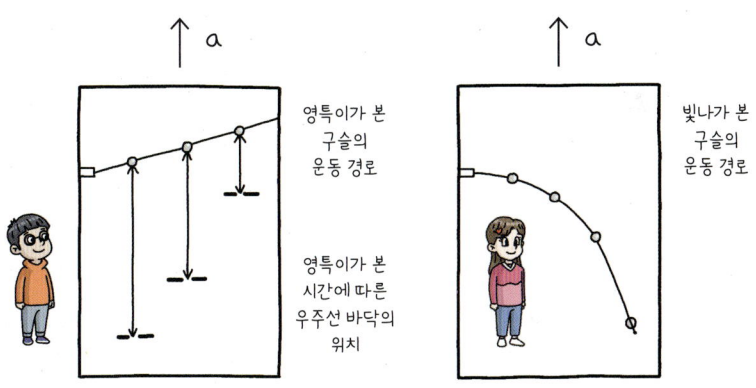

이와 같이 가속 운동하는 관찰자에게 구슬의 운동 경로가 휘어지는 현상은 지표면에서 구슬을 수평으로 던질 때 중력에 의해 나타나는 포물선 운동과 유사해.

이러한 사고 실험의 결과로부터 아인슈타인은 '중력과 기준계의 가속 효과를 구분할 수 없다.'라는 등가원리를 발견하게 되었다고 해.

그러면 이제 운동하는 물체가 구슬이 아닌 광자(빛)라고 생각해

봐. 그러면 가속 운동하는 우주선에 있는 관찰자는 빛이 휘어지는 것을 관찰하겠지? 이것이 그 놀라운 중력장에서 빛의 휘어짐이라는 현상의 원리야.

　이번 파트에서는 여러 가지 복잡한 이론들과 상황들이 나와서 좀 어려웠지? 그래도 내용을 차분히 읽다보면 재미있는 점들이 참 많으니까 꼼꼼히 잘 읽어보고 잘 이해했으면 좋겠어. 오늘은 여기까지!

> 잠시 쉬어가는 이야기

솔리톤Soliton에서 발견한 영재성

　14년 전쯤의 일이었던 것 같아. 그때 선생님은 영재학교에서 2학년 물리학을 가르치고 있었어. 파동의 발생 및 전파를 공부하다가 한 학생에게 솔리톤에 대해 조사해서 발표해보라는 과제를 내줬어.

　사실 이 과제는 아무리 영재학교 학생일지라도 제대로 조사해서 발표하는 게 쉽지 않아. 선생님도 어렵다는 건 알고 있었지만, 그래도 내가 가르친 학생이 어느 정도 해낼 수 있을까… 하는 기대를 담은 마음으로 과제를 내줬던 것 같아.

　이 학생은 2주일 뒤에 솔리톤에 대해 발표했어. 솔리톤의 개념 발견의 역사에서부터, 가장 단순한 비선형 파동방정식인 사인-고든 방정식의 기본 해를 구하는 방법과 일반 해를 구하는 방법인 백클룬트(Backlund) 변환까지 준비했더라고. 겨우 고등학교 2학년 학생이 2주일이라는 짧은 시간에 이해했다는 것이 선생님인 나도 믿기지 않더라고. 놀라움과 대견함이 함께 느껴졌달까.

　주어진 과제를 끝까지 물고 늘어져서 결국 해내고야 마는 그 학생의 열정이 영재성과 맞물려서 놀라운 결과를 만드는게 아닐까 하는 생각을 했었어. 타고난 능력에 열정이 더해질 때, 혹은 열정에 열정이 더해질 때 영재성은 더 개발되는 것이라는 생각을 하는 계기가 되었던 것 같아.

내용을 잘 이해했는지 확인해볼까?

＊ 정답은 412쪽에

1 그림과 같이 같은 방향으로 달리고 있는 버스와 택시가 있다. 버스의 속력이 30m/s이고, 택시의 속력이 40m/s라 할 때

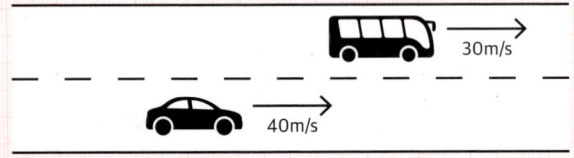

1) 버스 안의 관찰자가 본 택시의 속도는?

2) 택시 안의 관찰자가 본 버스의 속도는?

2 속력 v로 흐르는 강물에 최대 속력 V를 낼 수 있는 모터 보트가 있다. 모터 보트의 속력이 강물의 속력보다 빠르면 모터 보트는 강물을 거슬러 올라갈 수 있다. 모터 보트가 강물을 따라 거리 L만큼 올라갔다가 다시 같은 거리만큼 내려오려고 한다.

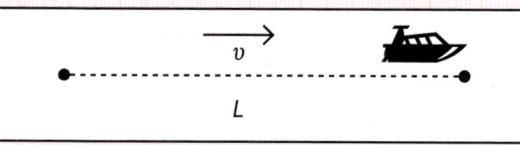

1) 모터 보트가 그 거리를 왕복하는 데 걸리는 최소 시간은?

2) 강물이 속력 v로 흐르는 경우와 흐르지 않는 경우($v=0$), 어느 경우가 시간이 더 많이 걸리는지를 보이고, 그 이유를 설명해보자.

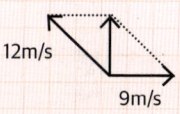 정지한 물에서 속력이 12m/s인 모터 보트로 강물의 속력이 9m/s인 강을 건너려고 한다.

1) 최단 거리로 건너갈 때 강둑에서 본 모터 보트의 속도는?

2) 최단 시간으로 건너갈 때 강둑에서 본 모터 보트의 속도는?

조금 더 어려운 문제들도
한번 풀어볼까?

＊ 정답은 414쪽에

4 수평면에 투명하고 나란하게 두 개의 벽을 세우고, 공이 벽면과 충돌하며 진동하게 하였다. 그림은 벽면 사이에서 운동하는 공을 벽 바깥에 정지한 관찰자가 본 공의 궤적을 나타낸 것이다. (단, 두 벽 사이를 운동하는 공의 속력은 일정하다.)

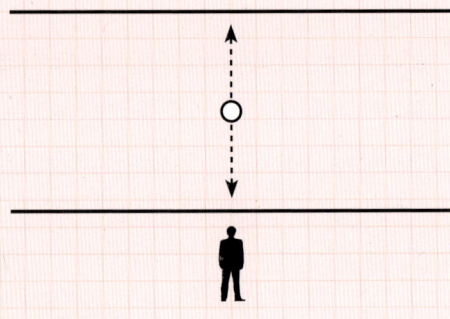

1) 만약 관찰자가 왼쪽으로 속력 v로 운동한다면, 그때 관찰자가 본 공의 운동 궤적을 그려보자.

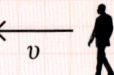

2) 바닥에 서 있는 두 개의 벽을 90° 돌려 수직으로 세웠을 때 공은 위쪽 벽과 아래쪽 벽 사이를 운동하게 된다. 공에 중력이 작용한다고 가정할 때 왼쪽으로 v로 운동하는 관찰자가 본 공의 운동 궤적을 그려보자.

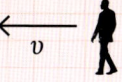

5 빛의 속력은 등속 운동하는 모든 관찰자에게 동일하다는 것이 광속 일정의 원리이다. 그림은 텅 빈 공간에서 운동하고 있는 우주선 K와 우주선 S에서 빛의 운동을 관찰하고 있는 상황을 나타낸 것이다.
우주선 K에서 보면 우주선 S는 속력 v로 오른쪽으로 멀어지고, 빛은 속력 c로 다가오고 있다. 우주선 S에서 측정한 빛의 속력은 $c+v$ 혹은 c 중 어떤 것일까?

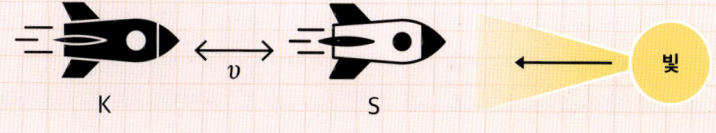

그렇게 생각한 이유는?

영재문제 창의적으로 생각하고 해결하는 문제에도 도전해보자

※ 정답은 414쪽에

6 그림과 같이 행성 X 주위를 돌고 있는 위성 A, B가 행성의 적도 평면상에서 원 궤도로 공전하고 있다. 행성 X의 자전 주기는 T이고, 위성 A의 공전 주기는 $\frac{T}{2}$이며, 위성 B의 공전 주기는 $\frac{3}{2}T$이다. (단, 그림은 행성의 북극 상공에서 내려다본 모습이고, O점은 행성의 적도상에 있다.)

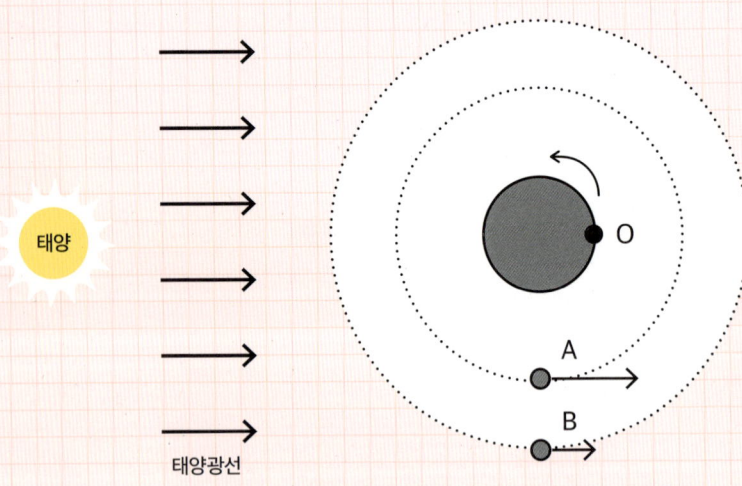

1) 어느 날 행성 X의 한 지점 O에서 관측했더니 그림과 같이 두 위성 A, B가 서쪽 지평선 근처에서 겹쳐서 보였다. O 지점에서 관측자가 계속하여 관측할 때, 위성 A, B의 운동 방향과 위성 A, B가 다시 원래의 위치로 돌아오는 데 걸리는 시간을 구해보자. (단, 시간은 T로 표시하시오.)

2) O 지점에서 두 위성 A, B가 서쪽 지평선 근처에서 겹쳐서 보일 때부터 관측을 시작하였다. 관측자가 밤하늘에서 두 위성을 함께 관측할 수 있는 기간을 처음부터 3개만 구해보자. (단, 기간은 T로 표시하시오.)

3) 이 행성에서 관찰한 위성의 운동을 그래프나 그림으로 나타내보자.

쉽지 않은 내용, 쉽지 않은 문제이지만 차분하게 읽다보면 이해되고 재미있어지는 **놀라운 경험**을 하게 될 거예요. 선생님이 끝까지 도와줄게요. **파이팅!!**

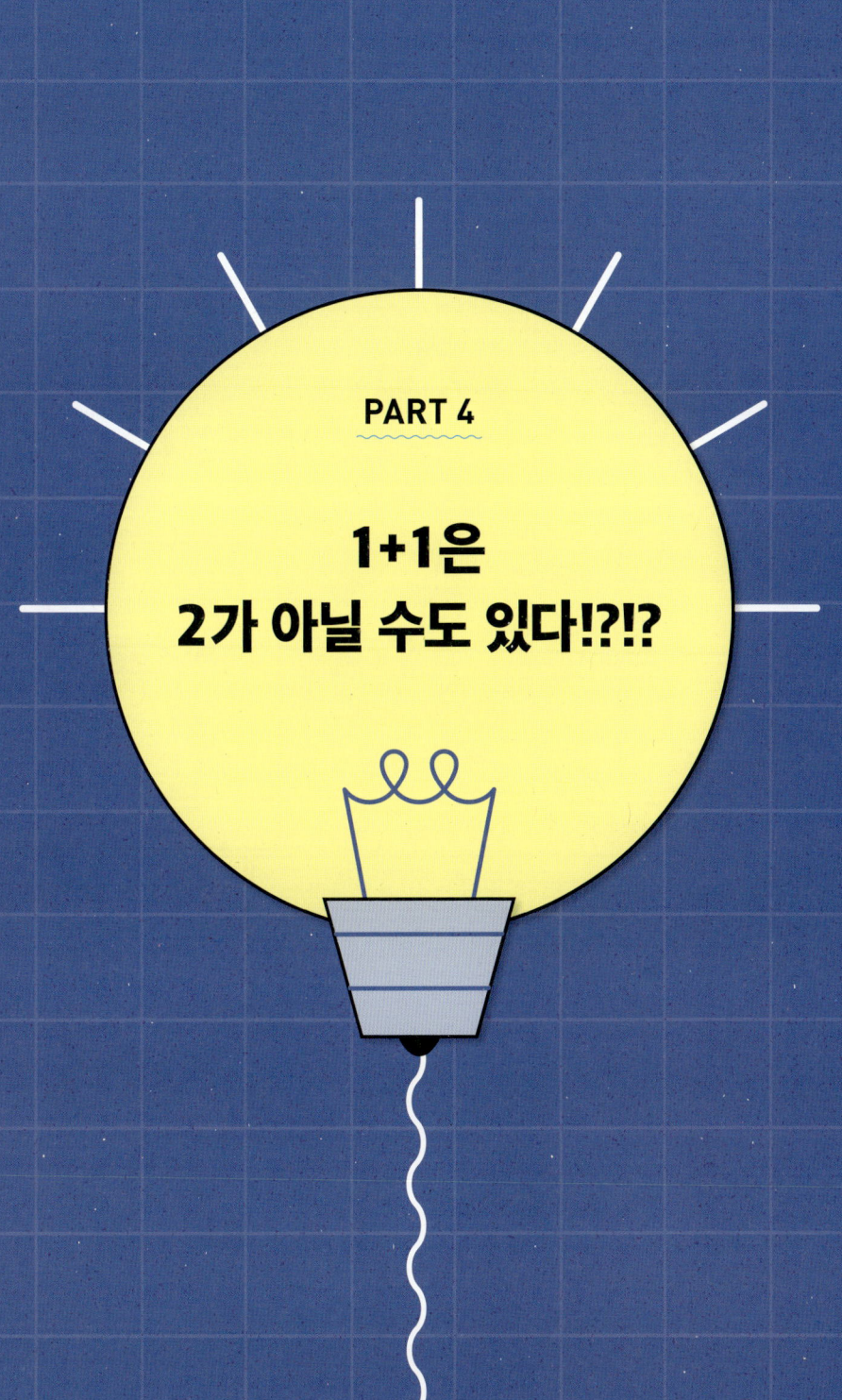

알짜힘 구하기 교실

힘이란

○ 먼저 힘이 무엇인지 알아볼까?

아래 그림에서 볼 수 있듯이 용수철의 한쪽 끝을 벽에 고정한 다음 다른 쪽 끝을 당기면 용수철의 길이가 늘어나지. 그리고 혹시 민속 마을에서 본 적 있을지 모르겠는데, 떡 반죽을 떡메로 내려치면 떡메가 떡 반죽에 힘을 가해 부드럽고 찰진 떡 반죽이 만들어져. 이와 같이 힘은 물체의 모양을 변하게 해.

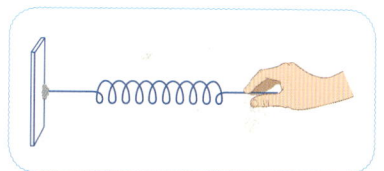

 또 정지해 있는 축구공을 발로 차면 공이 날아가게 되는 것, 날아오는 야구공을 배트로 치면 야구공이 방향을 바꾸어 멀리 날아가는 것처럼 힘은 물체의 운동 상태를 변하게도 하지.

 정리하면, 힘은 물체의 모양을 변화시키거나 물체의 운동 상태를 변화시키는 원인이라고 볼 수 있어.

 그러면 힘은 어떻게 나타낼 수 있을까? 힘은 크기와 방향을 갖고 있으니까 화살표로 나타낸다고 선생님이 알려줬지?

문자로 나타내면 $\vec{F}$, 그림으로 나타내면 $\longrightarrow$

 $\vec{F}$와 같이 문자로 나타낼 때 크기와 방향을 부호와 숫자를 이용하여 나타낼 수 있어.

 만일 힘이 다음 그림과 같이 직선상에서 작용하는 힘이라면

방향은 직선상에서 (+)와 (-)로 나타낼 수 있고, 크기를 나타내는 화살표의 길이는 숫자로 나타낼 수 있어.

$$\vec{A} = (+)4, \quad \vec{B} = (-)5$$

만일 힘을 직선상이 아닌 평면상에서 합성해야 한다면 그림과 같이 직교 좌표계를 이용해서 나타낼 수도 있어.

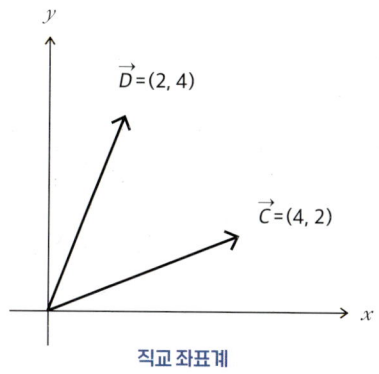

직교 좌표계

힘을 직교 좌표계로 나타내면 좋은 점이 하나 더 있는데, 평행사변형을 이용한 힘의 합성이란 것이 단지 성분별로 좌표값을 더하는 것에 불과하다는 거야. 성분별로 좌표값을 더하는 예는 뒷장에 그려 놓았으니 참고해서 봐.

힘을 화살표로 나타낼 때 힘의 크기를 화살표의 길이라고 하는데, 화살표의 길이를 비교하여 상대적인 크기를 정할 수는 있지만 힘의 절대적인 크기는 알 수 없어. 그래서 힘의 객관적인 크기를 계산하려면 단위가 필요하지. 일반적으로 힘을 나타내는 단위로 N(뉴턴)을 쓰는데, 질량 1kg의 무게는 약 9.8N이야. 그래서 1N의 크기는 대략 질량이 100g인 물체의 무게로 어림할 수 있어.

정리하면, 힘의 단위는 N이고, 질량 1kg의 무게는 9.8N라는 것. 잘 기억해둬.

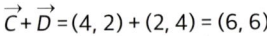
$\vec{C} + \vec{D} = (4, 2) + (2, 4) = (6, 6)$

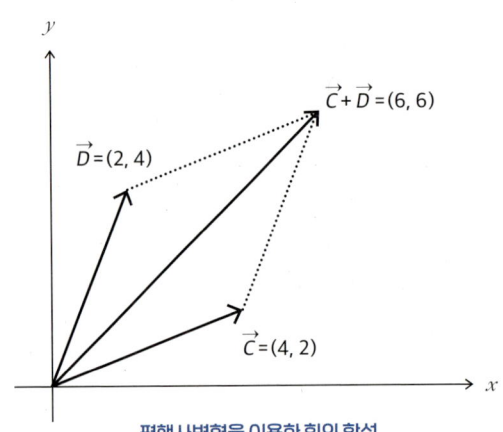
평행사변형을 이용한 힘의 합성

그런데 앞에서 속도도 화살표로 나타낸 적이 있지? 속도도 방향과 크기를 갖는 양이잖아. 힘도 속도처럼 화살표만으로 나타내면 될까? 아니아니, 힘은 다른게 하나 더 있어.

힘에는 작용점이라는 게 있거든. 대체로 물체는 크기를 갖고 있기 때문에 힘이 어디에 작용하느냐에 따라 그 효과가 달라지게 돼. 같은 방향과 같은 크기의 힘이 작용하더라도 작용점이 다르면 전혀 다른 효과가 나타나지.

 예를 들면 마찰이 없는 수평면에 그림과 같이 나무토막이 있다고 해보자.

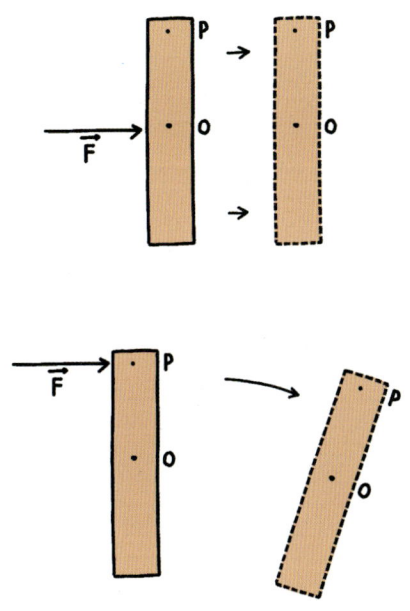

 힘이 어디에 작용하느냐에 따라서 나무토막의 움직임이 달라져. 첫 번째 그림처럼 힘이 무게 중심 O에 작용하면 나무토막은 그대로 밀려가게 되고, 두 번째 그림처럼 나무토막의 끝부분인 P점에 작용하면 힘이 작용하는 방향의 운동과 무게 중심을 중심으로 한 회전 운동이 나타나겠지. 지금 주변에 직사각형의 나무토막이 있다면 한 번 직접 실험해보는 것도 좋을 것 같아.

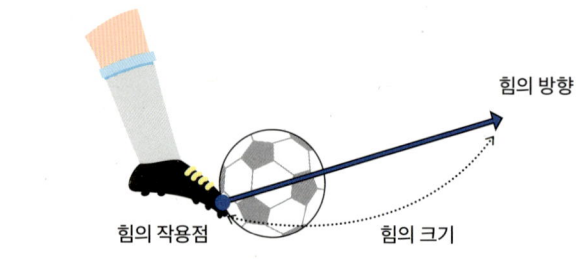

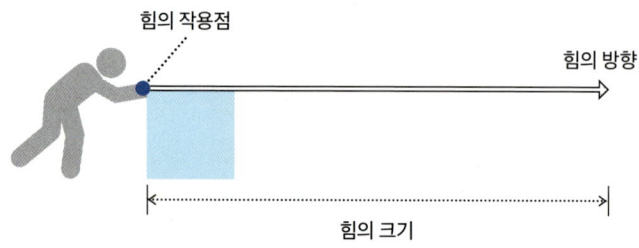

　힘은 물체의 어느 지점에 작용하느냐가 매우 중요하기 때문에, 힘을 나타내는 세 가지 요소에 작용점을 반드시 포함시켜야 해. 정리하면 힘의 3요소는 크기, 방향, 작용점이라는 거지.

　선생님이 설명해준 내용들이 그렇게 어렵진 않았지? 그 내용들 머릿속에 잘 정리할 겸 한번 더 생각해 봐.
　프리킥을 할 때, 물건을 밀 때, 힘이 요소별로 어떻게 작용할까?

알짜힘

○ 힘이 무엇인지, 대략적으로 머리에 그림이 그려지지? 이제 한 물체에 여러 개의 힘이 동시에 작용하는 경우, 힘의 효과가 어떻게 나타나는지 알아보려고 해.

앞에서 벡터의 합성에 대해 얘기했었잖아. 힘도 벡터이기 때문에 같은 방법으로 힘을 합성할 수 있고, 그 방법의 핵심은 앞에서도 잠깐 설명했지만 평행사변형을 이용하는 거야.

먼저 F_A와 F_B라는 두 힘을 합성하는 것부터 시작하자. F_A와 F_B라는 화살표를 각 변으로 하는 평행사변형을 그리고, 그 대각선을 구하면 그것이 F_A와 F_B의 알짜힘인 F_A+F_B야.

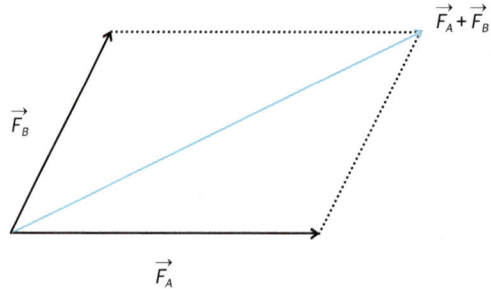

그러면 $\vec{F_A}$, $\vec{F_B}$, $\vec{F_C}$와 같이 세 개의 힘이 작용하는 경우에 알짜 힘 $\vec{F_A}+\vec{F_B}+\vec{F_C}$를 어떻게 구할 수 있을까? 그림을 그려서 확인해보면 이해하기 더 좋을 것 같아.

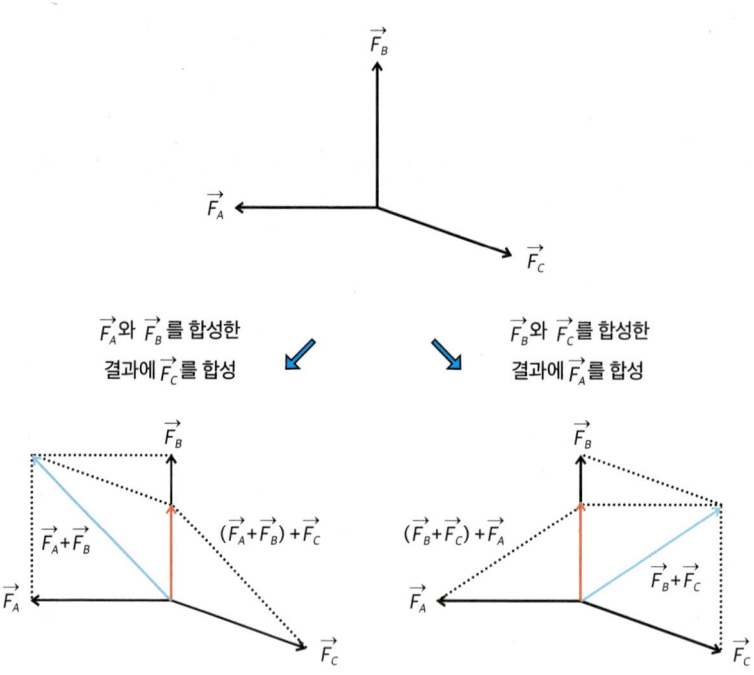

$\vec{F_A}+\vec{F_B}+\vec{F_C}$는 $\vec{F_A}$와 $\vec{F_B}$를 합성한 결과에 $\vec{F_C}$를 합성하면 구할 수 있어. $\vec{F_B}$와 $\vec{F_C}$를 합성한 결과에 $\vec{F_A}$를 합성하거나 $\vec{F_A}$와 $\vec{F_C}$를 합성한 결과에 $\vec{F_B}$를 합성해도 마찬가지 결과를 얻을 수 있어.

작용하는 힘의 개수가 늘어나도 이런 방법으로 계속 합성해 나가면 원하는 결과를 얻을 수 있어.

그러면 우리 주변에서 힘이 합성된 현상을 한번 찾아볼까?

그림과 같이 3N과 6N의 힘이 같은 방향과 정반대 방향으로 작용할 때 알짜힘은 각각 오른쪽으로 3N+6N=9N과 6N-3N=3N으로 작용해.

또 바닥에 있는 무거운 물체를 줄로 매어 두 사람이 끌어당기거나 들어올릴 때도 평행사변형 규칙을 적용해서 알짜힘을 구할 수 있어.

무용총 수렵도

조선시대 활쏘기연습을 하는 모습

출처_ 한국저작권위원회

    그러고보니까 양궁도 생각이 난다. 올림픽에서 양궁 경기를 본 적이 있지? 양궁 경기, 특히 여자 양궁은 우리나라가 독보적이잖아!

    고구려 벽화에서도 볼 수 있듯이 활을 잘 사용하는 민족이어서인지 올림픽 양궁이나 사격에서 특출난 실력을 과시하는 것 같아.

    사진에 보이는 우리나라 전통 활을 국궁이라고 하는데, 크기는 작지만 다른 나라 활에 비해 위력이 훨씬 강한 것으로 알려져 있어. 고려 말에 발명되어 조선 시대에 본격적으로 애기살(편전)이라는 화살을 사용하기도 했는데, 이것은 당시에 최고 수준의 비밀 병기이기도 했어. 이런, 잠깐 이야기가 다른 곳으로 갔네.

    활에 작용하는 힘에 대해서 설명을 하려던 참이었어.

    활을 쏘기 위해서는 활을 메고 있는 줄(시위)을 화살과 함께 당겨야 해. 그런 다음 목표를 조준하고 화살을 쏘면 시위가 화살에 힘을 가해 화살이 앞으로 날아가게 되는 거지.

    시위를 당겨서 조준을 하는 순간의 힘의 작용을 살펴볼까?

그림에서 볼 수 있듯이 화살에는 시위가 끌어당기는 힘 2개와 사람이 끌어당기는 힘 1개로 총 3개의 힘이 작용하고 있어.

활을 조준하고 있는 상태에서는 시위가 끌어당기는 힘의 알짜힘과 사람이 끌어당기는 힘이 서로 정확히 반대 방향이고 크기는 같아야 해, 즉, 평형을 이뤄야 해.

그리고 나서 시위를 놓으면 화살에는 시위에 의한 알짜힘만 작용하게 되어서 화살이 앞으로 날아가게 되는 거야.

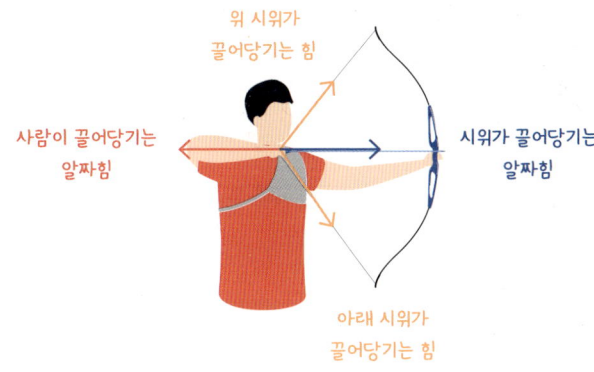

다리가
길수록
주탑이 높다

활을 조준할 때 시위에 의한 알짜힘과 사람이 시위를 당기는 힘의 크기가 같고 방향이 정반대라는 말은, 다시 말하면 화살의 알짜힘이 0이라는 뜻이야. 이러한 상태를 힘의 평형이라고 하지. 그림으로 그리면

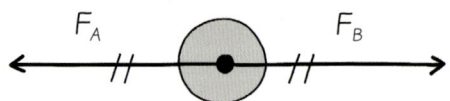

$F_A = F_B$ 이므로 알짜힘은 0이 되는 거지.

우리 주변에 있는 건축물이나 구조물에도 이러한 힘의 평형이 적용되고 있어. 크고 멋진 현수교도 마찬가지야.

위의 사진은 차나칼레 대교야. 유럽과 아시아 대륙을 연결하는 다리인데, 전체 길이가 4,608m인 세계에서 가장 긴 다리야. 다리의 핵심인 주탑은 세계 최고 높이 철골 구조물로 334m에 달하고, 이것은 에펠탑의 공식높이인 324m보다 더 높아.

세계에서 가장 길고, 가장 높은 것으로 유명하던 이 다리가 다시 한번 사람들의 관심을 받게 되는 일이 있었어.

2023년 2월, 튀르키예를 강타한 재난 수준의 지진으로 인해 건물, 도로 등이 종잇장처럼 구겨지고 무너지는 상황 속에서도 이 차나칼레 대교가 지진을 이겨낸 거야.

지진과 강풍 등의 혹독한 조건도 견뎌낼 수 있도록 첨단의 기술력으로 만들어졌기에 이러한 안정성을 갖게 된 것이지. 이 다리가 우리나라의 기술력으로 설계·시공되었다니 정말 뿌듯하고 자랑스러운 일이 아닐 수 없어.

그러면 이러한 차나칼레 대교와 같은 현수교의 원리는 뭘까? 현수교는 주탑과 주탑 사이에 설치한 강철 케이블로 다리의 상판을 끌어당기며 떠받치는 구조가 핵심이야.

사진에서 보이는 H자처럼 생긴 기둥이 주탑인데, 높이가 높을수록 강철 케이블이 더 무거운 무게를 견딜 수 있어. 주탑 꼭대기에 연결된 양쪽의 강철 케이블이 이루는 각도가 작을수록 강철 케이블에 작용하는 힘이 줄어들기 때문이야.

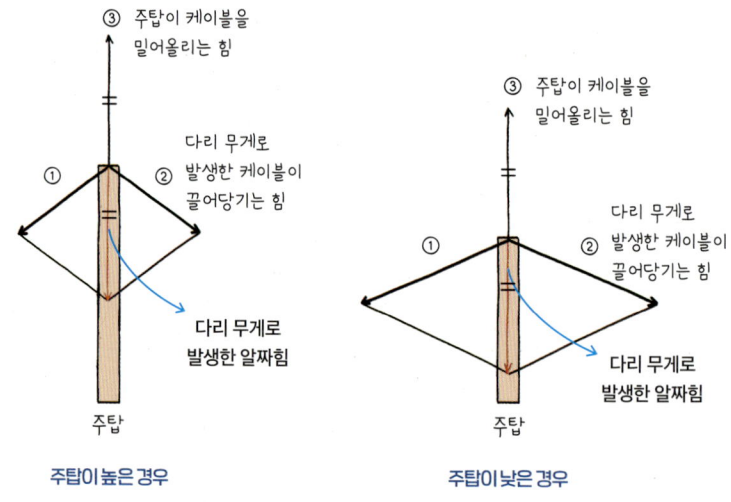

힘은 화살표로 나타낼 수 있잖아. 이제 제대로 복습 한번 해볼까?

그림에서 ①, ②번 화살표는 케이블이 당기는 힘이고, ③번 화살표는 주탑이 케이블을 위로 밀어 올리는 힘이야. 주탑에서 이 세 가지 힘이 평형이 되어야 해. 그래서 케이블에 작용하는 화살표 2개를 합성한 결과가 정확하게 주탑에서 위로 향하는 화살표와 크기가 같고 방향이 정반대여야 하는 거지.

앞에서 활시위가 힘의 평형을 이루듯이 주탑 역시 힘의 평형을 이루어야 한다는 건 잘 이해되지? 그런데 주탑이 높다는 건 어떤 의미가 있는 걸까?

다리의 무게가 같다고 할 때, 주탑의 높이에 따라 케이블이 이루는 각도가 달라져.

주탑이 높을수록 케이블이 이루는 각도가 작고, 낮을수록 각도가 커지는 거지.

그 때문에 다리의 무게가 같은 경우, 주탑이 낮으면 케이블에 더 강한 힘이 작용하게 돼. 다시 말하면 주탑이 높아질수록 케이블이 견딜 수 있는 다리의 무게는 더 증가하게 되는 거야.

위의 내용들을 정리하면, 다리가 길수록 무게는 증가하고, 이 무게를 케이블이 안전하게 지탱하기 위해서는 주탑의 높이를 높여야 한다는 거지.

아치 구조는 어떤 원리로 무거운 물체를 견딜까?

이제 2000년 전 로마로 가보자. 로마는 자신의 능력을 과시하기 위해 기념비적인 건축물을 많이 남긴 것으로 널리 알려져 있지.

그런데 뭔가 공통점이 있어 보이지 않아?

자세히 살펴보면 이 건축물들은 모두 아치 구조로 되어 있어. 우선 이 건축물들에 대해 알아보고 건축의 원리를 생각해보자.

첫 번째 사진은 수도교야. 수도교는 멀리 있는 수원지에서 인구가 밀집되어 있는 도시로 물을 공급하기 위해 건설한 수로야. 다리 위로 수로가 나 있고 수원지에서 도시까지 수로의 기울기가 정밀하게 설계되어 있어서 물이 수로를 따라 일정하게 흐르게 되는 거지.

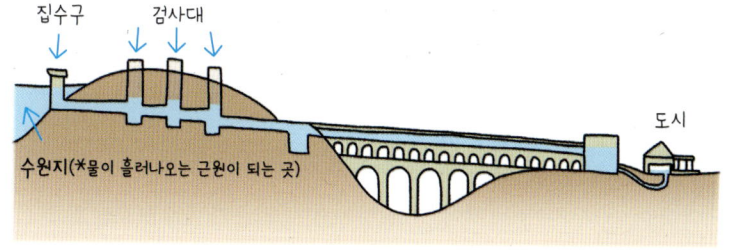

두 번째 사진은 판테온이라는 신전의 돔이야. 돔 한가운데 구멍이 뚫려있어서 공기도 순환되고 빛도 들어와. 이건 건축학적으로 대단히 놀라운 일이라고 해. 그런데 비가 많이 오면 좀 곤란하긴 하겠다. 그래서 바닥은 빗물이 통과할 수 있도록 경사로에 배수구를 여러 개 설치해서 비가 순식간에 빠지도록 설계했다고 해.

맨 오른쪽은 말 안해도 알겠지? 원형 경기장인 콜로세움이야.

이제 이러한 거대 건축물의 기본인 아치 구조에 대해 알아보자. 아치 구조의 핵심은 아치 꼭대기의 쐐기돌인 Keystone에 작용하는 힘이야.

Keystone 위에 물체를 올려놓으면 무게 W가 아래로 작용하고, 그 무게는 Keystone과 접해있는 양쪽의 블록이 Keystone을 밀어올리는 힘과 평형을 이루어야 해. 나머지 블록에도 평형이 유지되어야

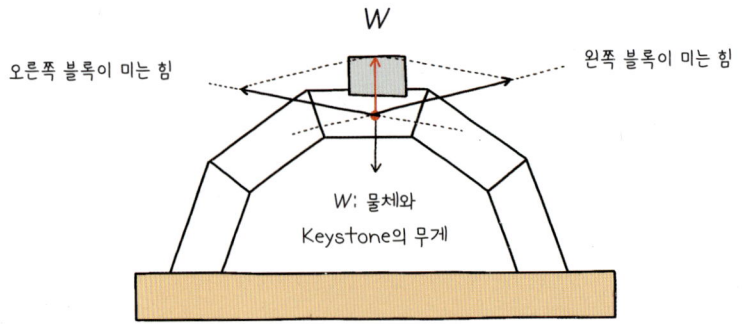

하는데 이건 힘의 작용과 반작용 관계를 고려해야 해. 이와 관련해서는 다음에 공부하게 될거야. (182쪽, PART 6 작용과 반작용 교실 참고)

아치 구조를 여러 방향으로 더하여 만든 돔 구조는 힘을 구조물 전체에 분산시키기 때문에 기둥이 없이도 스스로 버틸 수 있다는 큰 장점이 있지. 경기장 곳곳에 기둥이 있다면 제대로 경기를 할 수도 없고, 관람하기도 어렵겠지. 그래서 콜로세움 같은 경기장에서 돔 구조를 적용하는 거야.

요약하면, Keystone을 누르는 무게는 결국엔 양쪽 블록이 밀어 올리는 힘에 의하여 상쇄되므로 아치 구조가 평형을 유지하게 된다는 거야.

이렇듯 구부러진 곡선 구조의 아치는 위에서 누르는 힘을 아치 방향으로 분산시켜서 하중을 줄여주는 과학적 원리를 이용한 똑똑한 구조물이야.

일상 생활에서
피할 수 없는 힘

우리가 생활하는 중에 피할 수 없이 겪어야만 하는 힘은 생각보다 많이 있어. 대표적으로 중력, 마찰력, 탄성력, 전기력, 자기력, 부력 같은 힘이 있는데 특히 중력, 마찰력, 탄성력은 정말 중요한 힘이니까 좀 더 자세히 알아보자.

• **중력**은 지구가 물체를 끌어당기는 힘으로 물체의 무게라고도 해. 지구상에서 물체에 작용하는 중력의 크기는 물체의 질량에 비례하는데, 뉴턴이 만유인력의 법칙을 발견하여 중력을 설명했지. 물체의 질량들 사이에 작용하는 인력으로 말이야.

그 후 200여 년이 지난 다음 아인슈타인은 일반상대성이론을 발견하고, 시공간이 휘어진 효과로 중력을 설명했어. 아인슈타인의 발견 이후 아직까지 중력에 대한 뚜렷한 새로운 발견은 없어 보여.

현대의 물리학자들은 중력을 아주 어렵게 설명하고 있어서 보통 사람들에게는 여전히 뉴턴의 설명이 가장 쉬운 것 같아.

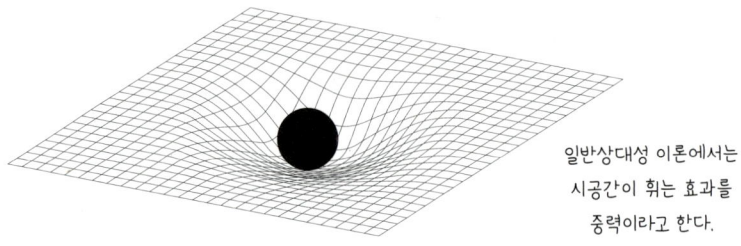

일반상대성 이론에서는 시공간이 휘는 효과를 중력이라고 한다.

• **마찰력**은 물체의 접촉면에서 발생하는 힘으로 물체의 운동을 방해하는 방향으로 작용해. 그림에서 볼 수 있듯이 오른쪽으로 운동하는 나무토막에 마찰력이 작용하면 물체의 속도가 느려지다가 정지하지.

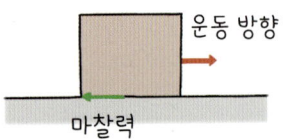

마찰력이 없으면 아무 것도 할 수가 없어. 걸을 수도 없고, 잡을 수도 없고, 물건을 옮길 수도 없지. 마찰력을 흔히 운동을 방해하는 힘이라고 하는데, 사실 마찰력이 없으면 운동을 할 수가 없어.

우리가 걸어갈 때를 예로 들어서 마찰력이 어떻게 작용하는지 알려줄게.

마찰력의 크기는 물체와 바닥이 얼마나 강하게 접촉이 되어 있는지로 결정이 돼. 그래서 바닥이 물체를 밀어 올리는 힘의 크기가 클수록, 그리고 접촉면이 밀착된 정도가 클수록 마찰력이 커져.

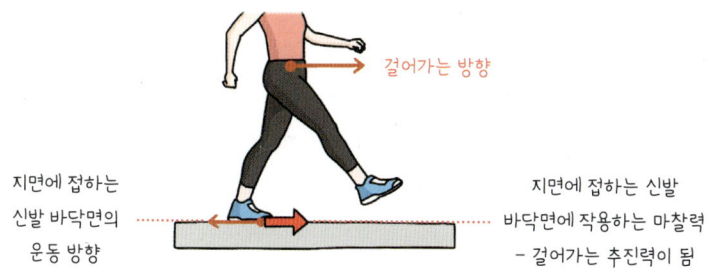

지면에 접하는 신발 바닥면의 운동 방향

걸어가는 방향

지면에 접하는 신발 바닥면에 작용하는 마찰력 - 걸어가는 추진력이 됨

• **탄성력** 트램펄린에서 신나게 뛰며 놀았던 적 있지? 트램펄린에서 위로 뛰게 되면 생각보다 훨씬 높게 몸이 튀어 올라가지. 트램펄린은 가장자리를 따라 여러 개의 용수철로 천을 받침대에 연결한 기구로, 탄력성이 매우 뛰어나 적은 힘으로도 아주 높은 높이까지 뛰어오를 수 있어.

이때 용수철이 작용하는 힘이 탄성력이야. 탄성력은 문을 열고 들어가면 자동으로 닫히는 장치, 옷이나 모자의 고무 밴드, 운동 경기에 사용되는 공 등에 작용하는 힘이야.

탄성력은 물체의 모양이 달라진 방향의 반대로 작용하는 힘이야. 그러니까 용수철이나 고무줄을 늘이면 줄어드는 방향으로 작용하겠지?

또 탄성력의 크기는 늘어나거나 줄어드는 길이에 비례해서 증가해. 고무줄을 많이 늘이면 늘일수록 줄어드는 방향으로 늘어난 길이에 비례하여 탄성력이 작용하게 되는 거야.

오늘은 여기까지.

전기력이나 자기력 그리고 부력 같은 힘도 일상생활에서 늘 겪게 되는 힘이지만 이러한 힘들은 나중에 또 공부하기로 하자.

잠시 쉬어가는 이야기

도플러 효과 때문에 생긴 선생님의 실수

"광속일정의 원리는 '관찰자의 속도와 관계없이 빛의 속력이 일정하다.'는 원리야. 빛의 속력을 변하지 않는 절대적인 것으로 잡기 때문에 관찰자의 속력에 따라 시간과 공간이 달라지게 되지. 이때 운동하는 관찰자의 시간이 늘어나는 현상을 시간의 늘어남, 운동하는 물체의 길이가 줄어드는 현상을 공간의 줄어듦이라고 해. 이러한 현상이 나타나는 근본적인 이유는 모든 운동의 기준이 되는 빛의 파동적 성질 때문이야.

예를 들어, 지구에 있는 우주 기지를 출발해서 안드로메다 은하로 가는 우주선에서 지구를 향해 전파를 쏘면 우주 기지에서는 발사할 때보다 진동수가 줄어든 전파를 수신할 거야. 그에 따라 우주 기지의 관찰자는 운동하는 우주선의 시간이 느려진다고 생각할 것인데, 왜냐하면 현대 과학에서는 1초라는 시간이 전파의 진동한 횟수로 결정되기 때문이지."

이런 식으로 시간의 늘어남을 설명하고 있는데 어떤 학생이 질문을 했어. '그러면 우주선이 지구를 향해 다가오면 우주선의 시간이 짧아지나요?'

아차차! 빛의 성질을 강조하다 보니 내가 실수한 거였어. 우주선이 다가오면 도플러 효과로 인해 진동수가 늘어나므로, 앞에서 말한 것처럼 설명하면 학생의 질문이 정당하지.

우주선이 다가올 때 고전적인 도플러 효과에 의한 진동수에 비해 실제로 수신하는 전파의 진동수는 더 작아져. 즉, 지구상 우주 기지에서는 우주선이 멀어지든, 가까이 오든 상관없이 운동하는 우주선 안의 시간이 천천히 흐른다고 해석할 수 있는 거야.

그 학생의 질문을 통해서 잘 알고 있는 내용이라도 이렇게 실수하지 않도록 계속해서 공부하고 오류는 없는지 점검해야 한다는 깨달음을 얻게 되었어.

내용을 잘 이해했는지 확인해볼까?

∗ 정답은 416쪽에

1 다음과 같이 힘 $\vec{A}$, $\vec{B}$, $\vec{C}$ 가 원점에 동시에 작용하고 있다.

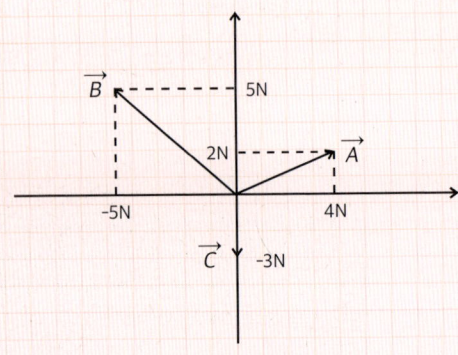

1) 힘 $\vec{A}$, $\vec{B}$, $\vec{C}$ 각각을 $\vec{F} = (F_x, F_y)$ 와 같은 성분 벡터로 표현하고, 각각의 크기를 구해보자.

2) 알짜힘 $\vec{A} + \vec{B} + \vec{C}$ 를 구해보자.

2 양궁 시합에서 시위를 당기고 있는 한 선수의 모습이다. 손으로 시위를 당기는 힘의 세기가 180N, 줄의 사잇각이 120°일 때

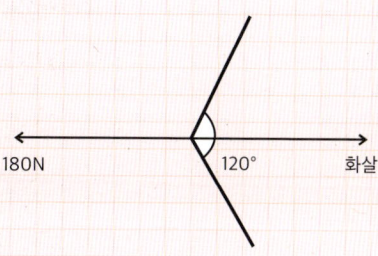

1) 화살을 발사하기 전 줄의 장력의 크기는 얼마인가?

2) 시위를 놓아 화살이 앞으로 날아가는 과정에서 화살이 시위로부터 받는 힘의 크기는 어떻게 변하는가?

조금 더 어려운 문제들도 한번 풀어볼까?

※ 정답은 416쪽에

3 정육면체의 꼭짓점 A에 물체가 고정되어 있고, 동일한 용수철 3개를 그림과 같이 꼭짓점 P, Q, R에 고정한 후 이 용수철들을 물체에 연결하였다. 한 개의 용수철이 물체에 작용하는 힘의 크기를 F라고 할 때 3개의 용수철이 물체에 작용하는 알짜힘의 크기는?

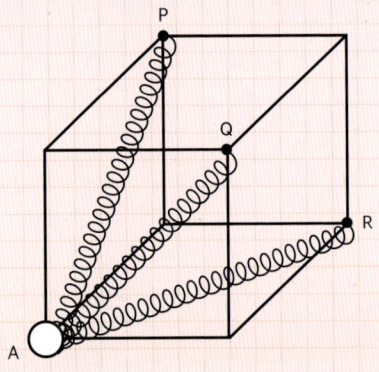

4 우리나라 전통 활인 국궁과 양궁의 성능 비교를 위하여 그림과 같이 활의 시위 중간에 추를 달아서 시위의 변위를 측정하였다. 추의 무게를 20N씩 증가시키면서 시위의 변위를 측정하였더니 다음 그래프와 같았다. 데이터를 분석하여 국궁과 양궁의 특성을 설명해보자.

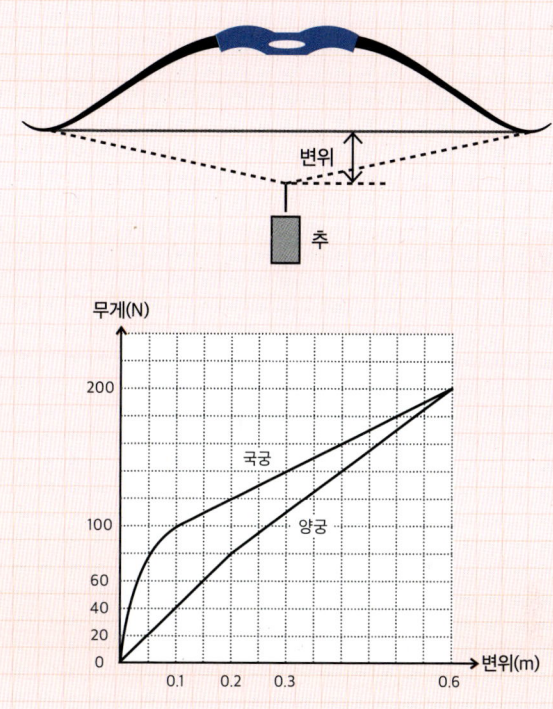

영재문제 **창의적으로 생각하고 해결하는 문제에도 도전해보자**

※ 정답은 417쪽에

5 물체의 질량은 힘의 평형을 이용하거나 탄성력의 작용을 이용하여 측정할 수 있다.

1) 밀가루나 먼지 입자 같은 미세한 가루 입자 1개의 질량을 측정하려고 한다. 미세한 가루 입자 1개의 질량을 측정하는 방법과 원리를 설명해보자.

2) 전자현미경으로 관찰되는 정도인 크기가 1μm이하의 바이러스의 질량을 측정하는 방안을 고안하여 그 원리를 설명해보자.

잘 따라오고 있지요?
친구들과 놀고 있을 때, 맛있는 과자를 먹고 있을 때
나에게 **어떤 힘이 작용하고 있는지** 생각해보면
선생님의 이야기를 이해하기가 훨씬 쉬울 거예요.
그러다보면 실력이 쌓이고, 그러다보면 **물리고수**가 되는거지~

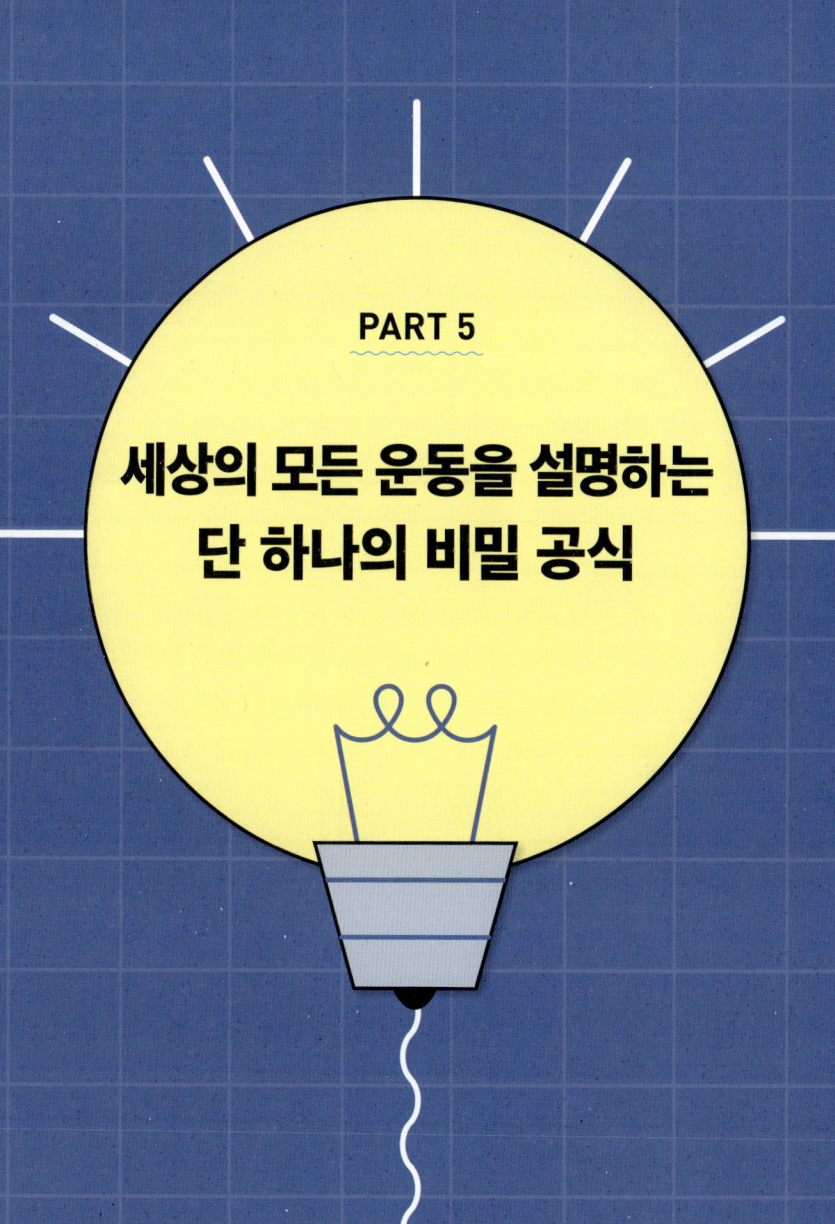

PART 5

세상의 모든 운동을 설명하는 단 하나의 비밀 공식

운동의 원인은 힘?

○ 2022년, 애타게 기다리던 세계인의 축제 월드컵이 있었지. 다들 늦은 밤과 새벽에 대~한민국!을 외치며 응원했었지?

이번 월드컵에서는 세계적인 선수들이 예술적으로 페널티킥을 하는 멋진 장면들이 많이 연출되었어. 골문 앞에 정지해 있는 공을 발로 찰 때 아름다운 곡선을 그리며 골문으로 날아가는 축구공을 보면 감탄이 절로 나와.

공을 어떻게 차느냐에 따라 공의 방향과 속도가 바뀌게 되지. 공이 골문 중앙으로 날아가기도 하고, 골문 한쪽 구석으로 날아가기도 하고, 공이 회전하며 심하게 휘어지기도 하고, 무회전 킥을 하면 예측하기 어려운 방향으로 날아가기도 해. 축구는 발로 하는 과학적

예술인 것 같아.

　공을 차는 방법에 따라 공의 운동이 다양하게 나타나는 것처럼 힘은 물체 운동의 원인이고, 힘이 작용해야만 물체가 움직이게 되는거야. 다음의 경우를 통해 그 부분을 좀 더 분명하게 알아보자.

　냉장고나 옷장과 같은 무거운 가구를 옮기는 경우, 옮기려는 방향으로 가구를 밀어서 이동시키지.

　이 상황을 다음과 같이 정리했어.

> 힘이 작용하면 물체가 움직이고
> 힘이 작용하지 않으면 물체는 멈춘다.
> 따라서 힘은 물체 운동의 원인이다.

자, 여기서 생각해 보자.

위에서 정리한 내용이 힘과 운동의 관계를 정확하게 설명한 것일까?

얼핏 보면 상황을 잘 정리한 것처럼 생각되긴 하는데… 뭔가 좀 이상한 점, 눈치 못 챘어?

우선 힘이 운동의 원인이라는 것이 참일까?

수레를 이용해서 가구를 옮기는 경우를 생각해 보자.

바퀴가 달린 수레에 무거운 가구를 싣고, 물체를 밀면 약간만 힘을 주어도 수레가 움직여. 앞에서와 같이 수레를 이용하는 경우 물체를 어느 정도 밀고 가면 물체의 속력은 점점 빨라지는데, 이때에는

물체에서 손을 떼어도 수레는 계속 운동을 해. 오히려 수레를 멈추기 위해서 반대 방향으로 힘을 가해야 할 정도이지.

가구가 바닥에 놓여 있을 때와는 전혀 다른 결과 아니야?

앞의 경우와 어떤 차이가 있는지 생각해봐.

물체를 움직이게 하기 위해 힘을 작용하는 것은 같은데, 중간에 힘을 작용하지 않아도 물체가 계속 운동한다는 것이 다른 점이야. 더구나 운동하는 물체를 멈추기 위해서 반대로 힘을 작용해야 한다는 것도 그렇고.

따라서 힘은 운동의 원인이 아니라 운동을 변화시키는 원인이라고 하는 것이 정확한 설명인거야.

> 힘이 작용하면 물체의 속도(운동 상태)가 변한다.
> 따라서 힘은 속도(운동 상태) 변화의 원인이다.

조금 더 생각해 보자. 냉장고를 싣고 움직이던 수레를 그대로 내버려 두면 점점 속력이 느려지다가 멈추게 돼.

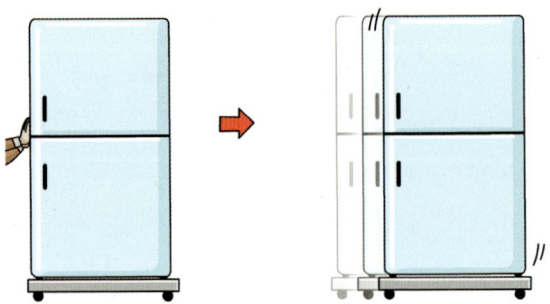

이때 수레의 속력이 느려지게 하는 뭔가가 작용했다는 생각이 들지? 생소한 물리수업을 들어온 친구들이라면 운동하던 수레가 멈추기 위해서는 수레가 운동하는 반대방향으로 어떤 힘이 작용했다고 추측할 수 있을 거야.

그러면 이제 각자 있는 곳에서 힘과 운동의 관계를 정리해서 말로 설명해볼까?

〈힘이 작용하면 운동 상태의 변화가 나타나고, 운동 상태의 변화를 알면 힘이 어떻게 작용하는지도 알 수 있게 된다. 이때 운동 상태란 속도를 의미하고, 운동 상태의 변화란 속도의 변화, 즉 가속도를 의미한다.〉

이 정도는 이제 모두 잘 할 수 있지?

운동법칙을
나타내려면

물체의 운동을 나타내려면 어떤 것들을 알아야 할까? 운동하는 존재, 즉 물체를 정의해야 하고 운동과 관련해서는 운동 상태와 운동 상태의 변화를 설명해야 해.

이번 시간에는 운동법칙을 본격적으로 공부해 보려고 하는데, 그 전에 기본 개념을 알아보자. 앞에서 배운 것들도 있으니까 복습한다는 생각으로 잘 읽어봐.

- **질량**은 물체가 지니는 고유한 양이야. 그래서 뉴턴은 물체 각각에 이름을 붙이는 대신에 질량으로 물체의 존재를 나타냈어. 이 양이 많은 물체는 질량이 크고, 이 양이 적은 물체는 질량이 작아. 질량의 단위는 일상생활에서 그램(g), 톤(ton), 파운드(lb) 등 여러 가

지이지만 과학에서는 킬로그램(kg)이 표준이라고 할 수 있어.

모든 물체는 부피를 지니고 있어. 하지만 부피는 운동을 수학적으로 나타내는 데는 불편해. 그래서 물리학자들은 물체의 부피를 생략하고, 부피 대신 점을 사용하기도 하는데 이 점을 질량 중심점, 줄여서 질점이라고 해. 즉, 물체의 운동은 질점의 운동으로 보는 거야.

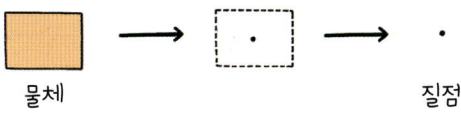

- **운동 상태**란 물체의 운동 방향과 빠르기(속력), 즉 속도를 의미해.

$$평균\ 속도 \equiv \frac{나중\ 위치 - 처음\ 위치}{걸린\ 시간}$$

속도란 시간에 따라 위치가 어떻게 달라지는지를 수량으로 나타내는 것이야. 속도의 단위는 m/s를 주로 사용해.

- **운동 상태 변화**란 정지해 있던 물체가 움직이거나, 운동하는 물체의 속도가 달라지는 것을 의미해. 이러한 변화의 정도를 수량으로 나타내기 위해서 가속도라는 양을 정의해서 사용하고 있어.

$$평균\ 가속도 \equiv \frac{나중\ 속도 - 처음\ 속도}{걸린\ 시간}$$

가속도는 시간에 따라 속도가 어떻게 달라지는지를 수량으로 나타내는 것이야. 가속도의 단위는 m/s²를 많이 사용해.

• **힘**은 운동과 관련하여 운동 상태를 변화시키는 원인이야. 운동하는 물체에 힘이 작용하면 물체의 운동 방향과 속력이 달라질 수 있어. 이와 같이 속도가 달라지는 정도를 가속도라고 했는데, 힘과 가속도는 밀접하게 관련이 있어. 그 구체적인 관계는 잠시 뒤 운동 제2법칙에서 자세하게 공부하게 될 거야.(168쪽 참고)

물체가 운동하는 동안 여러 가지 힘을 받을 수 있어. 여기서 잠깐, 앞에서 선생님이 알려줬던 내용들 잘 생각해 봐.

> 1. 어느 순간 물체에 작용하는 힘들의 합력은 알짜힘(합력)이고,
> 2. 물체의 운동은 실제로 이 알짜힘에 의해 영향을 받게 되는 거고,
> 3. 힘의 단위는 N(뉴턴)이다.

어때, 다시 한 번 읽어보니 좀 더 정리가 잘 되지? 이 정도만 잘 알고 있어도 운동법칙을 공부할 준비는 다 되었다고 할 수 있으니까 이제 본격적으로 공부해보자.

관성과
운동 제1법칙

○ 관행, 관습, 습관과 같이 '관'이 쓰이는 단어들은 어떤 행위가 무의식적으로 정해진 방식으로 지속되는 상태라는 의미를 갖고 있어.

복잡한 지하철에서 노약자나 임산부에게 자리를 양보하는 것은 우리의 좋은 '관습'이고, 데이트 비용을 나눠 내는 것은 요즘 젊은이들의 '관행'이지.

과학에서도 비슷한 의미로 쓰이는 '관'이 들어가는 단어가 있는데, 그건 바로 관성이야.

관성은 물체에 작용하는 알짜힘이 0일 때 운동 상태(속도)를 유지하려는 성질이야. 운동을 설명하기 위해 관성 개념을 쓰기 시작한 사람은 갈릴레이인데, 갈릴레이는 관성에 대한 올바른 개념을 세우는 데 큰 역할을 했어.

갈릴레이는 물체에는 일정한 속력으로 계속 운동하려는 성질이 존재한다는 것을 곡면 사고 실험을 통해 설명했지.

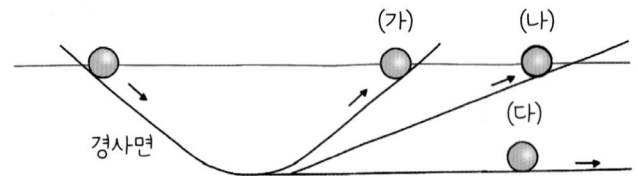

갈릴레이는 그림과 같이 곡면을 만들고 공을 굴려보다가 공의 운동에 어떤 원리가 적용된다는 사실을 발견했어. 공이 경사면 아래로 내려갈 때는 속력이 점점 빨라지고 경사면 위로 올라갈 때는 속력이 점점 느려지다가 정지한다는 사실이지. 또 경사면의 기울기가 클수록 속력이 빠르게 변하고, 마찰이 운동에 영향을 준다는 것도 알아냈어. 그래서 마찰이 없으면 (가)와 (나)처럼 경사면의 기울기가 달라도 물체가 운동을 시작한 높이까지 올라갈 거라는 것을 추측할 수 있었던 거야.

(다)와 같이 경사면의 기울기가 0인 경우, 기울기가 0이기 때문에 속력의 변화는 없고, 같은 높이까지 올라가려는 성질 때문에 계속 운동하는 현상이 나타난다고 생각했어.

갈릴레이는 물체 자체의 성질이란 점을 강조하는 의미에서 이 운동을 자연스런 운동이라고 했는데, 사실 갈릴레이는 이 운동을 등속원운동으로 생각했어. 그래서 (다)와 같은 운동의 경우 지구 둘레를 일정한 속력으로 회전하는 운동의 일부라고 생각했지.

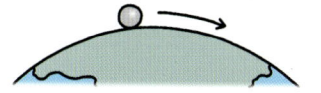
실제로 지구 표면을
일정한 속력으로 원운동함

수평면상을 일정한 속력으로
운동하는 것처럼 보임

다시 말하면 갈릴레이는 관성을 등속 원운동하려는 성질이라고 생각한 거야. 비록 지금의 관성 개념과는 차이가 있지만 힘이 작용하지 않아도 운동이 존재할 수 있다는 생각을 자연스런 운동(관성 운동)으로 정리했다는 점에서 매우 중요한 발견이라고 볼 수 있지.

이러한 갈릴레이의 생각을 이어서 데카르트는 이 세계는 신이 창조했고, 신이 부여한 원리에 따라 기계처럼 돌아간다고 생각했어. 따라서 사물의 운동에 대해서도 영원불변하는 신의 속성을 닮은 운동이라는 개념을 도입했고, 그 운동을 등속 직선 운동이라고 했어. 즉, 데카르트는 등속 직선 운동하려는 성질을 관성이라고 생각한 거지.

갈릴레이의 관성
다른 그 무엇에 영향받지 않는
자연스런 운동

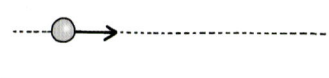
데카르트의 관성
영원불변의 신의 속성을
닮은 운동

일상생활 속에서 우리가 자주 경험하는 일들도 있어. 버스가 출발할 때 몸이 뒤로 쏠리고, 달리던 버스가 정지할 때 몸이 앞으로 쏠리지. 이것은 사람이 관성을 지니고 있기 때문에 나타나는 현상이야.

수철이가 인라인을 신고 정지한 버스 안의 a점에 균형을 잡고 서 있다고 하자. 이때 버스가 갑자기 출발하면 수철이는 어떻게 될까?

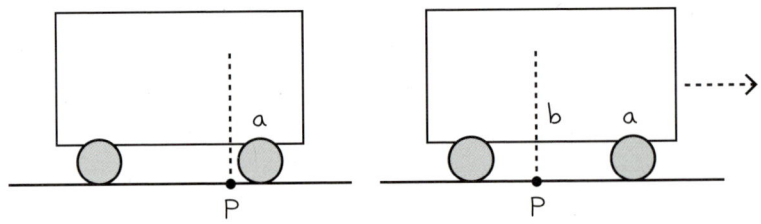

수철이는 버스 안에서 뒤쪽으로 밀려 갈거야(a→b). 하지만 버스가 앞쪽으로 운동하더라도 도로를 기준으로 보면 수철이는 처음 서 있던 도로상의 그 자리인 P에 그대로 멈춰있는 거야.

만약 수철이가 인라인을 벗고 신발을 신고 있다면 바닥의 마찰력을 받는 발은 버스가 출발하면 a로 끌려가고 머리는 P에 멈춰있으려고 하니까 몸이 뒤로 넘어지지 않겠어?

같은 방식으로 생각해보면 달리던 버스가 멈출 때 왜 앞으로 넘어지는지도 이해할 수 있겠지?

버스가 커브길을 돌 때 몸이 바깥으로 쏠리는 것도 관성으로 설명할 수 있을까?

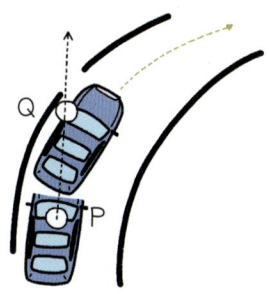

자동차는 P점에서 커브길을 돌기 위해 방향을 약간 오른쪽으로 틀겠지. 그렇지만 자동차 안에 있는 사람은 P점에서 자동차의 운동 속도로 계속 직선운동하여 Q점을 향해 가게 되는 거야. 커브길을 돌고 있는 자동차를 기준으로 보면 사람이 커브 바깥 방향으로 쏠리게 되는 것처럼 보이는 거지.

관성에 대한 다른 얘기도 하나 해줄까?

추의 관성 때문에 힘이 전달되지 않아서 실이 끊어지지 않는다는 오해가 있어.

다음에 나오는 그림과 같이 스탠드에 고정된 클램프에 실로 추를 매달고 추의 반대쪽 끝에 같은 종류의 실을 묶었다고 생각해봐. 추

아래에서 실을 천천히 당기면 추를 클램프에 매단 부분인 위쪽 실(A)이 끊어지고, 실을 순간적으로 갑작스럽게 당기면 아래쪽 실(B)이 끊어지는 것을 볼 수 있어.

천천히 당기는 경우, 위쪽 실에 작용하는 힘은 손으로 끌어당기는 힘(F)과 추의 무게(W)의 합이고, 아래쪽 실에 작용하는 힘은 손으로 끌어당기는 힘뿐이야. 따라서 위쪽 실에 작용하는 힘이 실이 견딜 수 있는 힘(T)보다 크면 위쪽 실이 끊어지게 돼.

위쪽 실이 끊어질 조건 : $F + W > T$

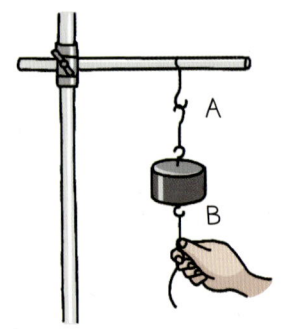

하지만 실을 갑작스럽게 당기는 경우, 아래쪽 실에는 순간적으로 실이 견딜 수 있는 세기 이상의 힘(F')이 작용하고, 이러한 힘이 순간적으로 추에 작용하여 충격 펄스가 추를 따라서 위쪽 실에 전달되지만 추의 무게와 펄스의 힘(F'')의 크기의 합이 실이 견딜 수 있는 한계를 넘지 못하여 실은 끊어지지 않고 미세한 감쇄진동을 하게 돼. 그래프는 힘 센서를 실에 장치하여 측정한 결과야.

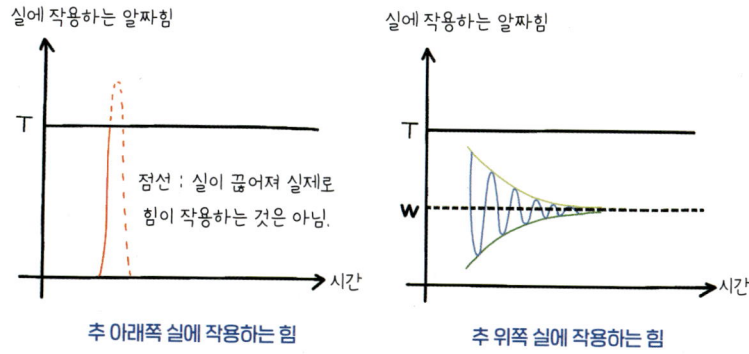

따라서 추의 관성 때문에 위쪽 실에 힘이 전달되지 않아서 실이 끊어지지 않는 것이 아니라, 힘은 전달되지만 실이 끊어질 만큼 충분한 크기의 힘이 아니라는 거지.

자! 그러면 이제 본격적으로 운동 제1법칙에 대해 알아보자.

뉴턴의 운동 법칙은 제1법칙, 제2법칙, 제3법칙의 3가지로 이루어져 있어.

이 세 가지 법칙 중 운동을 설명하는데 있어서 가장 기본이 되는 법칙이 제1법칙이야. 제1법칙은 관성의 법칙이라고도 하는데, 물체의 관성으로 운동을 설명하기 때문이지.

이러한 내용들을 바탕으로 운동 제1법칙을 정리해보자.

우선 물체가 순전히 관성으로 운동을 할 수 있는 조건이 있어야 해. 이건 무슨 말이냐면, 운동에 영향을 주는 요인이 없어야 한다는 건데 다시 말하면 물체에 작용하는 알짜힘이 0이어야 한다는 거야.

알짜힘이 0인 상태는 우주 공간과 같이 텅 비어서 아무런 힘이 작용하지 않는 특별한 곳이 아닌 물질로 가득 찬 우리 주변에서도 충분히 상상할 수 있어. 예를 들면 그림과 같이 미끄러운 바닥 위에서 물체가 일정한 속도 v로 계속 운동하는 경우, 물체를 앞으로 당기는 힘 F와 운동을 방해하는 힘 f가 상쇄되어야 하고, 물체가 바닥을 누르는 힘 W와 바닥이 물체를 밀어 올리는 힘 N도 상쇄되어야 해. 즉, $F=f$이고 $W=N$이어서 물체에는 어떠한 힘도 작용하지 않게 되어 속도가 일정하게 유지되는 거야.

사실 이러한 조건은 이론적으로는 가능하겠지만, 실제로 적용하여 등속 운동하게 하는 것은 엄청나게 어려워. 거의 불가능할 수도 있어.

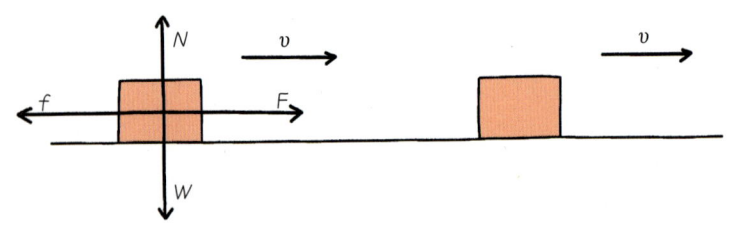

어쨌든 물체에 작용하는 알짜힘이 0일 때 물체의 운동에 변화가 나타나지 않는다는 것을 '정지한 물체는 계속 정지해 있고, 운동하는 물체는 계속 같은 속도로 운동한다'로 표현하지. 정지 상태를 특별히 구분하지 않고 속도 0인 상태로 생각한다면 운동 제1법칙은 다

음과 같이 간단하게 정리할 수 있어.

> 물체에 작용하는 알짜힘이 0이면 물체는
> 처음 속도로 계속 운동한다.

사실 등속 운동은 가속도 운동의 부분 집합으로 실제 세계에서는 거의 존재하기 어려운 운동인데, 뉴턴은 왜 이런 운동을 자신의 운동법칙에서 가장 핵심적인 제1법칙으로 정리했을까? 뉴턴은 별다른 설명을 하지 않았지만 아마도 이 세상의 복잡한 운동을 나타내기 위한 기준이 되는 운동으로 생각하지 않았을까 싶어. 훗날 아인슈타인이 빛의 운동을 절대적인 것으로 생각했듯이. 또, 운동은 속도라는 양으로 나타낸다는 점을 강조한 것 같기도 하고. 이건 선생님 생각이야.

힘, 질량, 가속도의 운동 제2법칙

이제 실제로 물체의 운동을 나타내는데 필요한 힘과 운동의 관계에 대해서 알아보자. 뉴턴은 이것을 힘과 가속도의 관계로 설명했어. 이 관계를 운동 제2법칙이라고 해.

운동 제2법칙은 힘, 질량, 가속도의 관계를 설명한 법칙이야.

힘이 강하게(크게) 작용할수록 물체의 운동 변화가 커지는 현상을 정리한 거지. 뉴턴은 이 간단한 법칙으로 세상의 모든 운동을 설명할 수 있었어. 운동 제2법칙을 효율적으로 공부하려면 질량이 일정한 경우와 작용하는 힘이 일정한 경우로 나눌 필요가 있어.

먼저 질량을 일정하게 해 놓고 힘의 크기를 변화시키면 물체의 가속도가 작용하는 힘에 비례하는 것을 볼 수 있어. 정지해 있는 물체에 10N의 힘이 계속 작용하여 1초 후에 1m/s의 속력이 되었다면 이때 가속도는 $1m/s^2$야.

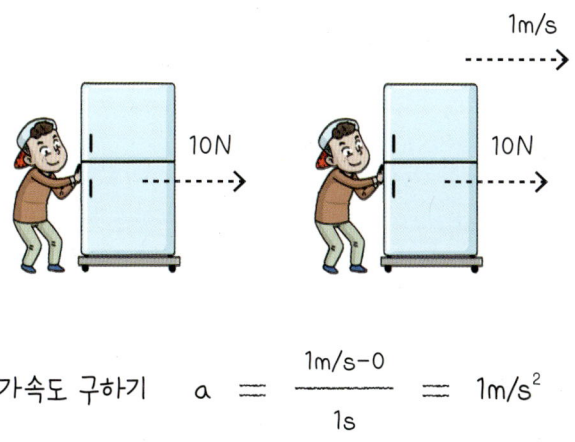

가속도 구하기 $a = \dfrac{1m/s - 0}{1s} = 1m/s^2$

같은 물체에 힘이 두 배인 20N이 계속 작용하면 물체의 속력이 2배 빠르게 증가할 거야. 1초 후에 물체가 2m/s의 속력으로 운동하게 될 것이고, 이때 물체의 가속도는 $2m/s^2$야.

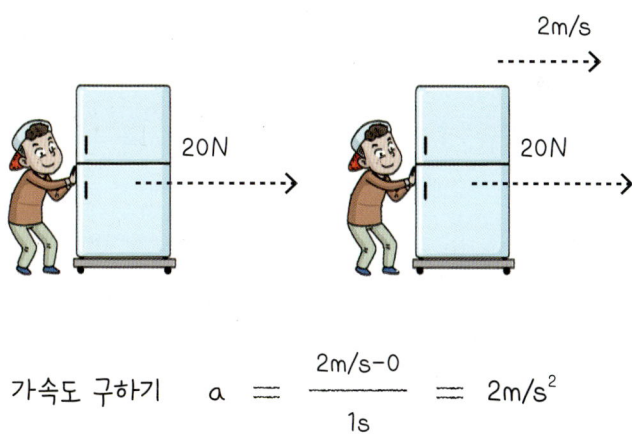

가속도 구하기 $a = \dfrac{2m/s - 0}{1s} = 2m/s^2$

같은 방법으로 힘을 30N, 40N,…으로 증가시키면 가속도도 $3m/s^2$, $4m/s^2$,…으로 증가할 거야. 결과적으로 질량이 일정할 때 물체의 가속도는 작용하는 힘에 비례한다고 볼 수 있어.

$$가속도 \propto 작용하는 힘 \qquad a \propto F$$

이 관계를 그래프로 그려보면 원점을 통과하는 직선, 즉 비례 관계임을 알 수 있어.

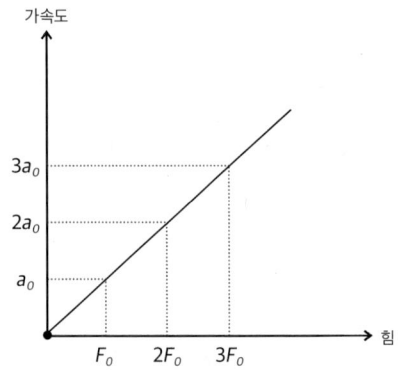

다음으로 힘이 일정하게 작용할 때 질량을 변화시키면서 가속도를 측정하면 가속도는 질량에 반비례하는 것을 볼 수 있어.

질량이 m인 물체에 10N의 힘을 일정하게 작용하면 가속도가 $1m/s^2$이지만, 질량이 m인 물체를 하나 더 얹어서 질량이 $2m$인 물체에 10N의 힘이 작용하면 질량 m당 5N이 작용하는 셈이야. 질량 m당 작용하는 힘이 절반으로 줄어서 1초 후 물체의 속력도 절반인 $0.5m/s$로 줄게 되고 가속도도 $\frac{1}{2}$로 줄어들게 돼.

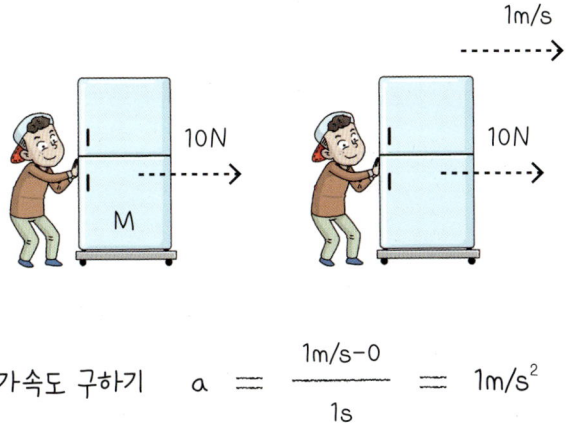

가속도 구하기 $a = \dfrac{1m/s - 0}{1s} = 1m/s^2$

가속도 구하기 $a = \dfrac{0.5m/s - 0}{1s} = 0.5m/s^2$

즉, 작용하는 힘이 일정할 때 물체의 가속도는 질량에 반비례하는 걸 알 수 있어.

$$가속도 \propto \dfrac{1}{질량} \qquad a \propto \dfrac{1}{m}$$

이 관계를 그래프로 그려보면 반비례 관계임을 확인할 수 있어.

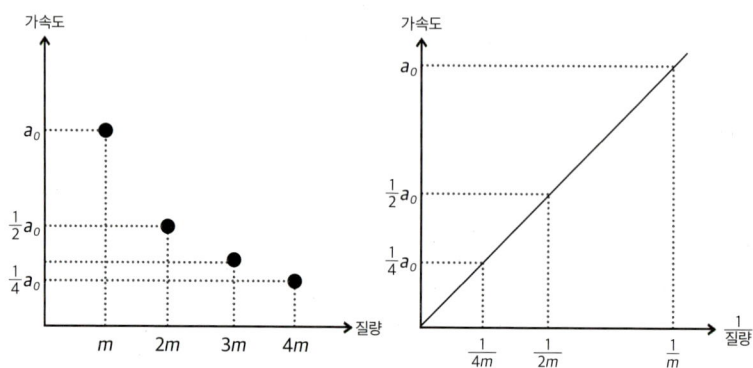

이러한 두 가지 경우를 종합해서 일반적인 관계식을 정리해 보자.

$$\text{가속도} = \frac{\text{작용하는 힘}}{\text{질량}} \qquad a = \frac{F}{m}$$

$F = ma$, 아까 너희들도 이 관계식에 대해 잘 설명했지? 이 관계식이 그 유명한 운동방정식이야. 뉴턴은 이 세상의 자연 현상을 a, F, m 단 3개의 양을 통해서 설명할 수 있다고 본거야. 실로 엄청난 발견이고, 실제로도 200여 년 가까이 그랬었어. 정리하면,

> 운동 제2 법칙은 $a = \dfrac{F}{m}$ 이다.
> 물체의 가속도는 작용하는 힘에 비례하고, 질량에는 반비례한다.

이렇게 설명할 수 있겠지.

힘은 물체의 속도를 변화시키는 원인이고, 질량은 속도를 유지하려는 성질을 갖는다고 볼 수 있어. $F = ma$라는 운동 제2법칙을 통해 힘을 보다 정량적으로 정의할 수 있게 되었고, 힘의 단위인 N은 다음과 같이 정할 수 있어.

$$1N = 1kg \times 1m/s^2 = 1kg \cdot m/s^2$$

또한 질량이 증가하면 가속도가 줄어들기 때문에 질량이라는 것은 속도를 유지하려는 성질이라고 해석할 수도 있고, 질량은 관성의 구체적인 모습이라고도 볼 수 있는 거야.

개념문제

내용을 잘 이해했는지
확인해볼까?

※ 정답은 420쪽에

 그림과 같이 마찰이 없는 수평면에 정지해 있는 질량이 10kg인 물체에 수평 방향으로 50N의 힘이 작용한다.

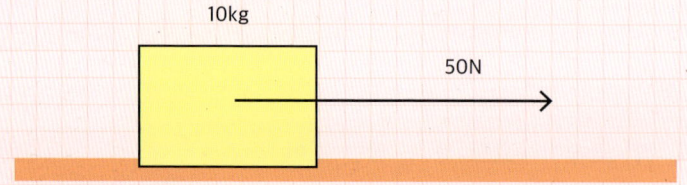

1) 물체의 가속도는?

2) 1초 후 물체의 속도는?

3) 1초 동안 이동한 거리는?

2

그래프는 직선상에서 운동하는 질량이 2kg인 물체의 시간에 따른 속도를 나타낸 것이다.

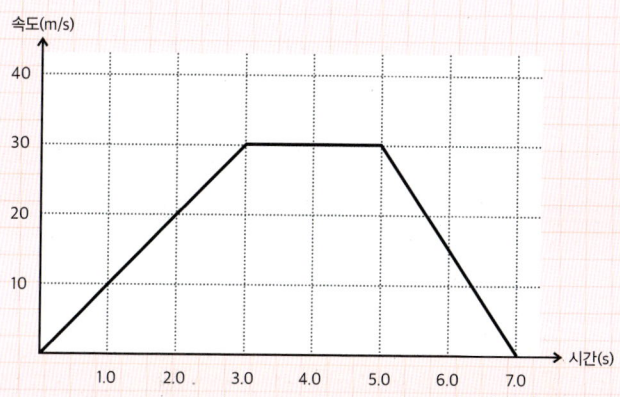

1) 0 ~ 3초 동안 물체에 작용한 알짜힘의 크기와 방향은?

2) 3 ~ 5초 동안 물체에 작용한 알짜힘의 크기와 방향은?

3) 5 ~ 7초 동안 물체에 작용한 알짜힘의 크기와 방향은?

조금 더 어려운 문제들도 한번 풀어볼까?

 ✽ 정답은 420쪽에

3 그림과 같이 너비가 1m인 수평한 테이블 위에 있는 어떤 물체에 순간적으로 힘을 가해 물체를 밀었더니 물체가 반대쪽 모서리에 도착하는 데 2초가 걸렸다.

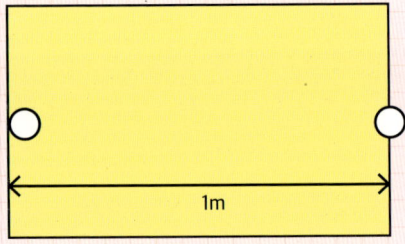

1) 물체의 평균 속력은?

2) 물체의 처음 속도를 v_i, 도착할 때의 속도를 v_f라고 하자. 물체의 속도가 일정한 비율로 느려진다고 가정할 때 물체의 가속도를 구하고 가속도의 최댓값을 추정하면?

3)
> 물체가 미끄러질 때 작용하는 마찰력(f)은 물체와 접촉면의 밀착된 정도와 접촉면의 성질에 관계되는데, 밀착된 정도는 수직항력(N)으로, 접촉면의 성질은 마찰계수(μ)로 나타낸다.
> 마찰력 = 마찰계수 × 수직항력   <----> $f = \mu N$
> 이 경우 수평면에서 수직항력의 크기는 물체의 무게와 같으므로
> 마찰력은 $f = \mu mg$이다.

이 문제에서 물체의 속도 변화를 일으키는 원인이 마찰이라고 가정하고 운동마찰계수를 구해보자.

4)
> 보통 나무판 위에서 나무토막이 미끄러질 때 마찰계수는 0.2, 얼음판 위에서 얼음이 미끄러질 때 마찰계수는 0.03, 윤활유를 바른 금속들 간의 마찰계수는 0.07이다.

실험의 결과인 마찰계수를 구하고, 그로부터 추정할 수 있는 실험 상황을 설명해보자.

창의적으로 생각하고 해결하는
문제에도 도전해보자

＊ 정답은 421쪽에

 지구상에서 물체에 작용하는 중력의 방향은 지구 중심방향이고, 중력의 크기는 질량 m에다가 중력가속도인 $9.8m/s^2$을 곱한 것이다. 즉, $F=9.8m$(N)이다.

1) 물체의 질량이 증가하면 물체에 작용하는 중력도 비례하여 강해진다. 하지만 중력이 강해짐에도 불구하고 물체의 가속도는 변하지 않았다. 갈릴레이는 이 현상으로부터 '중력장에서 낙하하는 물체의 가속도는 질량에 관계없이 일정하다.'는 원리를 발견하였다.

갈릴레이가 발견한 원리가 타당한 것인지를 뉴턴 제2법칙으로 설명해보자.

2) 1)과 같이 설명하려면 물체의 질량에 대한 어떤 가정이 필요하다. 그 가정에 대하여 설명해보자.

___

3) 가정을 확인할 실험을 설계하고, 그 원리를 설명해보자.

___

많이 들어봤던 내용인데, 다시 공부하니 새롭지 않아요?
중요한 개념들을 더 쉽고 더 깊이있게!
여러분은 지금 **찐 물리학 공부**를 아주 제대로, 잘 하고 있는 거예요.
물리고수를 향해, 더 힘을 내 봅시다!!

공기가 없어도 새는 날아갈까?

○ 아래 사진은 몽골과 중국에서 우리나라 철원 지방으로 겨울을 나기 위해 오는 검독수리의 모습이야. 검독수리가 땅에서 공중으로 날개를 힘차게 퍼덕대면서 올라가고 있지? 그런데 에베레스트 산처럼 공기가 희박한 산 위에서도 독수리가 쉽게 날아오를 수 있을까?

이 문제에 답하려면 힘에 대해서 다시 한번 생각해 볼 필요가 있어.

앞에서 힘은 물체의 속도를 변화시키거나 모양을 달라지게 하는 것과 같은 작용의 효과라고 정의했었지. 그런데 이것만으로 힘의 본질이 모두 설명된 것일까?

속도가 달라지거나 모양이 변하는 것은 힘을 받고 있는 대상에서 일어난 일인데, 그러면 이러한 대상에서 힘의 효과가 나타나게 하는, 대상에 힘을 주는 존재가 있어야만 하겠지?

예를 들어 나무에 못을 박는 경우, 못이 나무를 파고 들어가는 성질을 지니고 있어서 박히는 것이 아니라 못이 나무를 파고 들어가도록 망치가 힘을 가한다는 거지.

여기서 우리는 힘이 지닌 중요한 성질을 발견할 수 있어.

힘은 절대로 홀로 존재할 수 없다

여기서 잠깐, 이번 파트의 제목에 대한 답을 알려줄게. 아무리 강한 힘을 지닌 헤라클레스도 텅 빈 우주 공간에 〈홀로〉 있으면 자신이 지닌 그 강력한 힘을 하나도 쓸 수가 없어. 힘은 주고받을 수 있는 대상이 존재할 때 의미를 가질 수 있기 때문이지. 아래 그림을 봐봐.

그림에서 영특이는 힘을 작용하는 주체이고, 수철이는 힘을 받고 있는 대상이야. 이 두 존재 중 하나라도 없으면 '밀고 있다'라는 말이 성립하지 않아.

그러면 영특이는 힘을 주기만 하고, 수철이는 힘을 받고만 있는 것일까?

'그런 일이 일어나지 않는다'는 것이 자연의 법칙이야.

독수리가 날개를 퍼덕거리면서 공기를 아래로 밀었을 때 공기만 밀려가면 독수리는 날아오를 수 없어. 날개가 공기를 아래로 밀어낸 만큼 공기가 날개를 밀어 올리기 때문에 독수리가 날아오르는 거지. 따라서 높은 산 위에서는 공기가 희박하여 날갯짓만으로는 날아오르기가 쉽지 않을 것 같아. 이와 같은 자연 현상을 보면 영특이가 수철이에게 힘을 준 만큼 수철도 영특이에게 힘을 주게 되어 있다는 것을 알 수 있어. 아래 그림과 같이 말이야.

이와 같은 성질 때문에 힘을 영어로 Interaction(Inter+Action)이라고 하는데, 우리말로는 상호작용이라고도 해. 뉴턴은 이것을 실제 세계에서 물체의 운동을 설명하는 데 있어서 힘의 핵심적인 성질이라고 생각했고, 이 힘의 핵심 성질 각각을 작용과 반작용이라고 했어.

수영 종목 경기에서 선수가 반환점에 도착하면 방향을 바꾸기 위하여 잠수한 다음 벽을 발로 힘껏 밀면서 돌아가는데, 얼마나 강하게 미느냐에 따라 기록이 달라지지.

사실은 선수가 발로 벽을 밀었을 때 힘을 받은 벽은 그대로 있고, 힘을 가한 선수의 몸만 뒤로 밀리는 이상한 일이 벌어져. 선수가 발로 벽을 미는 행위는 '선수가 힘을 벽에 작용했다.'라고 볼 수 있고, 선수의 몸이 힘을 작용한 반대 방향으로 밀리는 것은 '벽이 선수에게 힘을 작용했다.'라고 볼 수 있지.

여기서 선수가 벽을 미는 행위를 작용이라고 하고, 작용과 동시

에 벽이 선수를 미는 행위를 반작용이라고 하는 거야. 작용과 반작용은 정확히 크기가 같고, 정반대 방향이며, 동시에 나타난다는 점이 중요해.

이런 비슷한 사례는 일상생활에서 얼마든지 볼 수 있어. 공을 바닥에 튕기면 바닥은 그대로 있고 공만 튀어 오르고, 달걀을 바위에 던지면 바위는 그대로이고 달걀만 깨지는 것 같은 것들이 그런 거라고 볼 수 있지.

여기서 오해하지 말아야 할 것은 농구공을 튕길 때 작용과 반작용이 존재하는 순간이야.

농구공이 바닥과 닿는 그 순간에 농구공이 바닥을 밀고(작용), 바닥이 농구공을 밀어(반작용). 일단 농구공과 바닥이 분리되면 더이상 농구공과 바닥 사이에는 힘의 작용이 없어. 농구공이 바닥에서 분리되는 순간부터 농구공에는 바닥과의 충돌에 의한 어떤 힘도 남아있지 않은 거야. 농구공 속력이 느려지는 것은 충돌과 관계없는 중력이라는 다른 힘의 작용 때문이지.

작용과 반작용,
운동 제3법칙

뉴턴의 운동 법칙 가운데 실제 자연 세계에 바탕을 두고 만들어진 법칙은 어떤 것일까?

제1법칙은 물체에 작용하는 알짜힘이 0이면 '등속 운동'한다는 것이고, 제2법칙은 물체에 작용하는 알짜힘이 0이 아니면 '가속도 운동'을 한다는 것이지.

물론 가속도는 힘에 비례하고 질량에는 반비례해. 이 두 가지 법칙 모두 '~이면, ~이다.'와 같은 논리 구조를 갖고 있어. 일종의 정의와 유사한 법칙이라고 이해하면 될 것 같아. 제1, 2법칙에 적용되는 조건은 물체에 작용하는 힘에 대한 것이고, 제3법칙은 제1, 2법칙의 조건에 나오는 힘이란 것의 본질을 명확하게 설명한 법칙이라고 생각하면 돼. 앞에서도 얘기했지만 다시 한번 정리하자면,

> 힘은 반드시 작용과 반작용의 쌍으로 존재하고,
> 작용과 반작용은 동시에 나타나며,
> 힘의 크기는 같고 방향은 정반대이다.

라고 할 수 있는거지.

A가 B를 미는 힘을 작용이라고 하고, 기호로는 $\vec{F}_{AB}$라고 하자. 이에 대한 반작용은 B가 A를 미는 힘으로, 기호로는 $\vec{F}_{BA}$라고 나타낼 수 있어.

$$\vec{F}_{AB} = -\vec{F}_{BA}$$

바닥에 놓여있는 물체에 적용되는 작용과 반작용에 대해서도 알아볼까?

그림과 같이 바닥(A)에 물체(B)가 놓여있을 때 물체가 바닥을 미는 힘(F_{BA})과 바닥이 물체를 미는 힘(F_{AB})은 작용과 반작용 관계라고 볼 수 있어.

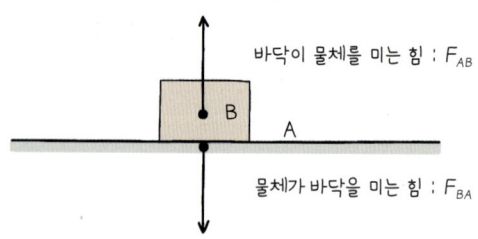

힘의 크기는 같고 방향은 정반대이지만 두 힘은 합성할 수 없어. 왜냐하면 힘이 작용하는 곳(작용점)이 다르기 때문이야. 물체가 바닥을 미는 힘은 바닥에 작용하는 힘이고, 바닥이 물체를 미는 힘은 물

체에 작용하는 힘이야.

그러면 물체에는 위쪽으로 바닥이 미는 힘이 작용하는데, 물체가 바닥에 가만히 정지해 있는 까닭은 뭘까? 이건 힘의 평형과 작용과 반작용 관계를 혼동해서 생기는 질문이야.

물체에는 지구가 끌어당기는 중력이 작용해서 바닥이 물체를 미는 힘과 평형을 이루게 되거든.

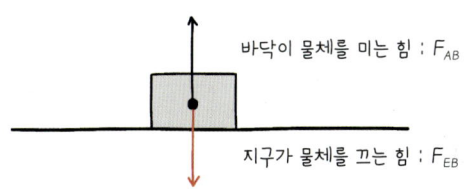

즉 물체가 바닥에 정지해 있는 까닭은 바닥이 물체를 미는 힘(F_{AB})과 지구가 물체를 끌어당기는 힘(F_{EB})이 정확히 평형을 이루기 때문이야. 물론 지구가 물체를 끌어당기는 힘(F_{EB})에 대한 반작용은 물체가 지구를 끌어당기는 힘(F_{BE})으로 지구 중심에 작용하는 힘이야.

바닥에 붙어 있는 두 물체를 수평하게 밀 때의 작용과 반작용은 어떨까?

문제를 단순하게 보기 위해서 바닥에 마찰력이 없다고 가정하고, 질량이 각각 m_A, m_B인 두 개의 물체를 붙여 놓고 왼쪽에서 물체 A를 F의 힘으로 미는 경우를 생각해 보자. 물론 수직 방향의 힘들은 평형을 이루어서 고려할 필요가 없어.

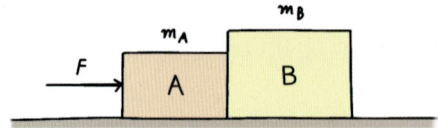

힘 F가 A에 작용하면 A는 접촉면을 통하여 B를 밀게 되지. 이때 A가 B를 미는 힘을 F_{AB}라고 하자. 이 힘에 대한 반작용은 B가 접촉면을 통해 A를 미는 힘으로 F_{BA}가 되는 거야.

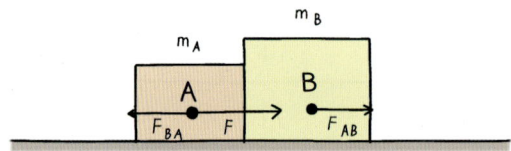

물체 A에 작용하는 힘들의 합력은 $F-F_{BA}$이고, 물체 B에 작용하는 힘의 합력은 F_{AB}이지.

말과 마차에서의 작용과 반작용도 알아볼까?

작용과 반작용하면 나오는 유명한 말과 마차의 문제를 한번 보자.

우선 이 상황에 관계되는 힘부터 정리를 해 볼까.

- 말이 마차를 끄는 힘 : F_{HC}
- 마차가 말을 끄는 힘 : F_{CH}
- 말이 땅을 미는 힘 : F_{HE}
- 땅이 말을 미는 힘 : F_{EH}
- 바퀴가 땅을 미는 힘 : F_{WE}
- 땅이 바퀴를 미는 힘 : F_{EW}

작용과 반작용을 고려하여 말과 마차에 작용하는 알짜힘을 구해 보면 다음과 같이 구할 수 있어.

- 말에 작용하는 알짜힘 = 땅이 말을 미는 힘 − 마차가 말을 끄는 힘
 = $F_{EH} - F_{CH}$
- 마차에 작용하는 알짜힘 = 말이 마차를 끄는 힘 − 땅이 바퀴를 미는 힘
 = $F_{HC} - F_{EC}$

사람이 걸어갈 때에도 작용과 반작용이 있다는 거 알아?

사람이 걸어갈 때 힘의 작용을 분석해 보자면, 발로 땅을 뒤로 미는 작용을 하면 땅이 발을 앞으로 미는 반작용이 나타나서 사람 몸이 앞으로 나아가게 되는 거야. 다시 말하면, 사람은 땅이 밀어주는 반작용으로 걸어가게 된다는 거야.

그래서 신발에는 걸어가는 목적을 고려하여 적절한 반작용을 받을 수 있도록 하는 설계가 되어 있어.

첫 번째 설계는 신발의 뒷굽이 높다는 것이지. 뒷굽이 높으면 사람 몸의 무게 중심이 약간 앞으로 기울어져서 뒤쪽으로 힘을 작용하기가 수월해.

두 번째 설계는 신발 바닥에 있는 밑창이야. 실내화의 경우는 미끄러지지 않을 정도의 가는 요철이 있는 밑창으로도 충분하지만, 강한 힘과 미끄러짐 방지가 필요한 등산화에는 크고 단단한 요철이 있는 밑창이 필요해. 순간적으로 폭발적인 힘이 필요한 육상 선수의 신발에는 금속성 물질이 못처럼 박혀있고, 이런 신발을 스파이크라고 해.

접촉하지 않은 상태에서는 힘이 어떻게 작용할까?

지금까지 우리 주변에서 흔하게 볼 수 있는 작용과 반작용의 법칙 적용에 대해 알아보았으니, 이번에는 멀리 떨어져서도 힘이 작용되는 전기력의 경우에 대해서 살펴보자.

(+)전기를 띤 물체 A와 (-)전기를 띤 물체 B가 그림과 같이 떨어져 있다고 하자. (+)전기를 띤 물체 A에는 (-)전기를 띤 물체 B가 끌어당기는 힘인 F_{BA}가 작용하고, (-)전기를 띤 물체 B에는 (+)전기를 띤 물체 A가 끌어당기는 힘인 F_{AB}가 작용하지. 이때 F_{AB}와 F_{BA}는 작용과 반작용 관계의 힘으로 크기가 같고 정반대로 작용해.

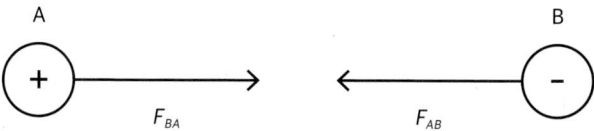

이러한 힘에는 전기력 말고도 중력, 자기력, 핵력 등이 있어. 사실은 접촉하여 작용하는 힘도 자세히 분석해보면 전기력이나 자기력 같은 힘이라고 볼 수 있어.

운동방정식 세우기

● 운동법칙을 왜 공부해야 할까?

왜 공부를 해야 하냐니… 너무 의외의 질문이지?

운동법칙의 근본적인 목표는 운동을 설명하는 거야. 지금까지 운동 제1, 2, 3 법칙을 모두 공부했으니까 이걸 바탕으로 물체의 운동을 설명해볼까 해.

운동을 안다는 것은 운동법칙을 적용하여 가속도를 알아내고, 가속도로부터 속도와 위치를 알아내는 거야. 그래서 운동을 알아내는 첫 단계는 운동법칙을 적용하여 가속도를 계산하는 거야.

그러면 운동법칙을 적용한다는 말은 무엇일까?

운동 제3법칙을 적용하여 물체의 알짜힘을 정확하게 계산한 다음, 제2법칙으로 가속도를 구하는 거야.

앞에서 나왔던 내용을 가지고 다시 한번 확인해보자.

바닥 위에 있는 질량이 각각 m_A와 m_B인 두 개의 물체에 힘 F를 작용해서 물체가 운동하는 경우였지. 두 물체는 붙어 있어서 같은 가속도로 운동하고 있을 거야. 그때 물체의 가속도를 a라고 하자.

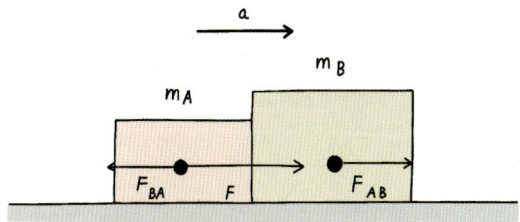

질량이 m_A인 물체에 작용하는 알짜힘은 $F-F_{BA}$이므로 운동방정식은

$$m_A a = F - F_{BA}$$

이고, 질량이 m_B인 물체에 작용하는 알짜힘은 F_{AB}이므로 운동방정식은

$$m_B a = F_{AB}$$

가 되지. 이 경우 물체가 2개이므로 2개의 방정식이 필요해. 위의 두 방정식을 연립하여 가속도 a를 구할 수 있는데, 제3법칙인 $F_{BA} = F_{AB}$임을 적용해야 해.

$$(m_A + m_B)a = F \Rightarrow a = \frac{F}{m_A + m_B}$$

위에서 구한 가속도 값을 이용하여 A가 B를 미는 힘, 혹은 B가 A를 미는 힘을 구해보면

$$F_{AB} = F_{BA} = \frac{m_B}{m_A + m_B} F$$

이고, 이 힘은 m_B에 작용하는 힘이야. 그러면 m_A에 작용하는 알짜힘은 $F - F_{BA}$이므로

$$F - F_{BA} = F - \frac{m_B}{m_A + m_B} F = \frac{m_A}{m_A + m_B} F$$

말과 마차의 문제 같은 경우, 말이 마차를 가속도 a로 끌고 간다면 이미 각 물체에 작용하는 알짜힘이 구해졌기 때문에 같은 방법으로 가속도와 각 물체에 작용하는 힘들을 구할 수 있어.

말에 작용하는 알짜힘이 $F_{EH} - F_{CH}$ 이므로 말의 질량을 m_H 라고 할 때 말의 운동방정식은

$$m_H a = F_{EH} - F_{CH}$$

이고, 수레에 작용하는 알짜힘은 $F_{HC} - F_{EW}$ 이므로 수레의 질량을 m_C 라고 할 때 수레의 운동방정식은

$$m_C a = F_{HC} - F_{EW}$$

이야. 두 방정식을 연립하여 풀면 다음과 같이 가속도를 구할 수 있어.

$$a = \frac{F_{EH} - F_{EW}}{m_H + m_C}$$

이제 운동방정식 세우는 방법도 정리해 볼까?

① 물체의 질량과 물체들간의 관계를 확인한다.
② 작용과 반작용을 고려하여 각 물체에 작용하는 알짜힘을 계산한다.
③ 운동 제2법칙을 적용하여 운동방정식을 세운다.
④ 운동방정식을 연립하여 가속도를 구한다.

진짜와 가짜

○ 물체의 운동을 알아내기 위해서는 결국 물체에 작용하는 힘을 정확하게 아는 것이 필요해.

그런데 물체에 작용하는 힘 가운데는 가짜 힘도 있어.

가짜 힘이란 효과는 진짜 힘과 차이가 없는데 뭔가 하나가 부족한 것을 말해.

그 부족한 게 뭘까? 진짜와 가짜를 구분하는 기준은 뭘까?

예를 들어보자. 사과가 떨어질 때 사과에는 지구가 끌어당기는 힘(중력)이 작용했어. 동시에 사과는 같은 크기의 힘으로 지구를 끌어당겼어. 작용이 있으면 반드시 반작용이 있고, 이것이 힘의 본질이야. 이런 식으로 작용하는 힘을 진짜 힘이라고 해.

정지해 있던 버스가 출발하면 버스 안에 서 있던 사람이 뒤로 넘어지는 원리를 앞에서도 확인했지? 이때 뒤로 넘어지도록 사람에게 작용한 힘은 무엇일까? 사람은 뒤로 넘어졌는데, 이 사람에게 작용한 힘의 존재는 찾을 수가 없어. 힘을 작용한 존재가 있어야 힘을 받은 만큼 돌려줄 수 있지 않겠어? 이와 같이 물체의 관성 때문에 발생하는 관성력은 힘의 효과는 존재하지만 반작용이 존재하지 않는 힘인 거야. 이런 힘을 가짜 힘이라고 해.

회전하는 원판 위에서 나타나는 원심력도 마찬가지야.

그림과 같이 원판의 회전축에 용수철을 고정하고 반대쪽 끝에 물체를 매단 다음, 원판을 회전시키면 용수철이 늘어나서 물체의 위치가 점점 중심에서 멀어지다가 어느 지점에 도달하면 더이상 늘어나지 않고 정지하게 되지. 이때 용수철이 늘어나서 발생한 중심 방향으로 작용하는 탄성력과 평형을 이루는 어떤 힘이 존재해야 하는데, 이 힘을 원심력이라고 해.

회전하는 원판 위에 있는 물체를 회전의 중심에서 멀어지는 쪽으로 작용하는 것이 원심력인데, 원심력의 원인은 어떤 실체가 있는 것이 아니라 원판의 회전이야. 원판이 정지해 있으면 힘이 작용하지 않다가 원판이 회전하면 힘이 나타나고, 원판의 회전 속력이 빨라지면 더 강한 힘이 작용해. 또 원판 바깥에 어떤 것이 있어서 원판 안에 있는 물체를 끌어당기는 것도 아니야. 왜냐하면 아무것도 없는 곳에서도 이러한 현상은 나타나거든.

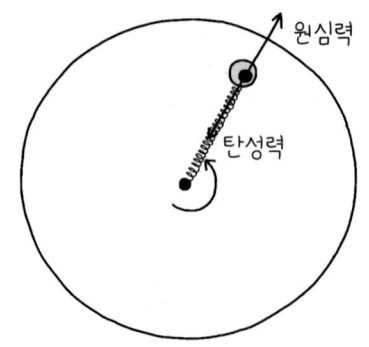

원판이 회전하면 용수철은 중심에서 멀어지는 쪽으로 늘어나므로 탄성력은 중심 방향으로 작용한다. 원판이 정지해 있을 때는 늘어나지 않다가 원판이 회전하면 늘어난다. 원판이 회전하는 동안 물체가 원판 위에서 정지해 있다면 물체에 작용하는 어떤 힘은 탄성력과 평형을 이루어야 한다.

지금까지 우리 주변의 작용과 반작용에 대해서 살펴봤어. 선생님이 생각나는 대로 예를 들어봤는데, 선생님이 얘기해준 것들 말고도 어떤 작용과 반작용이 있는지 한번 생각해볼래? 다음에 선생님을 만나면 너희들이 찾은 작용과 반작용에 대해서 이야기해줘도 참 좋을 것 같다.

개념문제

내용을 잘 이해했는지
확인해볼까?

※ 정답은 421쪽에

1 질량이 4kg인 물체 A와 6kg인 물체 B를 그림과 같이 바닥 위에 접촉시켜 놓고 20N의 힘으로 A를 밀었다.

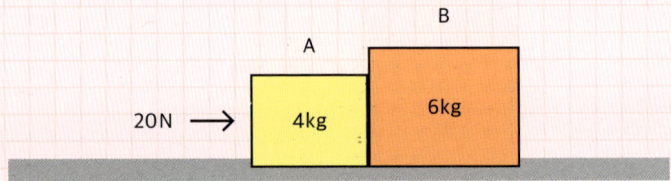

1) 힘이 작용해도 물체가 정지해 있을 때 A, B 두 물체 각각에 작용하는 힘들에 대해 서술하시오.

2) 바닥과의 마찰이 없다고 가정할 때 A와 B 사이에 작용하는 힘 F_{AB}와 F_{BA}의 크기는?

3) 물체와 바닥 사이에 일정한 미끄러짐 마찰력이 작용하여 물체가 가속도 1.0m/s²로 운동한다고 할 때, A와 B 사이에 작용하는 힘 F_{AB}와 F_{BA}의 크기와 각각의 물체에 작용하는 마찰력의 크기는? (단, 물체와 바닥 사이 접촉면의 마찰계수는 같고, 마찰력의 크기는 물체의 무게에 비례한다.)

2

반지름이 R이고 질량이 M인 구슬 2개가 그림과 같이 통 속에 비스듬히 쌓여 있다. 구슬의 중심을 잇는 점선과 바닥이 이루는 각도는 θ이고, 구슬 하나의 무게는 Mg라고 하자.

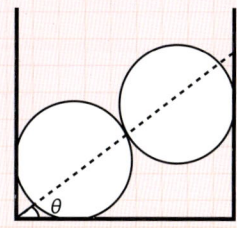

1) 각 구슬에 작용하는 힘을 모두 표시해 보자.

2) 통의 왼쪽과 오른쪽 벽에 작용하는 힘의 크기는?

3) 구슬이 밑바닥을 누르는 힘의 크기는?

3 질량이 각각 m_1, m_2인 두 물체가 그림과 같이 도르래에 매달려 있다.

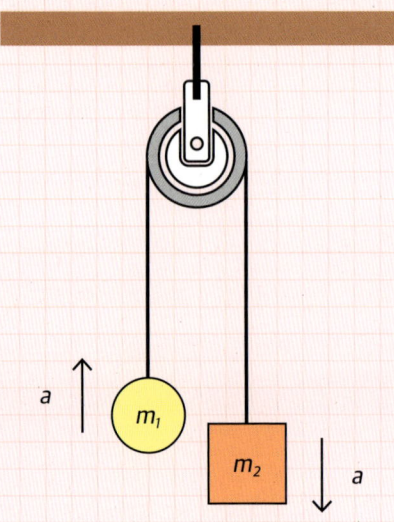

1) 물체의 가속도를 a, 실의 장력을 T, 중력가속도를 g라고 할 때 각 물체의 운동 방정식은?

2) 물체의 가속도 a와 장력 T는?

조금 더 어려운 문제들도
한번 풀어볼까?

* 정답은 424쪽에

4 질량이 각각 m_A, m_B인 두 물체 A와 B가 그림과 같이 마찰이 없는 마루 위에서 운동하고 있다. 물체 A에 힘 F를 작용하여 물체 B가 물체 F의 수직한 면에 정지되어 있는 상태로 운동시키려고 한다.

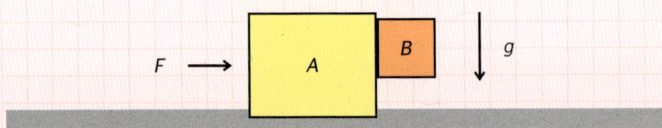

1) 물체 A가 물체 B에 작용하는 힘 F_{AB}와 물체 B가 물체 A에 작용하는 힘 F_{BA}는 작용과 반작용 관계이다. 이 작용과 반작용의 크기를 m_A, m_B, F를 이용하여 나타내면?

2) 물체 A와 물체 B 사이의 정지 마찰 계수를 μ라고 할 때 물체 B가 물체 A의 수직 면에 정지해 있기 위해 필요한 힘의 크기 F의 최솟값을 m_A, m_B, μ, g 등을 사용하여 나타내면? (단, g는 중력가속도이다.)

5 질량 M인 L자형 수레와 질량 m인 벽돌을 그림과 같이 3개의 도르래와 줄을 사용하여 연결하였다. 벽돌의 바닥이 L자형 수레의 바닥으로부터 d만큼 높이에 있도록 L자형 수레를 붙잡고 있다가 놓았다. 이때 L자형 수레는 오른쪽으로 이동하고 벽돌은 아래쪽으로 낙하하였다.

물체가 운동하는 동안 L자형 수레가 벽돌을 미는 힘을 N, 줄의 장력을 T라고 하고, 중력가속도는 g이며, 모든 접촉면에서 작용하는 마찰력은 없다고 가정한다.

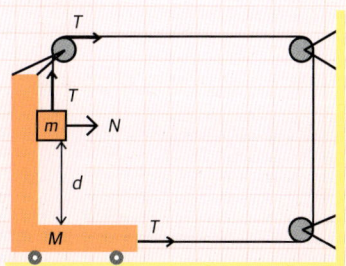

1) L자형 수레의 가속도를 a라고 할 때 L자형 수레와 벽돌에 작용하는 모든 힘을 고려하여 각 방향의 운동방정식을 쓰고, 가속도 a를 중력가속도 g로 나타내면?

① 물체 m의 수평 방향 운동 방정식 :
② 물체 m의 수직 방향 운동 방정식 :
③ 물체 M의 수평 방향 운동 방정식 :
④ 물체 M의 수평 방향의 가속도 :

2) 벽돌이 L자형 수레의 바닥에 충돌하는데 걸린 시간은?

창의적으로 생각하고 해결하는 문제에도 도전해보자

※ 정답은 425쪽에

6 다음의 준비물을 이용하여 자석들 간의 거리에 따른 자기력의 변화를 탐구하는 실험을 설계해보자.

<준비물>
전자저울($\frac{1}{100}$g까지 측정 가능한 것), 둥근 자석 2개, 종이컵, 셀로판 테이프, 플라스틱 자(50cm), 나무젓가락, 스탠드, 클램프

1) 실험 원리

2) 실험 방법

복잡하고 어려운 내용이 나올 때는
읽는 속도를 줄이고 생각하는 시간을 늘리며
생소한 물리수업을 읽어봐요
이해될 것 같지 않던 내용들이 **쏙쏙 이해**될 거예요

참으로 물리학적인 단풍이로구나

PART 7

떨어지는 모든 것에는
물리학이 숨어있다

자유낙하 교실

번지점프를 해본 적이 있나요?

비가 내리고 연기가 올라가는 상하운동, 바람이 불고 물이 흘러가는 수평운동, 별이 돌아가는 원운동……. 이 외에 자연에 처음부터 존재하는 다른 운동이 있을까?

사람들은 비가 오는 것처럼 '떨어진다는 것'을 자연에 처음부터 존재하는 운동 중의 하나로 생각했어. 그래서 옛날부터 철학자나 과학자들은 끊임없이 '왜 떨어질까?'를 탐구해왔지.

사람들은 재미로 번지점프를 하지만, '떨어지는 것'은 자연의 깊은 원리가 스며있는 근본적인 운동이야.

갈릴레이 이전에는 떨어지는 현상에 대한 원인을 찾으려고 했어. 당시 사람들은 아리스토텔레스가 설명한 것처럼 흙으로 이루어진 물체는 흙으로 돌아가는 성질이 있다고 생각했지. 그래서 돌이 땅으

로 떨어지는 것도 돌이 흙으로 이루어졌기 때문에 나타나는 운동이라고 설명했어.

하지만 갈릴레이는 이런 식의 증명할 수 없는 가설에 바탕을 둔 설명을 혐오했어. 갈릴레이는 근본적으로 운동의 원인을 찾는 것은 불필요한 일이라고 생각했지. 그것보다는 물체가 어떻게 운동하는지를 아는 것이 더 중요하다고 생각했어. 그래서 물체의 운동을 수식으로 표현해야 한다고 했지.

갈릴레이가 연직방향으로 떨어지는 낙하 운동을 측정해보려고 했는데, 물체의 속력이 너무 빨라서 당시에는 도무지 측정할 방법이 없었어. 하지만 갈릴레이는 연직방향의 낙하운동이 경사면에서의 운동과 본질적으로 같다는 점을 알았고, 그래서 경사면의 운동을 집중적으로 연구했어. 그 결과로 기울기가 일정한 경사면에서 공을 굴리면 시간이 지남에 따라 같은 시간동안 공이 이동한 거리가 1, 3, 5, 7,…로 증가한다는 규칙을 발견하게 된 거야. 이건 아주 중요한 발견인데, 공의 이동 거리가 걸린 시간의 제곱에 비례한다는 사실을 알게 된 거지.(048쪽, PART 2 속도와 가속도 교실 참고)

$$1^2, 1+3=4=2^2, 4+5=9=3^2, 9+7=16=4^2, \cdots$$

갈릴레이는 이 규칙이 물체가 낙하할 때도 적용된다는 것을 알았어. 또 낙하할 때는 물체의 질량에 관계없이 같은 방식으로 운동한다는 것도 알아냈어.

이것은 나중에 뉴턴의 만유인력 법칙과 아인슈타인의 일반상대성 이론의 바탕이 된 놀라운 발견이야.

자유낙하 운동
(Freely Falling)

○ 자유낙하란 말 그대로 풀이하자면 아무런 방해를 받지 않고 떨어지는 운동이라고나 할까. 좀더 엄밀하게 말하자면 물체에 오로지 중력만이 작용할 때 나타나는 운동이라고 할 수 있어. 그래서 자유낙하 운동을 공부하기 위해서는 우선 물체에 작용하는 중력을 알 필요가 있어.

질량이 m인 물체에 작용하는 지구의 중력은 mg인데, 여기서 g는 중력가속도라 하고, 그 값은 지표면에서 약 $9.8m/s^2$이야. 그래서 1kg의 물체에 작용하는 지구의 중력은

$$F = 1kg \times 9.8m/s^2 = 9.8kg \cdot m/s^2 = 9.8N$$

이야. 일반적으로 질량이 $m[kg]$인 경우, 중력의 세기는

$$F = mg = 9.8m[N]$$

이지. 그림과 같이 질량이 m인 물체에 중력이 작용하여 자유낙하한다고 할 때

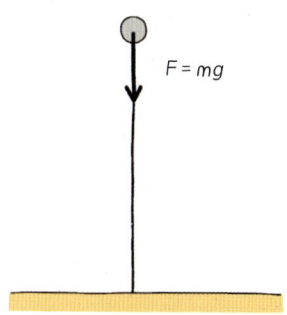

운동방정식은 $ma=F$인데 $F=mg$이므로 이것을 대입하면 $ma=mg$이고, 따라서

$$a = g$$

가 되는 거지. 이 운동방정식으로부터 우리는 두 가지 사실을 알 수 있어. 첫째는 물체에 중력만이 작용할 때 가속도는 g로 일정하다는 것, 둘째는 낙하하는 물체의 가속도는 물체의 질량에는 관계없다는 것이야.

사실 g는 지구 표면 근처에서 근사적인 값으로 이론적으로는 높이에 따라 약간씩 줄어드는 것으로 알려져 있어. 이론에 따라 계산해 보면 1m 올라갈 때마다 대략 $\frac{3}{100만}$ m/s² 정도 줄어드는데, 우리가 생

활하는 1km 정도의 높이에서는 거의 상수로 취급해도 되는 정도야.

물체의 가속도가 물체의 질량에 무관하다는 사실은 매우 중요한 발견으로 아인슈타인은 이 발견을 일반상대성이론의 핵심 원리인 등가 원리로 발전시켰어.

실제로 질량이 m인 물체를 어떤 높이에서 가만히 놓았을 때 운동을 살펴보자.

물체의 운동을 나타내기 위해 그림과 같이 연직 아래 방향을 $+y$로 잡았어. 이때, 공기의 저항은 무시한다고 하자.

초고속카메라를 이용해서 물체의 위치를 0.1초 간격으로 0.4초까지 측정했더니 다음과 같이 나타났어.

시간(s)	0	0.1	0.2	0.3	0.4
위치(cm)	0	4.9	19.6	44.1	78.4

0.1초를 1개 구간으로 잡고 각 구간의 평균 속도를 구해보면 다음과 같아.

구간(s)	0~0.1	0.1~0.2	0.2~0.3	0.3~0.4
구간 거리(cm)	4.9	14.7	24.5	34.3
구간 평균 속도(cm/s)	49	147	245	343

각 구간별 평균 속도를 그래프로 그리면 다음과 같이 나타나는

데, 세로축의 속도의 단위는 m/s로 환산한 거야.

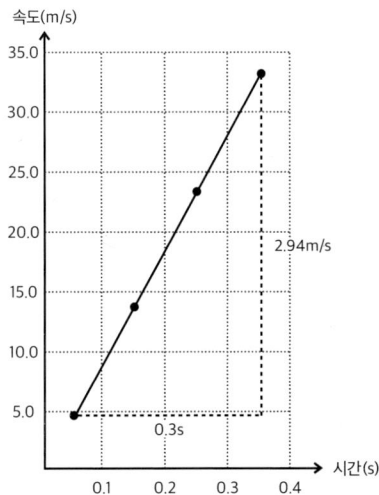

위의 구간 평균 속도 그래프에서 직선의 기울기를 구하면

$$a = \frac{(3.43-0.49)\text{m/s}}{0.3\text{s}} = 9.8\text{m/s}^2$$

인데, 이 값이 바로 중력가속도 g값이야.

지구 표면상에서 물체의 중력가속도가 이와 같이 9.8m/s^2으로 일정하므로 자유낙하 운동을 나타내는 일반식을 구할 수 있어.

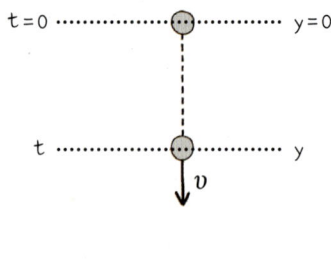

물체를 떨어뜨린 후 시간이 t만큼 지났을 때 물체가 y지점을 속력 v로 통과한다고 하면, 그 순간 물체의 속도와 그때까지 낙하한 거리는 다음과 같이 구할 수 있어.

$$v = gt$$

$$y = \frac{1}{2}gt^2$$

위의 결과에서도 볼 수 있듯이 자유낙하하는 물체의 속력과 이동 거리는 물체의 질량에 전혀 관계없음을 확인할 수 있지.

자유낙하 운동의
여러 가지 모습

일반적으로 자유낙하 운동이라고 하는 것은 중력만 작용해서 아래로 떨어지는 운동이라고 했지? 그런데 그러한 연직 아래로 떨어지는 운동만이 자유낙하 운동의 전부일까? 중력만 작용해서 나타나는 운동은 연직 아래로 떨어지는 운동 말고도 많이 있을 것 같지 않아?

우선 연직 위로 쏘아 올린 운동을 생각해 보자.

공을 위로 던지면 올라가는 동안 중력에 의해 속력이 점점 느려지다가 속력이 0이 되면 방향을 바꾸어 떨어지기 시작하지. 공이 떨어지는 동안 속력은 점점 증가해.

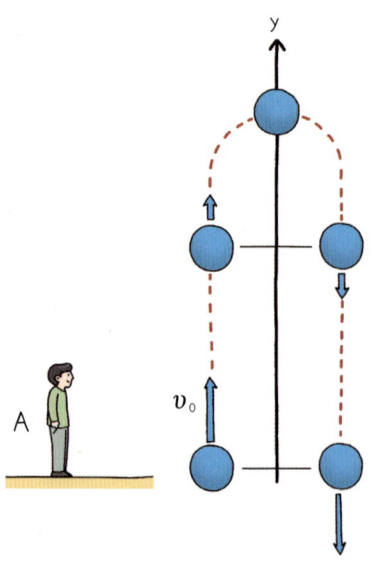

이 운동 과정에서 공에는 중력만이 작용하는데, 중력이 $F = -mg$ 이므로 가속도는 $a = -g$야.

(-)기호는 가속도의 방향이 연직 아래 방향임을 말하는 것이고, 가속도의 크기는 g야.

즉, 공이 올라가는 동안 매초 9.8m/s씩 속력이 감소하고, 공이 다시 낙하하는 동안 매초 9.8m/s씩 속력이 증가한다는 거지. 공의 처음 속도를 v_0라고 할 때 시간에 따른 공의 속도는

$$v_공 = v_0 - gt$$

이 운동은 처음 속도가 v_0이고, 가속도가 $-g$인 등가속도 운동이

야. 공에 중력만이 작용하므로 자유낙하 운동으로 볼 수 있어.

발사한 지 t만큼 시간이 흐르는 순간 공의 위치는 시간에 따른 공의 속도 관계로부터 구할 수 있어. 시간이 t일 때까지 이동한 거리는 그래프에서 음영으로 표시된 부분의 면적에 해당하는데, 식으로 나타내면

$$y = v_0 t - \frac{1}{2}gt^2$$

이야.

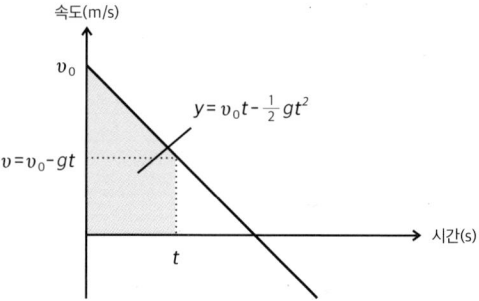

그런데 이와 같이 가속도를 계산해서 자유낙하임을 보이는 것보다 더 직관적인 방법이 있어.

처음에 공을 쏘는 속도 v_0와 같은 속도로 등속 운동하는 엘리베이터 속에 빛나가 있다고 생각해 보자.

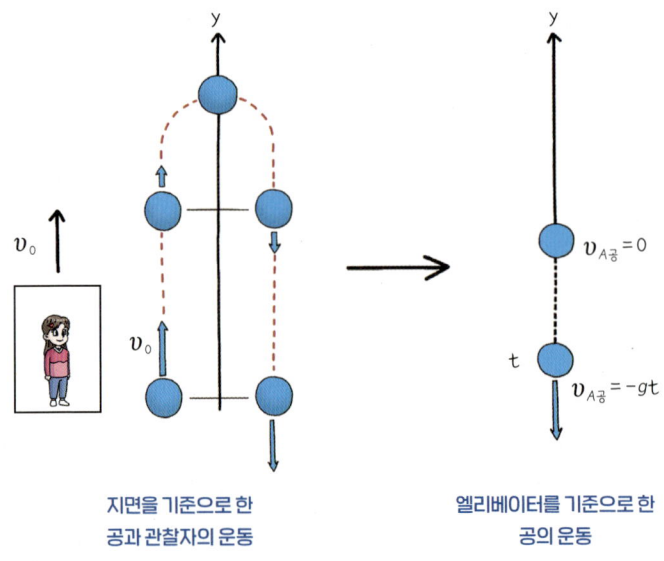

지면을 기준으로 한
공과 관찰자의 운동

엘리베이터를 기준으로 한
공의 운동

이때 관찰자인 빛나(A)의 속도는 지면을 기준으로

$$v_A = v_0$$

이므로, 관찰자 빛나가 본 공의 속도는

$$v_{A공} = v_공 - v_A = -gt$$

임을 알 수 있어. 관찰자 빛나가 본 공의 운동은 지면에서 공을 들고 있다가 가만히 놓았을 때의 공의 운동과 같아.

위의 결과로부터 자연스럽게 유추 가능한 상황을 생각해 보자. 만약 엘리베이터 속력이 2배가 되어 연직 위쪽으로 $(+)2v_0$의 속력으로 등속 운동하는 경우, 이 엘리베이터에 있는 관찰자인 빛나(B)는 공의 운동을 어떻게 볼까? 앞에서와 같은 논리로 생각해 본다면 공은 연직 아래로 $(-)v_0$의 속도로 쏜 것과 같은 운동을 할거야. 다음과 같이 상대속도를 구해보면 그 이유를 명확히 알 수 있어.

$$v_{B공} = v_공 - v_B = (v_0 - gt) - 2v_0 = -v_0 - gt$$

이번에는 엘리베이터가 그림과 같이 수평 방향으로 등속도로 운동한다면 그 엘리베이터 안에 있는 관찰자인 영특이(C)에게는 공이 어떻게 운동하는 것처럼 보일까?

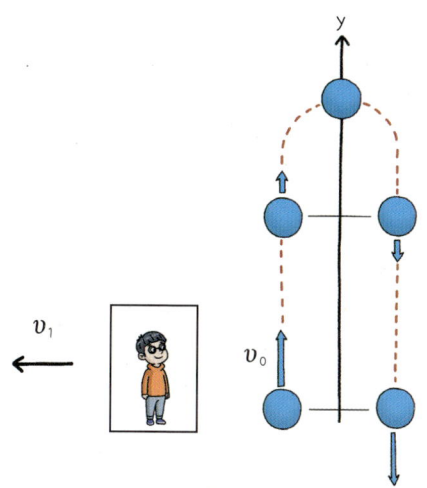

지면을 기준으로 한 공의 속도는 $\vec{v}_공 = (0, v_0 - gt)$이고, 지면을 기준으로 한 영특이의 속도는 $\vec{v}_C = (-v_1, 0)$이야. 이 경우는 평면상 운동이기 때문에 속도 벡터를 $\vec{v} = (v_x, v_y)$와 같이 성분으로 나타낸 거야.

따라서 영특이가 본 공의 운동을 수식으로 계산하면

$$\vec{v}_{C\overline{B}} = \vec{v}_{\overline{B}} - \vec{v}_{C} = (v_1, v_0-gt)$$

이고, 이것을 그림으로 나타내면 다음과 같은 포물선 운동으로 나타나게 되지.

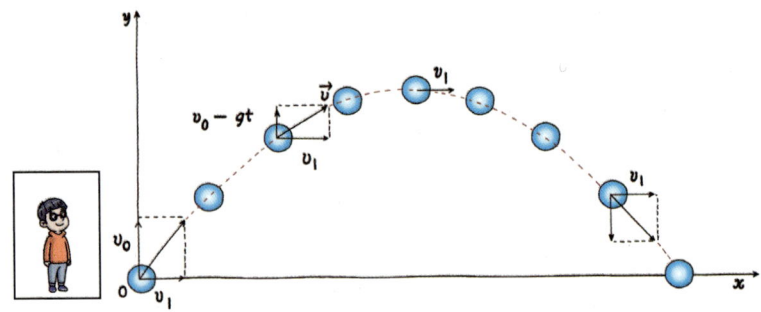

결론적으로 자유낙하 운동은 다양하게 나타나기 때문에 어떤 운동이 자유낙하인지 아닌지를 결정하는 결정적인 양은 물체의 가속도라고 볼 수 있어. 지표면 위에서 자유낙하 운동은 지구의 중력이 작용하여 나타나는 운동이므로, 가속도의 크기는 g이고, 가속도의 방향은 연직 아래 방향이라고 할 수 있지.

자유낙하 운동이 중력의 작용에 의한 것이라면, 달이나 인공위성과 같이 땅으로 떨어지지 않는 경우도 자유낙하 운동을 하는 거라고 볼 수 있을까?

이에 대한 답은 프린키피아에 있는 뉴턴의 대포라는 그림에서 명확하게 알 수 있어.

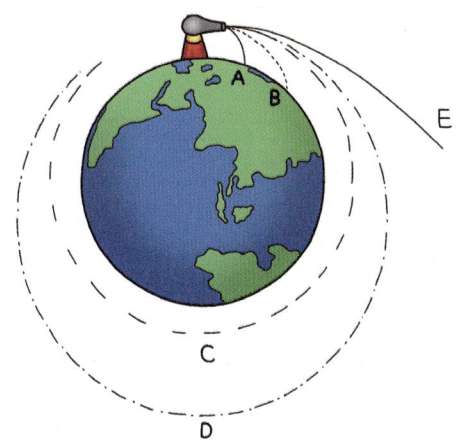

지표면 상에 있는 높은 산에서 지면과 수평으로 대포를 쏘는 경우 포탄의 속도가 느리면 A점에, 포탄의 속도가 빠르면 B점에 떨어져. 즉, 포탄의 속도가 빠를수록 지면에 낙하하는 지점이 더 멀어지게 된다는 것이지.

포탄의 속력이 어떤 한계를 넘어가면 C, D, E와 같이 땅에 떨어지지 않고 지구 주위를 계속 공전하거나 지구를 탈출하는 상황이 가능하다는 것인데, 이 모든 경우 운동하는 포탄에 작용하는 힘은 지구의 중력이야.

그래서 자유낙하 운동은 물체가 반드시 땅에 떨어져야 하는 운동에 한정 짓는 것은 아니고, 중력이 작용하여 나타나는 모든 운동을 의미해.

그래서 달과 인공위성이 지구 주위를 공전하는 것도 지구의 중력을 받으며 자유낙하하는 것이라고 볼 수 있어. 한발 더 나아가, 지구가 태양 주위를 공전하는 것도 태양의 중력을 받으며 자유낙하하는 것이라고 볼 수 있는 거야.

중력질량과 관성질량

○ 자유낙하 운동의 물리학적 의미를 살펴보려면 다시 뉴턴의 운동방정식으로 돌아가야 해. 뉴턴의 운동방정식은 $ma = F$인데, 이 방정식에서 질량(m)은 물체에 작용하는 힘(F)과 가속도(a)를 측정하여 결정할 수 있는 양이야. 그래서 이와 같은 질량을 관성질량(m_I)이라고 해.

$$m_I \equiv \frac{F}{a}$$

중력은 무게(W)라고도 하는데, 그 크기는 질량에 비례하지. 이러한 무게를 측정하여 결정하는 질량을 중력질량(m_G)이라고 해.

$$m_G \equiv \frac{W}{g}$$

중력의 작용에 의한 물체의 운동방정식은

$$m_I a = m_G g$$

이고, 가속도를 구하면

$$a = \frac{m_G}{m_I} g$$

가 되는데, 여기서 관성질량과 중력질량이 같을 때($m_I = m_G$)

$$a = g$$

이고, 이 방정식은 우리가 잘 아는 자유낙하 운동을 설명하는 방정식이야.

갈릴레이 이후 자유낙하 운동은 근본적으로 중력질량과 관성질량이 같다는 암묵적인 가정을 전제로 하고 있어. 하지만 중력질량과 관성질량이 같다는 근거는 어디에도 없어.

이러한 근거에 대한 탐구는 현대 물리학의 가장 중요한 기초 가운데 하나이지. 만일 이 기초가 흔들리면 물리학 자체를 다시 구성해야 할 만큼 충격적인 일이야.

이와 같은 이유로 물리학의 역사에서 중력질량과 관성질량의 동등성은 엄청난 정밀도로 검증되어왔어. 이 문제는 일반상대성 이론의 정당성 여부를 결정짓는 핵심적인 문제이기도 해.

관성질량과 중력질량의 동등성을 검증하는 대표적인 실험은 헝가리 물리학자 외트뵈시에 의해 수행되었는데, 외트뵈시는 19세기 말부터 20여 년 이상 비틀림 진자를 이용하여 동등성을 검증했어. 이 실험을 외트뵈시 실험이라고 하는데, 동등성을 현대적 의미에서 최초로 검증한 것이고, 중력질량과 관성질량이 10^{-13}의 정밀도 범위 내에서 일치한다는 결과를 얻었어.

20세기 후반, 인류가 달에 레이저 반사경을 설치한 이후 진행된 지구와 달의 가속도를 비교하는 실험에서도 거의 엇비슷하게 정밀한 결과를 얻었어. 태양의 중력장에서 자유낙하하는 지구와 달의 가속도를 측정하는 실험인데, 달에 레이저 빔을 쏘아서 지구와 달의 가속도를 비교하는 실험(lunar laser ranging experiment)이야. 측정된 결과는 가속도가 1.5×10^{-13}의 정밀도 내에서 일치했지.

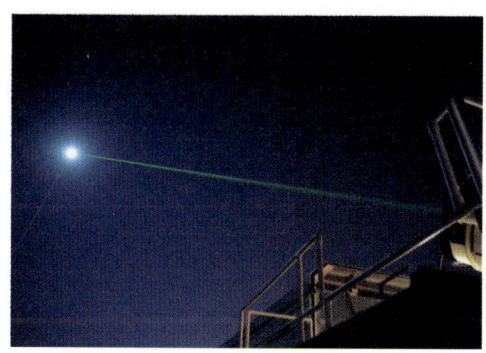

Lunar Laser Ranging Experiment (NASA 고다드 센터)
출처_ nasa.gov

외트뵈시(1848~1919)
출처_ wikimedia.org

어때, 자유낙하 운동에 대한 개념이 좀 정리됐어? 작은 물건 하나가 떨어지는 것부터 지구가 태양 주위를 공전하는 것까지. 생각보다 자유낙하 운동의 범위가 참 넓지? 이제 사람들이 번지점프를 하거나 스카이다이빙 하는 모습을 보면 단순히 즐길거리로만 보이지 않고 많은 생각을 하게 될거야. 아는만큼 보인다!는 말은 이럴 때 쓰는 거겠지?

잠시 쉬어가는 이야기

물리를 좋아하는 아이

　시간이 지나도 계속 생각이 나는 학생 중에 J라는 학생이 있어. 어려운 형편에서도 정말 열심히 공부해서 영재학교에 우수한 성적으로 입학했지.

　중학교 시절에는 너무 출중한 나머지 특수학급에 잠시 다녀올 정도로 오해받기도 했을 정도였다니, 정말 평범하지는 않은 학생이었지. 가정형편이 어렵다보니 다른 학생들처럼 영재학교 입학을 위한 사교육은 받을 수도 없었고, 선행학습을 한 적도 없었지만 결국 영재학교에 입학하게 되었고, 영재학교에 입학한 다음에는 이미 스스로 터득한 자기주도 학습으로 우수한 성적을 유지하더라고. 지적 호기심이 많아서 양자역학이나 일반상대성 이론과 같은 높은 수준의 물리도 열성적으로 공부하는 모습이 정말 눈에 띄이던 학생이었어.

　양자역학이나 일반상대성 이론을 공부하려면 높은 수준의 수학 능력도 필요한데 모두 큰 어려움 없이 이해하곤 했어. 지금도 선생님은 과학과 수학에 영재성을 가지고 공부하는 학생들을 보면 늘 놀라울 정도의 노력과 열정으로 공부하던 J가 생각이 나.

　J는 현재는 영국의 유명 대학에서 공부 중인데, 뉴턴이나 맥스웰과 같은 대학자로 성장할 것으로 기대하고 있어. 그리고 우리 생소한 물리수업을 읽는 친구들 중에서 제2의 제3의 J들이 나타났으면 하는 바람을 가지고 있어.

내용을 잘 이해했는지 확인해볼까?

✳ 정답은 425쪽에

1 그림과 같이 질량이 m인 공을 높이가 H인 곳에서 가만히 떨어뜨렸다.

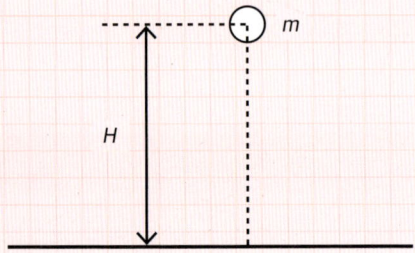

1) 물체의 가속도는? (단, 중력가속도는 g이다.)

2) 지면에 도달할 때까지 걸린 시간은?

3) 지면에 도달하는 순간 물체의 속도는?

2 갈릴레이가 피사의 기울어진 탑에서 낙하 실험을 했다는 사실에 대해서는 어떠한 근거도 없다. 하지만 갈릴레이는 자신의 저서에서 이 문제에 대하여 논의했는데, 대포알과 쇠구슬을 피사의 기울어진 탑에서 떨어뜨린다면 대포알이 땅에 도달하는 순간 약 10cm 정도 차이를 두고 쇠구슬이 뒤따를 것이라고 추정했다. (※ 당시의 대포알은 공 모양이었음.)

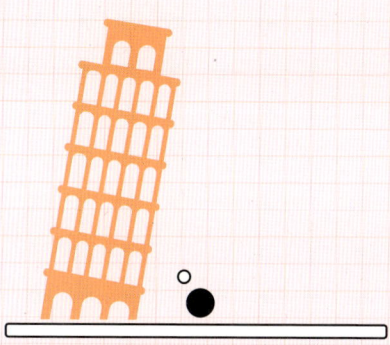

1) 뉴턴 역학의 관점에서 보면 대포알이나 쇠구슬이나 모두 공기의 저항을 받지만 대포알에 작용하는 공기의 저항은 상대적으로 무시할 수 있고, 쇠구슬은 약간의 저항을 받는 것으로 생각된다. 이때 대포알의 가속도를 중력가속도 g로 근사하고, 쇠구슬의 가속도를 a라고 할 때 $\frac{a}{g}$의 값은? (단, 피사의 탑 높이는 57m이다.)

2) 두 물체가 같은 모양과 같은 물질로 되어 있다면 가속도가 물체의 무게에 비례한다는 가정을 하는 것이 이치에 맞는가?

3 그림과 같이 수평면 위의 점 A로부터 거리 s, 높이 h만큼 떨어진 점 B가 있다. 점 A에서 점 B에 있는 물체를 겨눈 상태에서 물체를 떨어뜨림과 동시에 점 A에서 물체를 발사하였다. 이때 발사하는 각도는 지면과 θ를 이룬다고 하고, 공기의 저항은 무시한다.

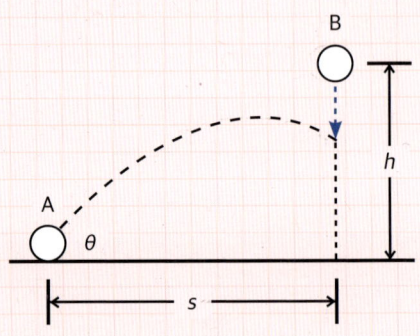

1) 점 B에서 자유낙하하는 물체가 지면에 도달하기 전에 두 물체가 충돌하려면 점 A에서 쏘는 물체의 속도는 얼마 이상이어야 하는가?

2) 위의 조건 내에서는 물체의 발사 속도에 관계없이 항상 두 물체가 충돌함을 설명해 보자.

조금 더 어려운 문제들도
한번 풀어볼까?

※ 정답은 427쪽에

4 구슬이 통과하는 시간을 측정하는 포토게이트가 있다. 그림과 같이 아래쪽에 발사총을 설치하고 그 연직 위에 d의 간격으로 포토게이트 2개를 설치하였다.

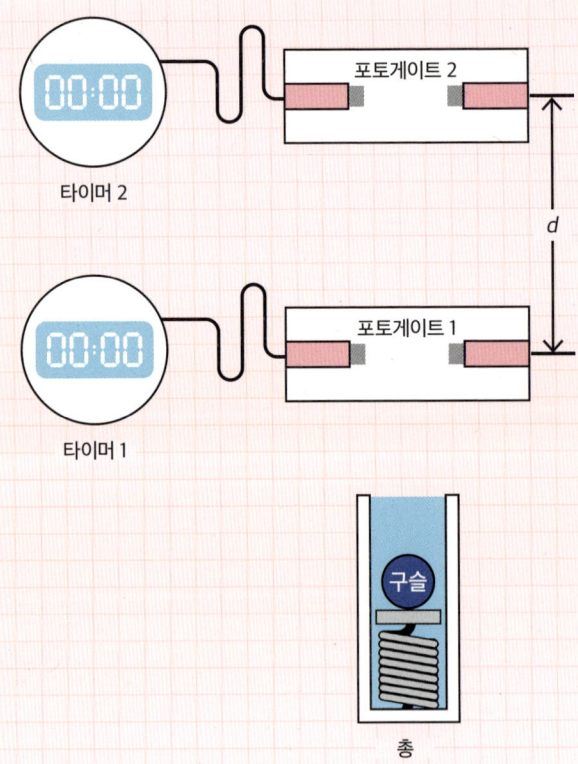

포토게이트를 구슬이 처음 통과하는 순간 시계가 작동하고 두 번째 통과하는 순간 시계가 멈춘다. 따라서 아래쪽에 설치된 총에서 구슬이 발사되면 포토게이트 1을 통과한 후 포토게이트 2를 통과한다. 구슬은 포토게이트 2 위에 있는 최고점에 도달한 후 다시 낙하하여 포토게이트 2를 통과하고 포토게이트 1을 통과한다. 이때 포토게이트 1과 연결된 시계가 측정한 시간을 T_1, 포토게이트 2와 연결된 시계가 측정한 시간을 T_2라고 한다. 구슬의 가속도를 T_1, T_2, d를 이용하여 나타내보자.

창의적으로 생각하고 해결하는 문제에도 도전해보자

＊ 정답은 427쪽에

5   혈관을 통한 혈액의 흐름을 결정하는 주요 요인은 압력 차이와 혈관의 저항이다. 심장의 박동으로 발생한 혈압은 온몸으로 혈액을 보내지만 혈관의 저항으로 모세혈관의 혈압은 거의 0에 가깝게 된다. 대부분 동물에서 심장은 뇌를 포함한 주요 기관보다 높거나 비슷한 위치에 있다. 그러나 사람의 경우 혈액의 공급을 많이 필요로 하는 뇌가 심장보다 높은 곳에 위치하므로 혈액을 뇌로 보내기 위해서는 더 큰 압력이 필요하다.

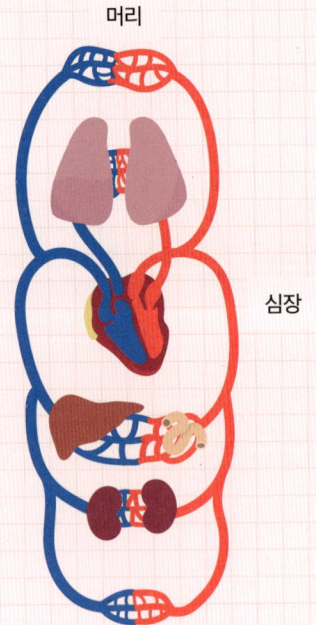

1) 사람의 심장에서 머리까지 높이가 50cm정도라고 할 때 심장에서 발생하는 혈압은 최소 몇 mmHg인가? (단, 혈액의 밀도 = $10^3 kg/m^3$, 중력가속도 = $10m/s^2$, 760mmHg = $10^5 N/m^2$로 한다.)

2) 지구 환경에 적응되어 있던 사람이 지구 궤도를 돌고 있는 인공위성에 가면 혈액 순환과정에 일시적인 불균형이 발생한다. 이러한 불균형이 발생하는 이유에 대하여 설명해보자.

3) 5-2)에서와 같이 우주선 내에서 혈액 순환과정의 일시적 불균형은 시간이 지나면 몸이 적응하면서 완화된다. 사람 몸이 어떻게 적응한다는 것인지 그 내용을 설명해보자.

6

다음은 경사면 위에서의 운동에 대한 것이다. 물음에 답하시오.

1) 그림과 같이 연직 면에 직각삼각형 고리의 한 면이 연직방향이 되도록 세워 놓은 다음, 고리에 구슬을 끼워서 구슬이 고리를 따라 운동하게 하였다. 꼭짓점 A에서 B로 구슬 a가, A에서 C로 구슬 b가, B에서 C로 구슬 c가 운동한다. 어느 순간 꼭짓점 A와 B에서 구슬 a, b, c를 동시에 놓았다. 가장 먼저 선분 끝에 도달하는 구슬이 무엇인지 알아보고, 그 구슬이 먼저 도달한 이유를 설명해보자. (단, 구슬과 고리 사이의 마찰은 없으며, 각 B는 직각이다.)

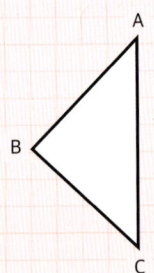

2) 그림과 같이 직각삼각형 모양의 경사면에서 물체 d는 D에서 E로 자유낙하시키고, 다른 물체 e는 D에서 F로 경사면을 따라 운동하게 하였다. 자유낙하시킨 물체 d가 바닥에 도달하는 순간 물체 e의 경사면 상의 위치 G를 표시하고, 경사면과 $\overline{EG}$가 이루는 각도를 설명해보자. (단, 모든 마찰과 저항은 무시한다.)

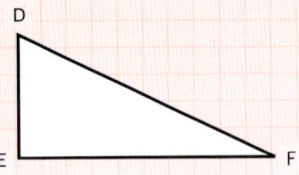

3) 앞의 문제에서 $\overline{DE}$의 거리는 변화시키지 않고 경사면의 기울기를 변화시켰을 때 빗면을 따라 이동한 위치 G가 $\overline{DE}$를 지름으로 하는 원둘레 위의 한 점과 일치함을 설명해보자.

7 그림과 같은 스타이로폼 구를 정확하게 절반으로 자르기 위해 구의 표면에 선을 긋고자 한다. 침 핀(여러 개), 사인펜, 실, 역학용 추, 스탠드, 자 등을 이용하여 스타이로폼 구 표면에 구의 중심을 포함한 단면의 경계선인 대원을 그리는 방법을 설명해보자.

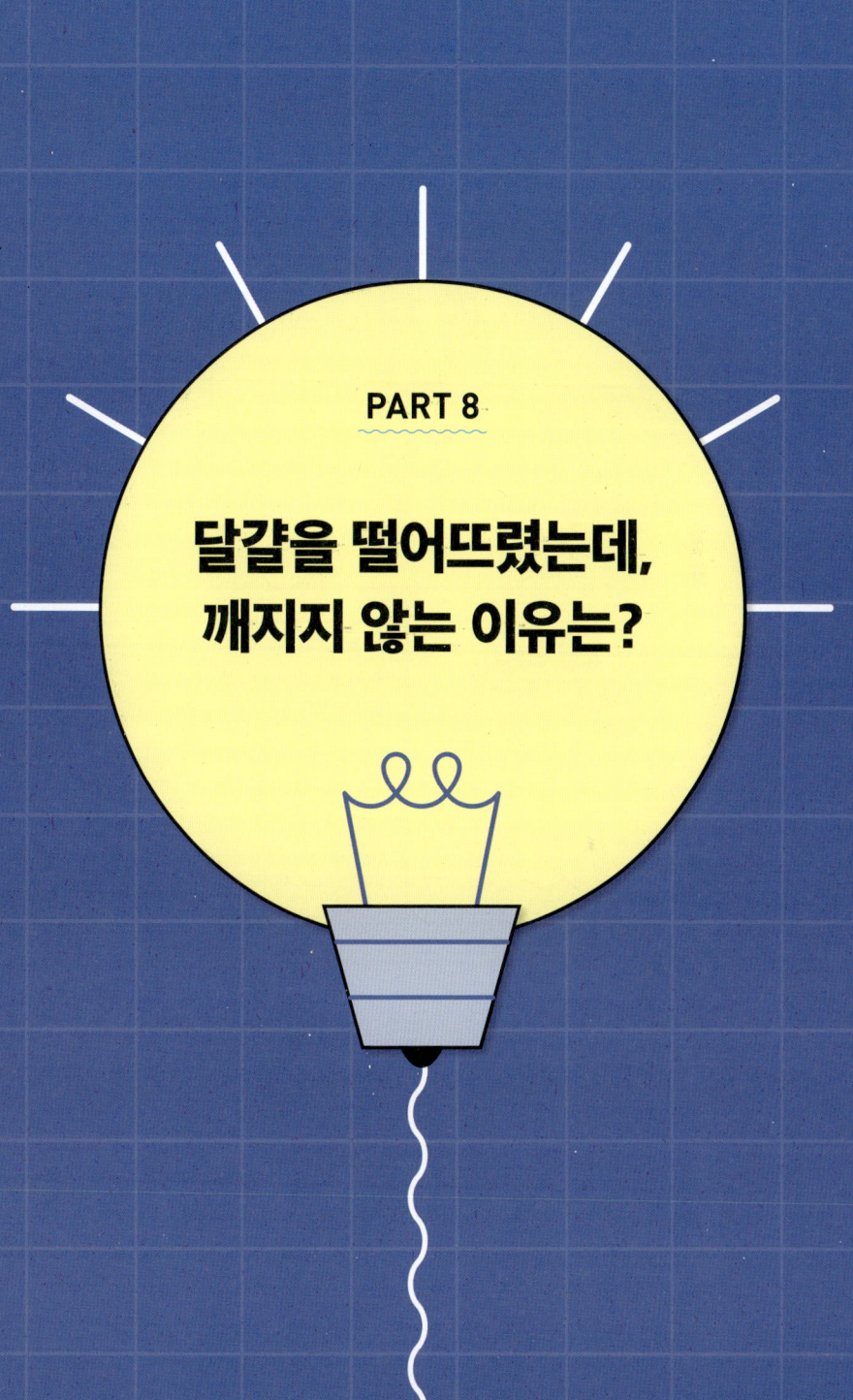

충돌과 운동량 교실

데카르트와 충돌

○ 운동량을 이해하기 위해서는 데카르트의 물질 세계에 대한 생각을 살펴볼 필요가 있어. 다음 그림은 데카르트의 기계 철학을 표현했던 것을 그림으로 다시 표현해 본 건데, 생명체에 대한 데카르트의 생각을 잘 보여주고 있지.

마치 움직이는 장난감 같지? 맞아, 자동인형이야. 기계 철학의 핵심을 잘 보여주는 것으로, 근본적으로 기계 오리와 자연 오리 사이에 차이가 없다는 것을 말하고자 하는 거지. 우리가 생명체라고 부르는 것은 신이 만든 복잡한 기계라는 거야. 즉, 생명 현상까지도 수학

이나 물리 법칙으로 모두 설명할 수 있다는 생각이지.

데카르트는 물질 세계를 신이 창조한 정교한 기계 같은 것이라고 생각했어. 기계에서 몸체의 구조와 운동이 중요하듯이 세계를 구성하는 근본 요소는 물질과 운동이라고 생각했지. 자연 현상이란 세계를 꽉 채우고 있는 미세한 입자들의 운동이라고 생각했고, 그래서 세계를 이해하려는 차원에서 물리학적으로 이러한 입자들의 운동 원리를 설명하려고 했어.

입자들의 운동은 입자들끼리 충돌에 의하여 일어날 수 있다고 생각했어. 즉, 모든 자연 현상은 입자들의 충돌 결과라는 것이지. 이러한 충돌에 의해 운동이 전달되는 것을 '운동의 양'이라고 하였고, 그 양이 보존되는 걸로 충돌 현상을 설명했어.

데카르트가 정의한 '운동의 양'은 질량에다가 속력을 곱한 양인데, 식으로 쓰면 다음과 같아.

$$p \equiv mv$$

그림과 같이 직선상에서 운동하는 질량이 같은 두 물체가 같은 속력으로 다가와 충돌한 후 같은 속력으로 멀어지는 경우에 대한 데카르트의 설명을 살펴보자.

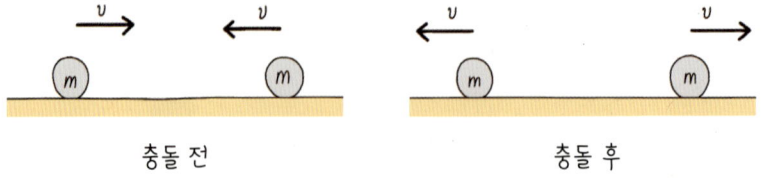

충돌 전   충돌 후

충돌 전 각 물체의 운동의 양을 각각 p_1, p_2, 충돌 후 물체의 운동의 양을 p'_1, p'_2라고 할 때 $p_1=mv, p_2=mv, p'_1=mv, p'_2=mv$이므로

$$p_1 + p_2 = p'_1 + p'_2 = 2mv$$

임을 알 수 있고, 이러한 충돌에서 운동의 양이 보존됨을 알 수 있어. 하지만 이런 식의 설명은 두 물체가 충돌한 다음 한 덩어리가 된 채로 정지한 상황에서 모순을 일으키는걸 볼 수 있어.

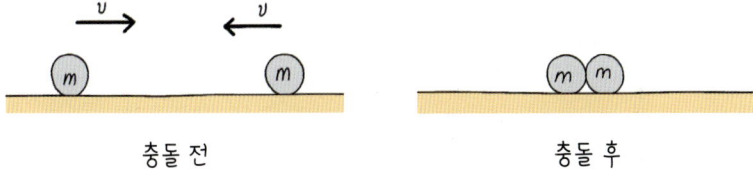

충돌 전   충돌 후

충돌 전 운동의 양과 합은 $p_1 + p_2 = 2mv$인데, 충돌 후의 운동의 양의 합은 물체가 정지해 있으므로 $p'_1 + p'_2 = 0$이야. 그래서 운동의 양이 보존된다는 원리로 이 현상을 설명할 수 없는 거지.

이와 같이 데카르트가 정의한 운동의 양이 보존된다는 원리로는 모든 충돌 현상을 설명하는 데는 한계를 드러냈지만, 자연 현상을 설명하는데 보존 개념을 도입했다는데 큰 의의가 있어.

뉴턴의 운동량

뉴턴은 데카르트의 '운동의 양'이라는 용어는 사용했지만, 개념 자체를 수정해서 다음과 같이 정의했어. 물론 후일 뉴턴은 운동량이라는 용어로 바꾸지.

> 운동의 양(the quantity of motion)이란 속도와 물질의 양을 결합한 값의 측정값이다.

현대적인 용어로는 뉴턴의 '운동의 양'을 운동량(momentum)이라고 하고, 기호로는 질량에다가 속도를 곱한 것으로 나타내지.

$$\vec{p} \equiv m\vec{v}$$

운동량의 단위는 kg·m/s인데, m/s=m/s²·s이므로 이를 대입하면 힘의 단위인 N과 시간의 단위인 s의 곱으로 변환이 되기도 해.

$$kg \cdot m/s = kg \cdot m/s^2 \cdot s = N \cdot s$$

그러면 뉴턴이 정의한 운동량은 데카르트의 문제점을 해소할 수 있을까?

먼저 질량이 같은 두 물체가 같은 속력으로 다가와 충돌한 후 같은 속력으로 멀어지는 경우를 살펴보자.

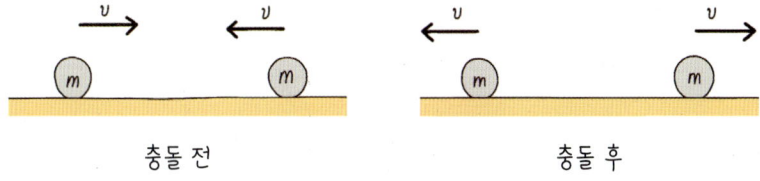

충돌 전   충돌 후

충돌 전 운동량은 각각 $\vec{p_1} = mv$, $\vec{p_2} = -mv$이고, 충돌 후 운동량은 각각 $\vec{p_1'} = -mv$, $\vec{p_2'} = mv$이므로, 충돌 전후의 운동량의 합은 0으로 보존됨을 알 수 있어,

$$\vec{P_1} + \vec{P_2} = \vec{P_1'} + \vec{P_2'} = 0$$

두 번째, 데카르트의 개념으로는 해결하지 못했던 충돌 후에 정지하는 상황도 뉴턴의 운동량 개념으로는 문제없이 설명할 수 있어.

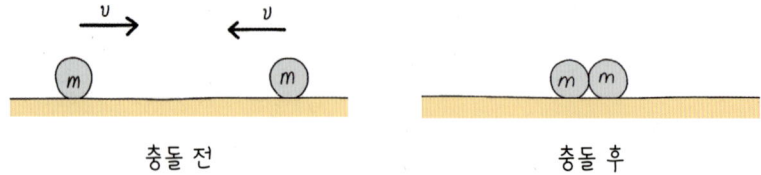

충돌 전   충돌 후

충돌 전 운동량은 각각 $\vec{P}_1 = mv, \vec{P}_2 = -mv$이고, 충돌 후 운동량은 각각 $\vec{p'_1} = m \times 0 = 0, \vec{p'_2} = m \times 0 = 0$이므로, 충돌 전후의 운동량의 합은 0으로 보존됨을 알 수 있어.

$$\vec{P}_1 + \vec{P}_2 = \vec{P'_1} + \vec{P'_2} = 0$$

여기서 우리는 질량×속력은 보존되지 않지만, 뉴턴이 정의한 운동량인 질량×속도는 보존됨을 확인할 수 있어.

충격량

어떤 물체가 다른 물체와 접촉하여 힘을 주고 받는 상황을 충돌이라고 하지. 이때 어떤 물체에 접촉하는 시간 동안 작용하는 힘의 총량을 충격량이라고 해.

먼저 어떤 물체에 일정한 힘이 작용할 때 물체가 받는 충격량을 생각해 보려고 해. 그림과 같이 마찰이 없는 바닥 위에 정지해 있는 질량이 m인 물체에 일정한 힘 F_0가 t_0라는 시간 동안 작용한다고 해 보자.

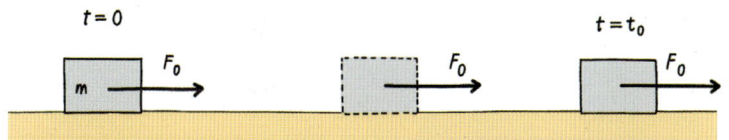

운동 제2법칙을 적용하여 물체의 가속도를 구하면 $a = \frac{F_0}{m}$이고, 물체의 가속도가 일정하므로 t_0인 순간 속도는 $v = at_0 = \frac{F_0}{m}t_0$가 되지. $0 \sim t_0$인 시간 동안 물체에 작용한 힘의 총량은 $F_0 t_0$인데, 이 양을 물체가 받은 충격량이라고 해. 이러한 충격량이 작용한 결과로 물체의 속도는 0에서 $\frac{F_0}{m}t_0$로 변화했고, 속도 변화량을 Δv라고 하면 $\Delta v = \frac{F_0}{m}t_0$이므로 $m\Delta v = F_0 t_0$임을 알 수 있어.

이 관계식으로부터 운동량과 충격량의 관계를 알 수 있는데, $\Delta t = t_0$이므로 $m\Delta v = F_0 \Delta t$이고, 따라서 $\Delta p = F\Delta t$임을 알 수 있어. 일반적으로 충돌이 일어날 때 물체에 작용한 충격량은 물체의 운동량 변화량과 같은데, 그 관계식은

$$F\Delta t = \Delta p$$

이지.

이제 두 물체가 충돌할 때 각 물체의 충격량은 어떻게 되는지 알아보자.

(가)   (나)

첫 번째로, 그림 (가)와 같이 미끄러운 얼음판 위에 스케이트를 신은 영특이와 빛나가 손을 마주하고 있다가 빛나가 영특이의 손바닥을 밀면 어떤 현상이 나타날까? 영특이는 뒤로 밀려가고 빛나는 그 자리에 정지한 채로 서 있을까?

그럴 리가 없지. 앞에서도 빛나가 영특이에게 힘을 작용한 만큼 자신도 영특이한테 같은 크기의 힘을 받는다고 배웠잖아.(182쪽, PART 6 작용과 반작용 교실 참고) 그러니까 당연히 그림 (나)와 같이 둘 다 뒤로 밀려가게 돼.

힘을 작용하기 전에 정지해 있던 영특이와 빛나는 힘을 작용한 후에 각각 일정한 속도로 운동하는데, 이때 빛나(영특이)가 받는 충격량은 손바닥을 통해서 영특이(빛나)가 작용한 힘의 총량이라고 할 수 있어.

빛나와 영특이가 일정한 힘 F_0를 Δt시간 동안 작용했다고 가정해보자. 다음 그래프는 손바닥을 마주 댄 상태에서 일정한 힘 F_0가 어떤 순간 t_0부터 $t_0+\Delta t$까지 작용하는 것을 나타낸 거야.

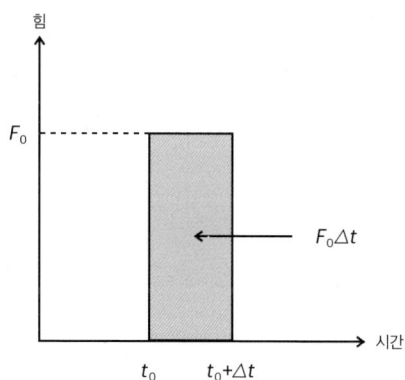

이때 영특이(빛나)가 받은 충격량의 크기는 그래프에서 음영으로 표시된 부분의 면적인 $F_0 \Delta t$야. 이렇게 힘의 작용 결과로 발생한 각각의 속도를 계산할 수 있어. 영특이의 질량을 M, 빛나의 질량을 m이라고 하면, 영특이와 빛나의 운동량 변화량은 각각 $\Delta p_{영특이} = M(v_{영특이}-0)$, $\Delta p_{빛나} = m(v_{빛나}-0)$가 되고, 각각의 최종 속력은 다음과 같이 구할 수 있어.

$$v_{영특이} = \frac{F_0 \Delta t}{M} \qquad v_{빛나} = \frac{F_0 \Delta t}{m}$$

영특이의 질량이 빛나의 질량보다 크다면, 밀려가는 속력은 영특이가 빛나보다 느리다는 것을 알 수 있어.

두 번째로, 달걀을 바닥에 떨어뜨리는 경우를 생각해보자. 달걀을 바닥에 떨어뜨리면 깨지는데, 방석 위에 떨어뜨리면 깨지지 않을 수도 있어. 그 이유를 충격량(I)으로 설명할 수 있어.

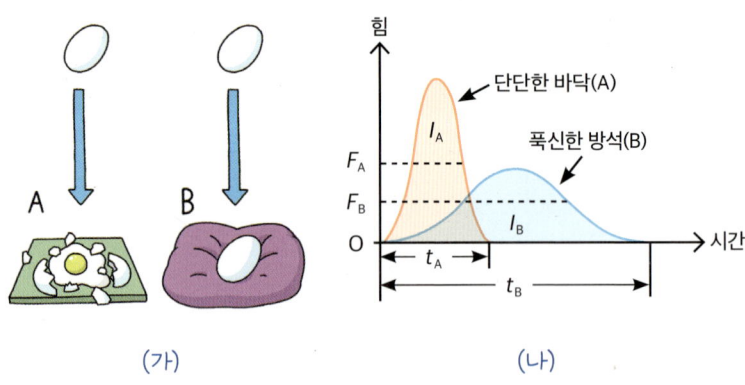

(가)   (나)

그림 (가)와 같이 같은 높이에서 달걀 A와 B를 떨어뜨리면 바닥에 도달하는 순간 두 달걀의 속도는 같아. 하지만 단단한 바닥에 떨어진 A는 깨지고, 푹신한 방석 위에 떨어진 B는 깨지지 않아. 바닥과 충돌한 후 달걀의 모양은 달라졌지만 둘 다 정지한 건 마찬가지야. 그래서 달걀의 질량을 m, 떨어뜨린 높이를 h라고 하고, 공기의 저항을 무시할 때, 충돌 직전과 직후의 운동량 변화를 구해보면

$$\Delta p_A = \Delta p_B = m\sqrt{2gh} - 0 = m\sqrt{2gh}$$

임을 알 수 있어. 충격량 $F\Delta t$는 운동량의 변화량 Δp와 같으므로 A와 B가 바닥으로부터 받은 충격량($I_A = I_B$)이 같다는 것을 알 수 있어.

충격량이 같은데 왜 A는 깨지고, B는 깨지지 않을까?

달걀 A와 B가 받는 충격량은 같지만 각각에 작용하는 힘의 크기가 다르기 때문이야. 이때 각 물체에 작용한 힘을 충격력이라고 해, A가 받은 충격력이 B가 받은 충격력보다 훨씬 크다는 거지.

그림 (나)에서 볼 수 있듯이 단단한 바닥과 충돌하는 경우의 충돌 시간(Δt_A)이 푹신한 방석과 충돌하는 경우의 충돌 시간(Δt_B)보다 짧기 때문에 A에 작용하는 충격력 F_A가 B에 작용하는 충격력 F_B보다 훨씬 크게 되지.

$$F_A = \frac{\Delta p_A}{\Delta t_A} \gg F_B = \frac{\Delta p_B}{\Delta t_B}$$

　우리 생활에서 이러한 원리가 적용되는 장비로는 화재나 재난상황 발생시 인명구조를 위해 사용하는 안전 매트가 있어. 충돌 시간 Δt를 길게 하여 높은 곳에서 뛰어내린 사람이 받는 힘을 줄여줘서 생명을 지킬 수 있도록 도와주지.

운동량
보존법칙

　　　　　　　　　　충돌은 데카르트와 뉴턴 시대 뿐만 아니라 현대물리학에서도 자연현상을 이해하는 기본적인 수단으로 생각되고 있어. 충돌이 일어날 때 물체들의 질량, 속도, 에너지 등의 물리량이 변하지만, 충돌 과정 중에서도 변하지 않는 그 무엇이 있어서, 그것을 열쇠로 자연의 비밀을 열어갈 수 있지. 그 변하지 않는 양으로는 에너지, 운동량, 각운동량 등이 있는데, 여기서는 운동량을 알아보려고 해.

　다음에 나오는 그림과 같이 질량이 m_1인 물체가 속도 v_1로 정지해 있는 질량이 m_2인 물체와 충돌하는 경우를 생각해보자. 충돌 후 질량이 m_1인 물체는 v'_1의 속도로 운동하고, m_2인 물체는 v'_2의 속도로 운동한다고 가정해 봐. 두 물체가 충돌하는 과정에서 접촉하는 시간은 Δt이고, 이 시간 동안 m_1인 물체는 m_2인 물체에 F_{12}의 힘을, m_2인 물체는 m_1인 물체에 $-F_{21}$의 힘을 작용하여 물체의 속도가 각각 v'_1, v'_2로 달라지게 되겠지.

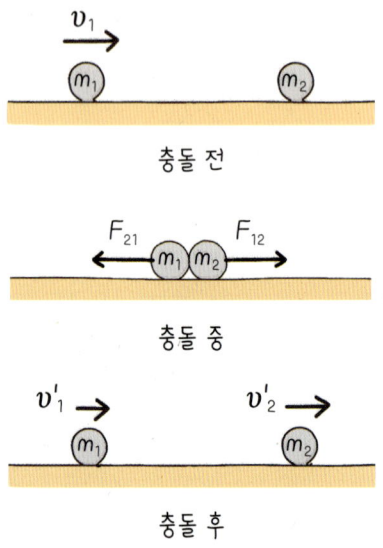

충돌 전후의 각 물체의 운동량을 각각 $m_1 v_1 = p_1$, $m_1 v'_1 = p'_1$, $m_2 v'_2 = p'_2$라고 하면, 충돌에 의하여 질량이 m_1인 물체가 받은 충격량은

$$-F_{21}\Delta t = m_1(v'_1 - v_1) = p'_1 - p_1$$

이고, 질량이 m_2인 물체가 받은 충격량은

$$F_{12}\Delta t = m_2(v'_2 - 0) = p'_2$$

인데, F_{12}와 F_{21}은 작용과 반작용 관계이므로, $F_{12} = F_{21}$이 돼. 따라서 두 물체가 받은 충격량 관계식을 연립하면 $m_1(v'_1 - v_1) = -m_2 v'_2$를 얻을 수 있고, 이 식을 정리하면 $m_1 v_1 = m_1 v'_1 + m_2 v'_2$, 이것을 운동량으로 나타내면

$$p_1 = p'_1 + p'_2$$

가 돼. 이 식에서 왼쪽 항은 충돌 전 운동량의 합이고, 오른쪽 항은 충돌 후 운동량의 합이야. 따라서 충돌 전후의 운동량의 합이 같다는 걸 나타내고 있어. 이러한 관계를 운동량 보존법칙이라고 해. 이 식을 보다 일반적으로 나타내기 위해서 충돌 전 운동량을 $p_1, p_2, \cdots$ 충돌 후 운동량을 $p'_1, p'_2, \cdots$라고 하면

> 충돌 전 운동량 합 = 충돌 후 운동량 합
> $p_1 + p_2 + \cdots = p'_1 + p'_2 + \cdots$

가 돼.

지금까지 운동량 보존법칙을 이해하기 위해 직선상에서 충돌 문제로 제한하여 살펴보았어. 평면상이나 3차원 공간에서의 충돌에서도 운동량 보존법칙은 성립하는데, 이러한 공간에서는 운동량을 다음과 같이 2차원 혹은 3차원 벡터로 나타내야 해.

- 2차원 운동량 벡터 : $\vec{P} \equiv m\vec{v} = m(v_x, v_y)$
- 3차원 운동량 벡터 : $\vec{P} \equiv m\vec{v} = m(v_x, v_y, v_z)$

이러한 2차원이나 3차원 벡터를 이용하여 나타난 충돌 전후의 운동량 보존을 다음과 같이 벡터 방정식으로 나타낼 수 있어.

$$\vec{P_1} + \vec{P_2} + \cdots = \vec{P'_1} + \vec{P'_2} + \cdots$$

위의 벡터 방정식은 2차원인 경우 2개의 성분 방정식으로, 3차원인 경우는 3개의 성분 방정식으로 나타낼 수 있어.

이와 같이 평면상에서 충돌하는 대표적인 예로는 당구공의 충돌이 있어. 질량이 m_1인 당구공이 속도 $\vec{v_1} = (v_1, 0)$으로 정지해 있는 질량이 m_2인 당구공 B와 충돌하여 당구공 A는 $\vec{v'_1} = (v'_{1x}, v'_{1y})$의 속도로, 당구공 B는 $\vec{v'_2} = (v'_{2x}, v'_{2y})$의 속도로 운동하고 있다고 하자.

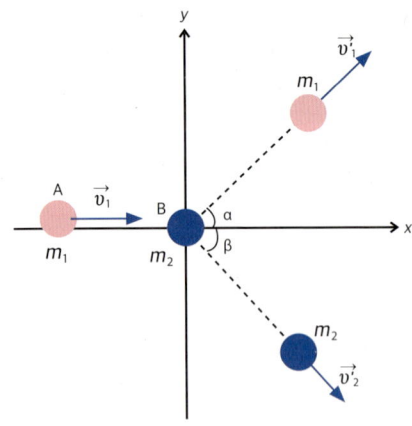

충돌 전후의 운동량은 다음 표와 같이 정리할 수 있어.

	당구공 A	당구공 B
충돌 전	$\vec{p}_1 = m_1\vec{v}_1 = m_1(v_{1x}, 0)$	$\vec{p}_2 = m_2(0, 0)$
충돌 후	$\vec{p}_1' = m_1\vec{v}_1' = m_1(v_{1x}', v_{1y}')$	$\vec{p}_2' = m_2\vec{v}_2' = m_2(v_{2x}', v_{2y}')$

충돌 전 운동량의 합은

$\vec{p}_1 + \vec{p}_2 = m_1(v_{1x}, 0) + m_2(0, 0) = (m_1v_{1x}, 0)$ 이고,

충돌 후 운동량의 합은

$\vec{p}_1' + \vec{p}_2' = m_1(v_{1x}', v_{1y}') + m_2(v_{2x}', v_{2y}') = (m_1v_{1x}' + m_2v_{2x}', m_1v_{1y}' + m_2v_{2y}')$ 이야.

운동량이 보존되므로 $\vec{p}_1 + \vec{p}_2 = \vec{p}_1' + \vec{p}_2'$ 이고, 등식이 성분별로 성립해야 하므로

- x성분: $m_1v_{1x} = m_1v_{1x}' + m_2v_{2x}'$
- y성분: $0 = m_1v_{1y}' + m_2v_{2y}'$

를 구할 수 있어. 위의 방정식이 결정해야 할 미지수가 v_{1x}', v_{2x}', v_{1y}', v_{2y}'의 4개인데, 방정식은 2개이므로 2개의 조건이 더 필요해.

그중 하나는 에너지 관계식이고, 다른 하나는 측정과 관련된 조건이야.

이 방정식에 대한 구체적인 풀이는 나중에 해보기로 하고,(270쪽 참고) 지금은 운동량 보존법칙을 적용하여 대포와 로켓의 운동에 대해서 살펴보도록 하자.

그림에서 대포의 질량을 M, 포탄의 질량을 m이라고 하자.

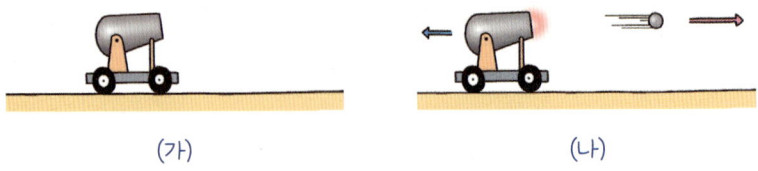

(가)   (나)

그림 (가)와 같이 포탄을 장전하고 정지해 있는 대포를 그림 (나)처럼 발사하면 포탄은 앞으로 날아가고 대포는 뒤로 후퇴하지. 이때 지면에 대한 포탄의 속도를 v, 대포의 속도를 $-V$라고 하면, 운동량 보존법칙을 적용하여 포탄의 속력 v와 대포의 속력 V의 관계를 얻을 수 있어.

$$0 = mv - MV \implies V = \frac{m}{M}v$$

대포 후퇴 속력 V는 포탄의 속력 v가 빠를수록 빠르고, 대포와 포탄의 질량비 $\frac{m}{M}$이 작을수록 느린 것을 알 수 있어. 우리나라에서 개발한 명품 대포인 K9 자주포의 경우, 대포의 총질량은 약 50톤이고, 포탄의 질량은 약 40kg이며, 포탄이 포구에서 날아가는 속력은 약 1,000m/s라고 해. 그래서 발사할 때 후퇴속도를 계산해 보면

$$V = \frac{40 \text{kg}}{5 \times 10^4 \text{kg}} \times 10^3 \text{m/s} = 0.8 \text{m/s}$$

에 불과해. K2 소총 같은 경우는 총구에서 총알의 속력은 1,000m/s로

비슷한데 질량비가 1.2×10^{-3} 정도이므로 후퇴 속력이 약 1.2m/s 정도야.

로켓의 운동도 좀 알아볼까? 로켓의 운동은 대포에서 포탄의 운동과 약간 다른 면이 있어. 가장 큰 차이점은 포탄은 날아가는 동안 질량이 변하지 않는다는 점이고, 로켓은 연료를 뒤로 분사를 하면서 날아가기 때문에 질량이 변한다는 거야. 운동량 보존이라는 본질적인 부분을 놓치지 않기 위해 로켓이 중력이 없는 진공 중에서 운동하는 경우를 생각해보자.

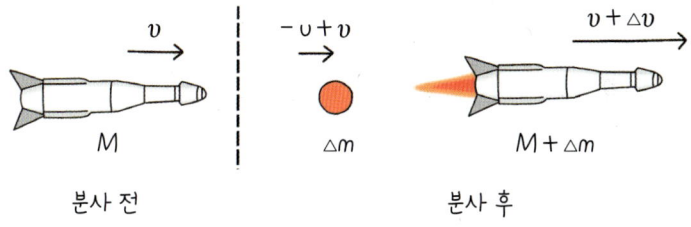

분사 전   분사 후

연료를 분사하기 전 로켓의 질량을 M, 그때 속도를 v라 하고, 로켓이 Δt 시간 동안 Δm의 연료를 u의 속력으로 분사하여 $v+\Delta v$의 속도를 갖게 되었다고 하자. 분사 전후 로켓과 연료의 운동량은 다음과 같이 정리할 수 있어.

- 분사 전 로켓의 운동량 : $p_0 = Mv$
- 분사 후 로켓의 운동량 : $P_{rocket} = (M-\Delta m)(v+\Delta v)$
- 분사된 연료의 운동량 : $P_{gas} = \Delta m(-u+v)$

운동량 보존법칙 $p_0 = p_{rocket} + p_{gas}$을 적용하면

$$Mv = (M-\Delta m)(v+\Delta v) + \Delta m(-u+v)$$

를 얻을 수 있고, 식을 정리하면 $M\Delta v = u\Delta m + \Delta m \Delta v$인데, Δ는 작은 양이어서 1차 항까지만 고려하면 $M\Delta v = u\Delta m$를 얻을 수 있어. 그런데 분사된 연료의 질량은 로켓 질량의 감소분과 같아서 $\Delta m = -\Delta M$이야. 따라서 분사를 통한 로켓의 속도 변화량은 다음 식과 같아.

$$\Delta v = -u\frac{\Delta M}{M}$$

로켓의 연료 분사 속력 u와 연료 분사량이 클수록 로켓이 더 큰 속도를 얻게 됨을 알 수 있어. 로켓의 운동을 정확하게 알고 싶다면 미적분과 같은 수학적 방법을 사용해야 해.

탄성충돌과
비탄성충돌

○ 물체가 충돌할 때 운동량 보존과 함께 에너지도 보존되어야 해. 다시 말하면, 충돌 후 물체의 운동 속도를 알려면 운동량 보존법칙과 에너지 보존법칙을 모두 적용해서 문제를 풀어야 한다는 거지. 하지만 실제로 충돌이 일어나는 순간을 살펴보면, 물체가 처음에 지녔던 역학적 에너지는 충돌 과정에서 역학적 에너지, 소리, 빛, 열 등 다양한 형태로 바뀌게 돼. 그래서 대부분의 충돌에서 처음 에너지의 일부만이 역학적 에너지로 전환이 되지. 물론 100% 역학적 에너지로 전환되는 경우도 있기는 해.

예를 들어, 진공 중에서 구슬을 바닥에 떨어뜨릴 때 충돌하기 직전 구슬의 운동에너지가 모두 충돌 후에 운동에너지로 전환된다면 구슬은 떨어뜨린 높이까지 올라갈 거야. (PART 10, 11 참고)

하지만 실제로는 그런 일이 일어날 수 없어.

왜냐하면 충돌하는 순간, 소리가 나고, 바닥이 진동하며, 극히 작은 양이겠지만 열이나 빛으로 바뀔 거야. 충돌 직전의 역학적 에너지가 이런 형태의 에너지로 일부가 바뀌게 되지. 따라서 구슬은 처음 떨어뜨린 높이까지 올라오지 못하게 돼.

이처럼 충돌 과정에서 역학적 에너지가 보존되는 충돌을 탄성충돌, 역학적 에너지가 보존되지 않는 충돌을 비탄성충돌이라고 해. 특히 비탄성충돌 가운데 충돌 후에 물체가 한 덩어리가 되는 충돌은 완전비탄성충돌이라고 해.

질량이 m_1인 구슬이 v_0의 속력으로 정지해 있는 질량이 m_2인 구슬과 충돌한 후, 각 구슬의 속도가 v'_1과 v'_2가 되었다고 하자.

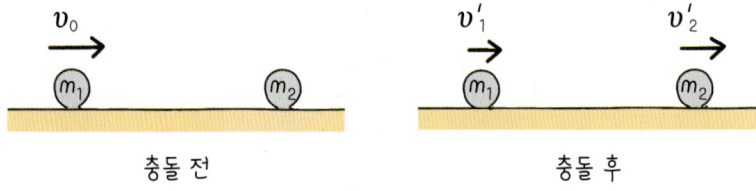

충돌 전   충돌 후

구슬이 탄성충돌한다고 가정하면 v'_1과 v'_2를 운동량 보존법칙과 역학적 에너지 보존법칙으로 다음과 같이 구할 수 있어.

- 운동량 보존법칙 : $m_1 v_0 = m_1 v'_1 + m_2 v'_2$
- 역학적 에너지 보존법칙 : $\frac{1}{2} m_1 v_0^2 = \frac{1}{2} m_1 v'^2_1 + \frac{1}{2} m_2 v'^2_2$

두 방정식을 연립하여 풀면

$$v'_1 = \frac{m_1-m_2}{m_1+m_2}v_0 \ , \ v'_2 = \frac{2m_1}{m_1+m_2}v_0$$

가 되지. 두 구슬의 질량이 같다면 $v'_1 = 0$, $v'_2 = v_0$로, 충돌 후 m_1은 정지하고 m_2는 m_1이 가진 운동량을 그대로 받아 앞으로 굴러가.

그러면 이제 다음 그림처럼 충돌 후에 두 구슬이 한 덩어리가 되어 운동하는 완전비탄성충돌하는 경우를 살펴보자. m_1인 구슬이 v_0의 속력으로 정지해 있는 질량이 m_2인 구슬과 충돌한 후, 두 구슬이 한 덩어리가 되어 속도 v'로 운동하고 있는 상황이야.

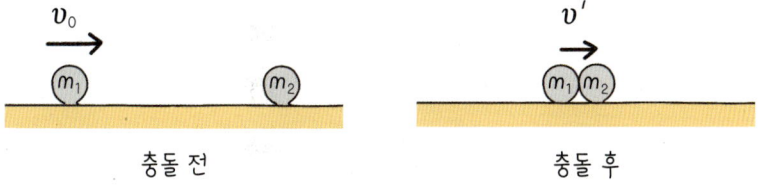

충돌 전   충돌 후

이 경우 역학적 에너지가 보존되는지를 살펴볼 필요가 있어. 운동량 보존법칙을 적용하여 구한 충돌 후 속도는 $v' = \frac{m_1}{m_1+m_2}v_0$이고, 역학적 에너지를 비교하면 다음과 같아.

- **충돌 전** : $\frac{1}{2}mv_0^2$
- **충돌 후** : $\frac{1}{2}(m_1+m_2)v'^2 = \frac{1}{2}\frac{m_1^2}{m_1+m_2}v_0^2$

위 결과로부터 충돌 후의 역학적 에너지가 충돌 전의 역학적 에너지보다 작다는 것을 알 수 있어. 그러니까 이러한 비탄성 충돌은 역학적 에너지가 보존되지 않는 충돌이라고 볼 수 있지.

어때, 물체끼리 서로 부딪히는 충돌이 충돌 후의 결과에 따라서 탄성충돌과 비탄성충돌로 구분되는 상황들이 잘 이해 되지? 그렇다면 앞에서 빛나와 수철이가 충돌한 상황은 어떤 충돌이었을까? 한번 곰곰이 생각해보면서, 오늘 수업은 여기까지 하자! 다들 고생많았어!

잠시 쉬어가는 이야기

수박이 잘 익었는지 어떻게 알지?

맛있게 잘 익은 수박을 고르는 방법, 알아? 꼭지가 신선한지, 줄무늬가 진한지 확인해야 하지만 가장 유명한 방법은 바로 수박을 손가락으로 튕겨보는 거지. 맑은 소리가 나면 잘 익은 것으로, 둔탁한 소리가 나면 덜 익은 것으로 판단하는 거지. 말하자면 충돌을 통해 나오는 데이터를 분석하여 대상의 상태를 알아내는 것이라고나 할까.

과학에서도 마찬가지야. 미지의 대상에 대해 알고자 할 때 원리적으로 이러한 방법을 쓰기도 하는데, 대표적인 실험 장치로 입자가속기라는 것이 있어. 입자가속기는 양성자나 전자와 같은 입자를 거의 빛의 속도까지 가속시킨 다음 표적입자에 충돌시킨 후에, 표적입자가 깨져서 만들어진 소립자들의 에너지, 운동량, 각운동량, 스핀, 전하량… 등을 측정하여 표적입자가 어떤 물질로 이루어졌는지, 그 물질들 간의 상호작용은 어떤 것인지를 알아내는 거야. 즉, 운동량 보존법칙, 에너지 보존법칙, 각운동량 보존법칙 등을 적용하여 표적입자의 구조와 상태를 알아내는 거지.

현재 세계에서 가장 거대한 입자가속기는 스위스와 프랑스 국경지대에 설치된 거대강입자충돌기(LHC)로 지하 100m에 둘레 길이가 무려 27km나 되는 가속 터널 속에 설치되어 있어. 우리나라에는 포항공대 캠퍼스 내에 전자를 가속시켜 X선을 이용하는 방사광 가속기가 운용 중에 있지.

이 방사광 가속기를 통해 생명과학에 대한 많은 의문점들이 해소될 것이라고 하니 정말 대단한 장치이지. 수박 얘기하다가 여기까지 왔네. 앞으로 수박 먹을 때마다 입자가속기를 떠올리길~!

내용을 잘 이해했는지 확인해볼까?

※ 정답은 429쪽에

1 그림 (가)는 질량이 1kg인 구슬을 80cm 높이에서 떨어뜨렸을 때 바닥과 충돌한 후 45cm 높이로 올라오는 것을 나타낸 것이고, 그림 (나)는 구슬이 바닥과 충돌하는 순간 구슬에 작용하는 힘의 세기를 시간에 따라 나타낸 것이다.

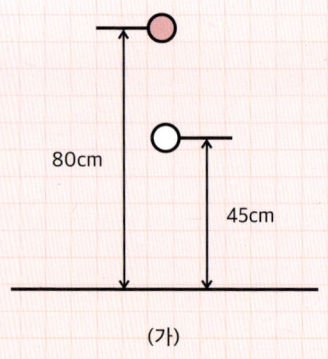
(가)

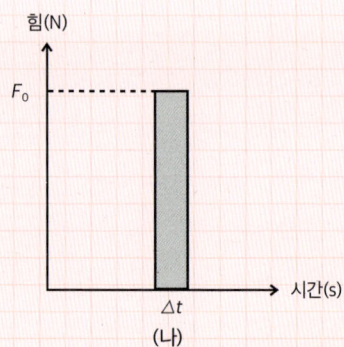
(나)

1) 구슬이 바닥에 충돌하여 발생한 운동량의 변화량은?

2) 구슬이 바닥과 충돌하는 시간 Δt가 10^{-2}s이면 구슬에 작용하는 충격력 F_0의 크기는?

2 그림과 같이 질량이 m인 화살이 v_0의 속력으로 날아가다가 바닥에 놓여 있는 질량이 M인 나무토막에 수직으로 꽂혔다. 화살이 나무토막 안에서 일정한 힘 f를 받아 정지했다고 하자. (단, 바닥과의 마찰과 중력은 무시한다.)

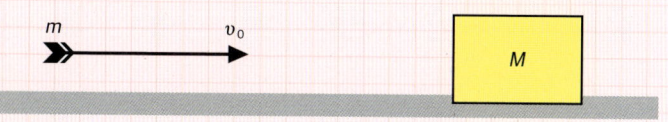

1) 화살이 나무토막 안에서 정지했을 때 나무토막의 속력은?

2) 화살이 나무토막에 꽂히는 순간부터 정지할 때까지 나무토막이 받은 충격량은?

조금 더 어려운 문제들도
한번 풀어볼까?

※ 정답은 430쪽에

3 그림과 같이 질량이 m_1인 공을 질량이 m_2인 공의 꼭대기에 위치하게 손으로 잡고 있다가 두 공을 동시에 놓았다. 공을 떨어뜨린 높이는 바닥으로부터 h이고, 두 공은 탄성이 매우 좋으며, 공 사이에는 약간의 간격이 있다.

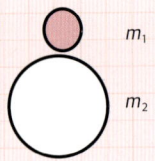

1) 충돌에 의해 위에 있는 질량이 m_1인 공이 가장 큰 에너지를 얻게 될 때의 $\frac{m_1}{m_2}$와 위에 있는 공이 올라가는 높이는?

2) 충돌에 의해 위에 있는 질량이 m_1인 공이 가장 높이 올라갈 때의 $\frac{m_1}{m_2}$와 위에 있는 공이 올라가는 높이는?

4

그림과 같이 질량이 각각 3kg, 1kg, 3kg인 세 개의 공 A, B, C가 일직선 위에 놓여있다. A를 6m/s로 B에 정면충돌시키면 B는 C에 정면충돌한다. (단, 세 공은 탄성충돌한다.)

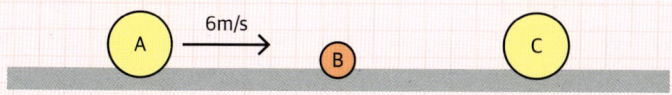

1) B와 충돌한 후 C의 속도는?

2) A와 B가 두 번 충돌한 후 B의 속도는?

창의적으로 생각하고 해결하는 문제에도 도전해보자

* 정답은 431쪽에

5 평평한 바닥에 반지름이 R인 단단한 원통을 놓고 그림과 같이 탱탱볼을 원통 벽에 충돌시킨다. 탱탱볼은 그림과 같이 각도 θ로 입사한 후 같은 각도로 반사된다. 탱탱볼이 충돌하는 동안 에너지 손실은 없으며, 원통 속을 운동하는 동안 일정한 속력을 유지한다.

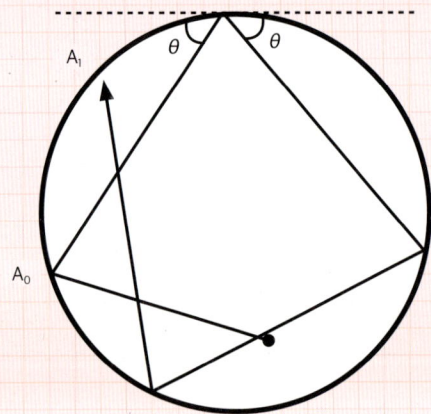

점 A_1은 점 A_0에서 시작된 충돌이 원둘레를 따라 한 바퀴 돌아 처음 위치인 점 A_0를 지나친 후 첫 번째로 나타나는 충돌 지점이다. 그림은 점 A_0부터 점 A_1까지 충돌 지점이 원둘레를 따라 5개인 궤적을 나타낸 것이다.

1) A_0에서 충돌한 후 그 다음 충돌이 일어나는 점까지 탱탱볼이 이동한 거리는?

2) 탱탱볼이 점 A_0부터 점 A_1에 도달할 때까지의 충돌 지점이 총 N개일 때 점 A_0부터 점 A_1까지 호의 길이는?

3) A_n은 A_0를 n번 지나간 다음 첫 번째 점을 의미한다고 하자. $A_0 = A_n$일 모든 경우에 대하여 설명해보자.

PART 9
우리는 매일 회전그네를 탄다

원운동 교실

회전 운동 나타내기

○ 인류는 오래전부터 태양이 하루에 한 바퀴씩 돌아가는 현상을 바탕으로 시간을 정했어. 코페르니쿠스가 지동설을 주장한 이후, 태양이 도는 것이 아니라 지구가 자전하는 걸로 관점이 전환되었지. 그런데 지구가 자전한다는 것은 어떻게 느낄 수 있지? 지금도 지구가 돌고 있다는데 나는 전혀 돌고 있다는 느낌이 없거든. 너희는 어때?

그런 느낌이 생기지 않는 까닭은 너무 느리게 돌아서 그런 게 아닐까?

그럼 지구가 얼마나 느리게 도는지 알아볼까?

지구는 24시간 동안 360°를 돌기 때문에 1시간당 15°를 돌게 되는 거야. 태양이 하늘에서 1시간당 15°를 돌아가는 걸로 보이겠지.

1초당 돌아간 각도를 계산해 보면 약 0.004°로 매우 작은 값이야.

지구의 자전 속력을 선풍기 날개의 회전 속력과 비교해 보면 확실히 느리다는 것을 알 수 있어. 현재 우리가 사용하는 선풍기는 대략 1초당 4~20회 돌아가는데, 1초당 돌아가는 각도는 1,440~7,200°야. 지구 자전 속력보다 대략 100만 배 정도 빠르지.

시속 100km/h로 달리는 자동차의 바퀴는 1초당 약 14회 도는데 각도로는 약 5,040° 정도이고.

이와 같이 어떤 기준을 중심으로 도는 운동을 회전 운동이라고 하는데, 지구의 자전처럼 회전 속력이 일정한 운동도 있고, 회전 속력이 매 순간 달라지는 운동도 있어.

다음 그림과 같이 어떤 물체가 반지름이 R인 원주상에서 운동하는 경우, 이 물체가 Δt라는 시간 동안 A점에서 B점으로 각도 $\Delta \theta$만큼 이동했다고 하자.

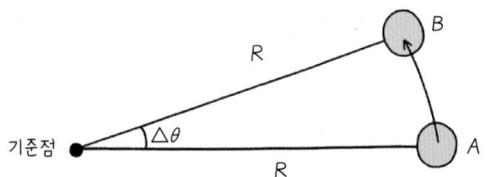

기준점으로부터 물체까지의 거리는 반지름 R로 정해져 있기 때문에 물체의 운동은 각도의 변화로 나타내어야 해. 이러한 각도 방향의 운동을 나타내는 양을 각속도라고 하는데, 각속도의 크기는 단위 시간당 각도의 변화량으로 정의하지. 이때 각도를 나타내는 기호로 θ를 사용하는 게 일반적인데, 각도의 단위는 도(°)보다는 라디안

(rad)을 쓰는 게 관습이야.

걸린 시간은 Δt이고, 돌아간 각도가 $\Delta \theta$이므로, 각속도의 크기 (각속력)는

$$\omega \equiv \frac{\Delta \theta}{\Delta t} (rad/s)$$

이야. 각속도의 방향은 반시계 방향으로 돌아가는 것을 (+)로 잡는데, 각속도의 방향은 물체가 운동하는 평면에서 위쪽으로 나오는 방향이야.(오른손으로 감아쥐면 엄지손가락이 향하는 방향과도 같아.)

각속도의 정의에 따라 지구의 자전 각속도의 크기를 구해보면

$$\omega = \frac{2\pi \ rad}{24 \times 3600s} \simeq 7.26 \times 10^{-5} rad/s$$

이고, 각속도의 방향은 지구가 반시계 방향으로 자전하므로(지구를 기준으로 태양은 동에서 서, 시계 방향으로 운동하므로) (+)방향이야. 지구는 태양 주위를 365일에 한 바퀴 돌기 때문에 공전 각속도의 크기는 이 값보다 $\frac{1}{365}$인 $1.99 \times 10^{-7} rad/s$야.

그런데 여기서 하나 생각해 볼 것이 있어.

물체들 사이에 더 강한 상호작용이 존재할수록 더 빠른 회전이 존재하는 것 같아. 태양계의 경우 목성의 공전 각속력은 지구의 약 $\frac{1}{12}$에 불과한데, 목성의 공전 반지름이 지구보다 약 5.2배 길어서 단위질량당 태양의 중력이 지구의 $\frac{1}{(5.2)^2} \simeq$ 약 $\frac{1}{27}$이기 때문이야.

또, 매우 강한 중력이 작용하는 중성자별 중에는 공전 주기가 약 6시간 정도인 것도 있는데, 공전 각속력을 구해보면 지구 공전 각속력의 1,460배인 약 3×10^{-4} rad/s 정도야. 이것은 중성자별의 각속력이 지구의 자전이나 공전 각속력에 비해 훨씬 크다는 걸 보여주고 있어. 한편, 원자와 같은 미시 세계에서는 더 강한 힘이 작용해서 훨씬 빠른 속도로 회전하는 현상이 나타나지. 수소 원자에서 전자가 핵 주위를 회전한다고 가정하면, 전자가 핵과 가장 강하게 결합된 바닥 상태인 경우, 전자는 대략 4.5×10^{16} rad/s 정도의 각속도로 회전하고 있어.

일반적으로 속도는 물체의 위치 변화량을 걸린 시간으로 나누어 구할 수 있어. 그런데 회전 운동의 경우에는 빨리 돈다는 것이 무슨 의미인지 불분명할 때가 있어서 이렇게 모호한 부분을 분명하게 정리할 필요가 있어.

물체가 원주상을 일정한 속력으로 회전 운동하는 경우, 물체의 속력은 이동한 거리를 걸린 시간으로 나누어서 구할 수 있어.

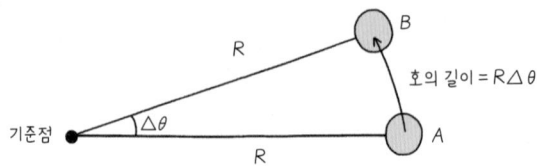

그림에서 볼 수 있듯이 Δt라는 시간 동안 A에서 B까지 이동했으므로, 호의 길이는 $R\Delta\theta$이고, 따라서 속력은

$$v = \frac{\widehat{AB}}{\Delta t} = \frac{R\Delta\theta}{\Delta t}$$

로 구할 수 있어. $\frac{\Delta\theta}{\Delta t} = \omega$이므로 $v = \frac{R\Delta\theta}{\Delta t} = R\omega$가 돼. 이때 속력 v를 각속력과 구분하여 선속력이라고 하는데, 위 결과로부터 각속력과 선속력의 관계는 이렇게 정리할 수 있어.

선속력(v) = 회전 반지름(R) × 각속력(ω)

각속력과 선속력의 관계에 따르면 각속력이 같아도 회전 반지름이 크게 되면 선속력이 더 빠르지. 그림과 같이 야구 배트를 휘두르는 경우, 배트의 끝(P)과 중간(Q)의 각속력은 같지만 선속력은 끝부분이 중간 부분보다 대략 두 배 정도 빨라.

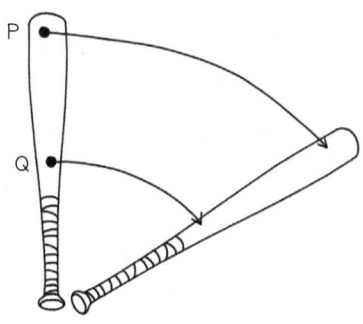

등속 원운동

○ 이제부터 등속 원운동을 설명하는데, 좀 어려운 얘기들이 많이 나올거야.

자… 심호흡 한번 하고! 차분하게 읽으며 따라와 봐.

등속이라는 말은 일반적으로는 '등속도'라는 의미로 사용하지만, 원운동에서는 '등속력'의 의미로 사용해. 원운동은 계속 운동 방향이 바뀌기 때문에 등속도 운동은 아니지만, 속력 자체는 일정하기 때문에 등속력 운동이야. 그래서 등속 원운동이란 일정한 속력으로 돌아가는 원운동이라는 의미를 가져.

참! 원운동 가운데는 속력이 일정하지 않은 원운동도 있을 수 있어.

등속 원운동은 회전 운동 가운데 가장 기본이 되는 단순한 운동이야. 그림과 같이 질량이 m인 물체가 반지름이 R인 원주상을 일정한 속력으로 한 바퀴 도는데 걸리는 시간을 T라고 하면, 물체의 각속력은 한바퀴 2π를 주기 T동안 회전하는 속력이므로 $\omega = \dfrac{2\pi}{T}$이고, 선속력은 한 바퀴 $2\pi R$을 주기 T동안 이동하는 속력이므로 $v = \dfrac{2\pi R}{T} = \dfrac{2\pi}{T}R = \omega R$이야.

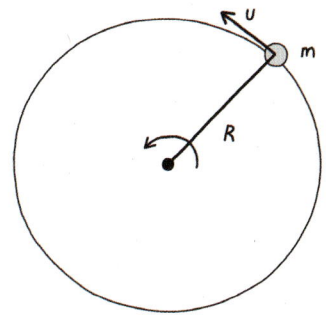

등속 원운동은 속도가 변하는 가속운동인데, 속력은 일정하지만 운동 방향이 계속 바뀌기 때문이야.

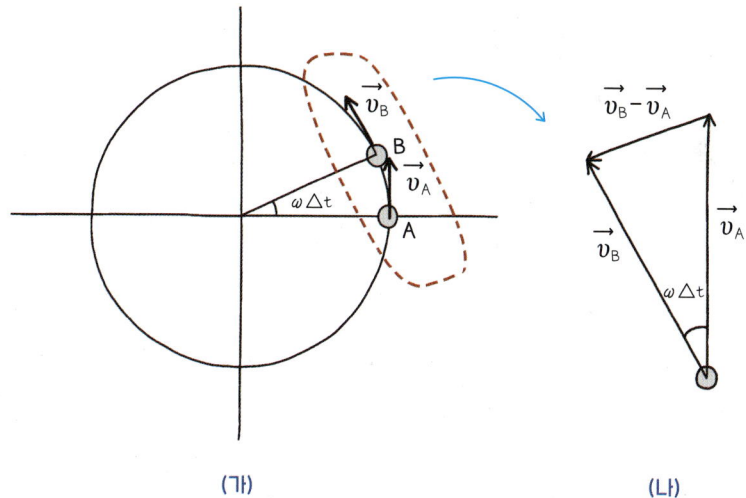

(가)   (나)

그림 (가)는 물체가 각속력 ω로 A에서 B로 이동할 때의 속도를 나타낸 거야. A점의 속도 $\vec{v}_A$와 B점의 속도 $\vec{v}_B$의 크기는 v로 같고, A에서 B까지 이동하는 데 걸린 시간이 Δt라면, 그 시간 동안 돌아간 각도는 $\omega \Delta t$로 볼 수 있어. 물체가 등속 원운동하므로 그림 (가)에서 볼 수 있듯이 속도 벡터는 원에 접하고, 위치 벡터와는 항상 수직을 이루게 돼. 그림 (나)는 Δt시간 동안 속도 변화량 $\vec{v}_B - \vec{v}_A$를 크게 확대하여 나타낸 것으로, $|\vec{v}_A| = |\vec{v}_B| = v$이므로 사잇각이 $\omega \Delta t$인 이등변 삼각형이야. 따라서 이등변 삼각형의 밑변의 길이가 $\vec{v}_B - \vec{v}_A$의 크기에 해당해.

그림에서 Δt가 짧은 시간이라면 $|\Delta \vec{v}| = |\vec{v}_B - \vec{v}_A| = v\omega \Delta t$이므로 $\vec{a} = \frac{\Delta v}{\Delta t} = v\omega = R\omega^2 = \frac{v^2}{R}$이고 방향도 회전 중심 방향으로 수렴하게 되지.

삼각함수를 이용하여 $|\vec{v}_B - \vec{v}_A|$를 구하면 $2v\sin(\frac{\omega \Delta t}{2})$를 얻을 수 있고, 단위 시간당 속도변화율을 계산하기 위해 걸린 속도 변화량의 크기 $|\vec{v}_B - \vec{v}_A|$를 시간 Δt로 나누어 보면 $\frac{|\vec{v}_B - \vec{v}_A|}{\Delta t}$인데, Δt가 스칼라(벡터처럼 방향을 구별하는 것이 아니라 하나의 수치만으로 완전히 표시되는 양)이므로 $\frac{|\vec{v}_B - \vec{v}_A|}{\Delta t} = |\frac{\vec{v}_B - \vec{v}_A}{\Delta t}|$이야. $\frac{\vec{v}_B - \vec{v}_A}{\Delta t}$는 평균가속도이므로, 결국 $\frac{\vec{v}_B - \vec{v}_A}{\Delta t}$의 계산 값은 평균가속도의 크기에 해당해.

그래서 평균 가속도의 크기는

$$|\vec{a}| \equiv \frac{|\vec{v}_B - \vec{v}_A|}{\Delta t} = \frac{2v\sin(\frac{\omega \Delta t}{2})}{\Delta t} = \frac{\omega v \sin(\frac{\omega \Delta t}{2})}{(\frac{\omega \Delta t}{2})}$$

인데, Δt가 매우 작은 값을 가질 때 $\dfrac{\sin(\frac{\omega \Delta t}{2})}{(\frac{\omega \Delta t}{2})}$ 값이 1로 수렴하므로,

$$|\vec{a}| = \omega v = R\omega^2 = \frac{v^2}{R}$$

이고, 방향도 회전 중심으로 수렴하게 되지. 이 가속도는 원운동을 분석하여 나온 가속도로 구심가속도라고 불러. 구심이란 회전의 중심으로 향한다는 의미를 갖고 있어. 운동 제2법칙 $\vec{a} = \dfrac{\vec{F}}{m}$에 따르면 이러한 가속도가 생기도록 작용하는 힘이 존재해야 해. 그 힘이 구심력인데, 구심력은 회전하는 물체의 질량에다가 구심 가속도를 곱한 거야.

$$\text{구심력} = \text{질량} \times \text{구심가속도}$$

구심력의 방향은 회전의 중심 방향이고, 구심력의 크기는

$$F = m|\vec{a}| = m\omega v = mR\omega^2 = \frac{mv^2}{R}$$

이야. 다음에 나오는 그림을 봐봐. 등속 원운동에서 속도와 구심력의 관계를 나타낸 것인데, 속도는 원에 접하는 방향이고 크기가 일정하

며, 구심력은 회전의 중심을 향하므로 속도 벡터와 수직을 이루고 크기가 일정한 벡터야.

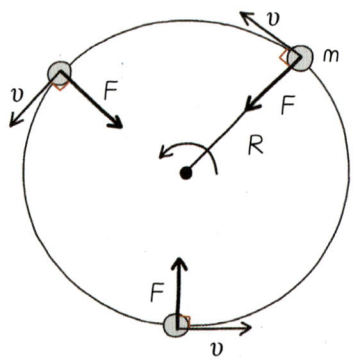

구심력이 작용하는 자연 현상

스피드 스케이팅이나 쇼트트랙에서 선수가 곡선 주로를 돌 때 몸을 회전의 중심으로 기울이는 이유는 구심력을 크게 얻기 위해서야.

선수 몸에는 중력, 바닥의 항력, 마찰력이 작용해서 구심력이 발생하게 되거든. 스케이트 선수의 구심력은 마찰력과 바닥 항력의 수평 성분의 합의 크기가 결정하는데, 구심력을 크게 하려면 적절한 각도로 몸을 기울여 바닥 항력의 수평 성분과 마찰력의 합이 최대가 되도록 만들어야 해.

무조건 기울이는 각도를 크게 한다고 해서 구심력이 최대가 되는 것은 아니기 때문에 적절한 각도를 찾는 것이 중요해. 각도가 커지면 바닥 항력의 수평 성분은 증가하나 마찰력이 감소할 수 있기 때문이야. 그래서 선수들은 많은 훈련을 통해서 구심력이 최대가 되는 각도를 경험적으로 찾아야 하는 거지.

인공위성에도 구심력이 작용해. 지구 주위를 등속 원운동하는 인공위성에 작용하는 구심력의 크기를 계산해 볼까? 지구 주위에는 다양한 크기와 질량을 가진 수 만개의 인공위성이 돌고 있어. 질량이 1,000kg부터는 대형 위성으로 분류되는데, 이러한 위성이 고도 600km에서 7.9km/s로 원운동한다면 위성에는 얼마만큼의 구심력이 작용해야 할까? 지구의 반지름이 6,400km이니까 회전 반지름은 7,000km야. 구심력을 구하면

$$F = \frac{mv^2}{R} = \frac{1000 \times (7.9 \times 10^3)^2}{7 \times 10^6} = 8.9 \times 10^3 N$$

이고, 다음에도 자세히 다루겠지만 이 힘은 위성에 작용하는 지구의 중력에 의하여 발생하는 힘이야.(380쪽, PART 12 만유인력 교실 참고) 즉,

지구의 중력이 구심력이 되어 인공위성을 돌리고 있다는 거지.

또 구심력을 이용한 대표적인 놀이 기구로 회전그네가 있어. 회전그네는 그림과 같이 회전하는 기둥에 원판을 고정하고 원판 끝에 줄을 묶어 사람이 탈 수 있도록 만든 놀이 기구야. 중심에 있는 회전 원판의 돌아가는 속력이 증가하면 몸이 점점 위로 올라가지. 그런데 왜 위로 올라가는 걸까? 그 이유를 살펴보자.

회전그네가 돌아갈 때 작용하는 힘을 단면도에 그려보면 다음과 같아.

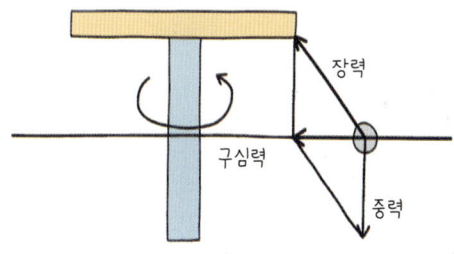

구심력이 회전축 방향이어야 하는데, 이것은 중력과 장력의 합력에 의해 발생한 거야. 회전이 빨라지면 구심력이 증가하지. 그런데 구심력이 증가하기 위해서는 장력의 크기와 줄이 연직방향과 이루는 각도가 증가해야 해.

커브길의 경사에서도 구심력이 작용해. 그림은 경사진 커브길을 돌고 있는 자동차에 작용하는 힘들을 나타낸 것으로, 도로의 기울 어진 각도를 θ, 자동차의 질량을 m, 자동차의 선속력을 v라고 하면

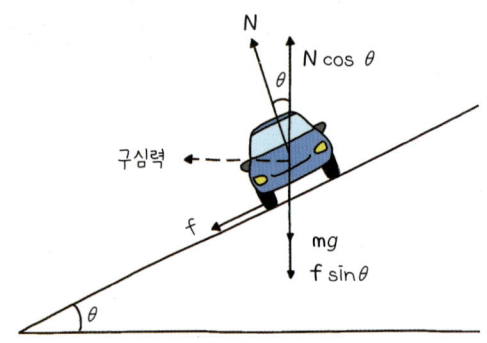

자동차에는 연직방향으로 중력이 mg, 경사면의 수직 항력이 N, 자동차가 도로 밖으로 벗어나지 못하게 마찰력 f가 바퀴에 작용해. 이러한 3가지 힘의 합력이 자동차를 회전시키는 구심력인데, 합력을 성분별로 구하면 다음과 같아.

- **연직 성분** : $mg + f\sin\theta = N\cos\theta$
- **수평 성분** : $N\sin\theta + f\cos\theta = $ 구심력 $= \dfrac{mv^2}{R}$

도로에 경사가 없는 경우, $\theta = 0$, 구심력은 오로지 바퀴에 작용하는 마찰력에 의해 발생하고, 도로의 경사도가 커질수록 바퀴의 마찰력이 구심력에서 차지하는 비율이 줄어들게 돼.

원심력

원운동하면 등장하는 또 다른 힘이 원심력인데, 이 힘에 대해서는 오해가 많아.

가끔 원운동을 '원심력과 구심력이 평형을 이루기 때문에 등속 원운동한다'는 엉터리 설명을 하는 사람도 있거든. 이렇게 설명하는 사람은 '등속'이라는 말을 오해해서 그런 거야.

분명한 것은 원운동에서 나타나는 힘이긴 하지만 몇 가지 점이 다르다는 거야.

우선, 구심력은 진짜이고 원심력은 가짜야.

구심력은 반작용이 있는 실제로 존재하는 힘의 종류이고, 원심력은 반작용이 없고 힘의 효과만 존재하는 힘이야.

두 번째로 구심력은 물체의 회전 운동을 관찰하고 있는 정지한 기준계에서 측정되는 힘이고, 원심력은 돌고 있는 기준계에서 '이런 힘이 존재해야 해'라고 가정하는 힘이야.

무슨 소리인지 알겠어? 조금 복잡하지? 돌아가는 회전 원판을 보면서 다시 한번 설명해줄게.

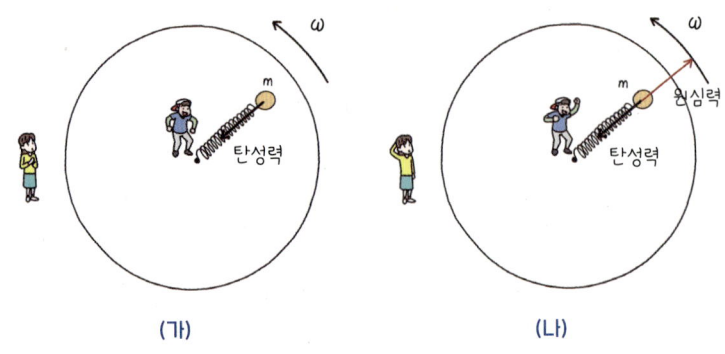

(가) (나)

선생님이 가상적인 실험환경을 만들어봤어. 원판 중심에 있는 회전축에 용수철을 걸고 다른 쪽 끝에 질량 m인 물체를 매달았지. 원판이 돌기 시작하여 일정한 각속력에 도달하면 용수철도 일정한 길이만큼 늘어나고, 그 끝에 매달린 물체도 원판과 같은 각속력으로 돌게 돼. 아마도 빛나는 그림 (가)와 같이 물체가 등속 원운동한다고 생각할 것이고, 용수철의 탄성력이 구심력 역할을 한 거라고 설명할 거야. 원판에 올라타서 함께 돌고 있는 수철이는 그림 (나)와 같이 물체가 힘의 평형 상태에 있다고 볼 거고. 용수철이 늘어나서 물체를 중심 방향으로 끌어당김에도 불구하고 끌려오지 않는 것은 용수철의 탄성력을 상쇄하는 힘이 작용한 거라고 생각할 거야. 그 힘의 방향은 중심에서 밖으로 나가는 방향이고, 크기는 탄성력과 같아야 해. 이 힘을 원심력이라고 해. 원심력은 기준계의 가속에 의하여 발생하는 관성력의 일종이야. 여기서는 수철이가 있는 원판 기준계가 지면에 대해 회전하기 때문에 발생하는 힘이야. 따라서 이 힘은 원판의 속도에 따라 변하는데, 원판이 멈추면 존재하지 않지. 두 사람의 입장을 다음과 같이 정리할 수 있어.

빛나	수철이
• 물체는 원판의 회전 속력과 같은 속력으로 원운동 함 • 탄성력이 구심력임	• 물체는 원판의 한 지점에 정지해 있음 (힘의 평형 상태) • 탄성력을 상쇄하는 원심력이 존재해야 함

원심력이 작용하는 자연 현상

○ 지구 주위를 돌고 있는 인공위성 내부는 사람 몸이나 물체들이 둥둥 떠다녀서 중력이 없는 상태처럼 보여.

이렇게 보이는 이유는 뉴턴의 이론에 따르면 '중력은 존재하나 원심력의 작용 때문에 알짜힘이 0이 되어서' 라는 거야. 물론 아인슈타인의 일반상대성 이론으로 보면 무중력 상태가 맞고. 그런데 이건 좀 어려운 내용이니까 여기서는 간단히 설명하는 걸로 할게.

그림 (가)는 지구에 있는 영특이가 인공위성을 관찰하는 것을 나타낸 거야. 영특이는 인공위성과 질량이 m인 물체 각각에 지구의 중력이 작용해서 같은 속도로 원운동한다고 생각할 거야. 그래서 인공위성 안에 있는 수철이가 보면 물체가 떠 있는 것처럼 보일 거라고

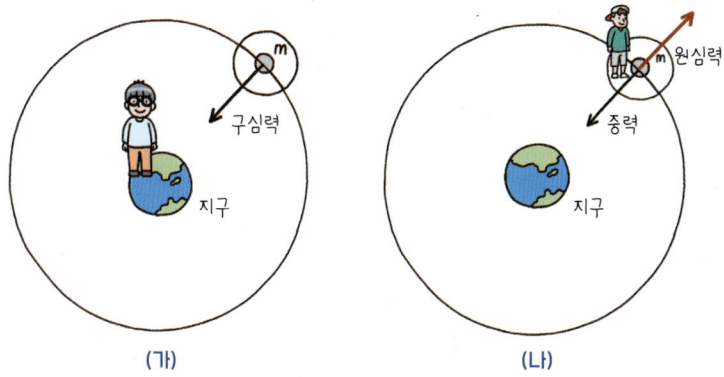

(가)　　　　　　　　　　(나)

생각해. 핵심은 둘 다 지구의 중력에 의하여 원운동하는데 속도가 같다는 거야. 그림 (나)는 인공위성 안에 있는 수철이 입장을 나타낸 거야. 수철이가 보면 물체는 인공위성 내의 공중에 정지해 있어. 물체에 힘의 평형이 이루어져 있다는 거지. 물체에는 지구가 끌어당기는 중력이 작용할 텐데, 어떻게 힘의 평형이 이루어진 거지?

앞에서 공부했듯이 지구의 중력을 상쇄하는 힘이 존재해야 하고, 그 힘을 원심력이라고 해. 즉, 인공위성 내부 공간에서는 중력과 원심력이 상쇄되어 알짜힘이 0인 공간이 형성된다는 거지.

이걸 사람들은 무중력 상태라고 하는데, 사실은 뉴턴 입장에서 보면 정확한 표현은 아니야. 무중력 상태라는 표현은 일반상대성 이론이 적용되어야 가능한 표현이거든.

인공중력에 대해서도 알아야 하는데, 인공위성 내부에서는 물체에 작용하는 알짜힘이 0이기 때문에 지구와 완전히 다른 환경이 되지. 이렇게 환경이 바뀌었을 때 가장 먼저 어려움을 느끼는 것은 혈압이야.

사람의 혈액 순환은 지구의 중력에 적응해서 이루어지고 있는데, 인공위성 속에서는 위·아래가 사라지므로 지구에 있을 때보다 머리 쪽으로 많은 혈액이 몰리게 돼. 그래서 머리가 붓고, 코가 막히고, 눈이 충혈되는 현상이 나타나지. 하지만 시간이 지나면 사람 몸이 적응해서 이런 현상들이 완화된다고 해. 하지만 이와 같은 혈액의 재분포는 몸에 여러 가지 악영향을 주게 되지.

그렇기 때문에 앞으로 인류가 태양계, 혹은 그 너머의 우주공간으로 나가려면 이러한 문제에 대한 적절한 해결책을 찾아야 한다는 중요한 과제가 있지.

문제의 핵심은 우주선 내부에 위·아래를 만드는 거야. 어떻게 해야 위·아래가 생길 수 있을까?

방법은 돌리는 거야.

다음 그림처럼 도넛처럼 생긴 인공위성이 가운데 축을 중심으로 회전하면 내부 공간에 원심력이 발생해서 위·아래가 만들어지지. 즉, 중력과 같은 효과가 발생하는데, 이러한 중력을 인공중력이라고 해.

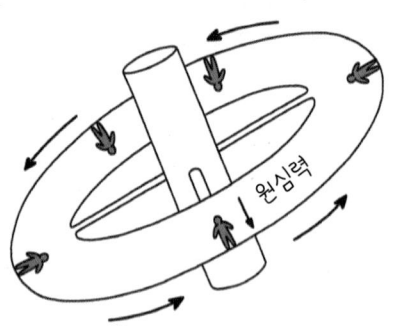

반지름이 25m인 인공위성 내부에 지구 중력만큼의 원심력이 발생하려면 각속력이 얼마나 되어야 할까? $a = r\omega^2$인데 이 값이 g와 같아야 하므로

$$\omega = \sqrt{\frac{g}{r}} = \sqrt{\frac{9.8}{25}} \simeq \frac{3.14}{5} \text{rad/s}$$

이고, $\omega = 2\pi f = \frac{\pi}{5}$이므로, $f = \frac{1}{10}$Hz이지. 즉, 10초에 1회 회전하는 정도이면 지구 중력과 정확히 같지는 않지만 유사한 공간을 만들 수 있어.

인공위성 회전체의 자전 속력이 1분당 1회전(1rpm) 정도일 때는 별 어려움이 없지만 2~3rpm이상이 되면 대부분 사람들은 이 회전 속력에 적응하는 데 어려움을 느끼게 돼. 아주 특별한 신체 능력을 가진 몇몇은 10rpm정도까지 쉽게 적응하기도 하지만. 자전 속력이 1rpm이면서 지구 중력과 같은 인공중력을 만들려면 회전체가 상당히 커야 해. 위의 공식을 이용하여 계산해 보면 지름이 약 1.8km정도야. 오늘날의 우주 왕복선의 크기와 비교할 때 이 회전체의 크기는 엄청나게 큰 거야.

머지않은 훗날에 세워질 거대 우주 정거장을 상상해 보자. 우주 정거장의 가장자리에 있는 사람들이 지구와 같은 중력인 $1g$를 경험하도록 우주 정거장이 회전하고 있다면, 회전축과 가장자리의 중간에 있는 사람들은 $0.5g$를 경험하게 돼. 또한 회전축 상에 있는 사람

들은 무중력 상태에 있게 되는 거지. 즉 회전하는 우주 정거장의 내부는 위치에 따라 중력가속도가 다르므로 매우 다른 환경이 만들어져. $0.5g$의 중력가속도가 만들어지는 곳에서는 발레 연기를, $0.2g$나 이보다 작은 중력가속도가 만들어지는 곳에서는 재주넘기를 쉽게 할 수 있을 거야. 또한 중력가속도가 매우 작은 곳에서는 아직까지는 상상만 해 왔던 3차원 축구나 운동 경기도 할 수도 있어. 이곳에서는 사람들이 예전에는 할 수 없었던 일들을 할 수 있을 거야.

> **잠시 쉬어가는 이야기**

강속구 투수가 던진 야구공의 회전수는?

우리나라, 일본, 미국에서 야구는 인기 스포츠이지. 딱! 하는 소리와 함께 여름철 밤하늘을 가르는 홈런볼을 보고 있노라면 한낮에 겪었던 찜통 더위쯤은 아무 것도 아닌 것이 되어 버리지. 야구는 9명이 한 팀을 이루어 하는 경기지만, 그 가운데 가장 비중이 큰 선수는 역시 투수지. 투수가 공을 어떻게 던지느냐에 따라 경기의 승패가 갈리기 때문이야. 투수는 강속구, 커브, 슬라이더, 커터, 포크볼 등 다양한 구질의 공을 던지는데, 이러한 공의 구질을 결정하는 가장 중요한 요인은 회전수야.

그러면 강속구 투수가 포수를 향해 공을 던질 때 공이 포수에게 도달할 때까지 몇 번이나 회전할까? 우리나라 정상급 투수의 평균 구속은 145km/h, 회전수는 2,900rpm이야. 속도와 회전수의 단위를 환산하면 속도는 약 40.3m/s, 회전수는 약 48.3회야.

투수가 던진 공이 날아가는 거리는 18.44m이고, 투수가 던진 공이 포수한테 날아가는데 걸린 시간은 0.46s이고. 따라서 날아가는 동안 공의 회전수는 $48.3 \times 0.46 \simeq 22$회가 되지.

타자들에게 마구처럼 느껴지는 포크볼의 경우는 회전수를 줄여서 던지는 공으로 투수에 따라 약간의 차이는 있지만 대게 10회 정도 회전하는 것으로 알려져 있어. 강속구의 절반도 안되는 회전수이지만 예측하기 어려운 운동을 하기 때문에 타자뿐만 아니라 포수도 매우 어렵게 느낀다고 해.

투수들도 이런 과학적 원리들을 계산하며 공을 던지는 거지. 어쨌든 과학을 잘하면 세상 살아가는데 유리한 점이 참 많아. 그렇지?

내용을 잘 이해했는지 확인해볼까?

※ 정답은 432쪽에

1 반지름이 2m인 원궤도를 어떤 물체가 일정한 각속도 3rad/s로 돌고 있다.

1) 이 물체의 주기는 몇 초인가?

2) 이 물체의 구심가속도는 몇 m/s^2인가?

2 그림과 같이 질량이 m인 물체를 길이가 l인 실에 매달아 일정한 주기 T_0로 회전시키고 있다.

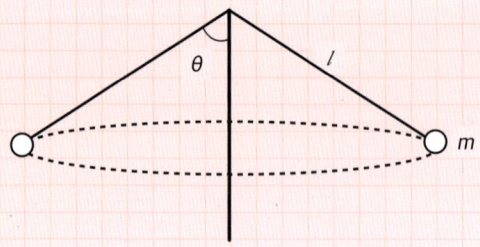

1) 물체의 회전 각속력을 구해보자.

2) 물체의 회전 선속력을 구해보자.

3) 물체에 작용하는 구심력과 장력을 표시하고, 값을 구해보자.

조금 더 어려운 문제들도
한번 풀어볼까?

※ 정답은 432쪽에

3 반지름이 R인 어떤 행성이 그림과 같이 각속도 Ω로 자전하고 있다. 이 행성 표면 위도가 ϕ인 지점에 질량이 m인 물체가 정지해 있다.

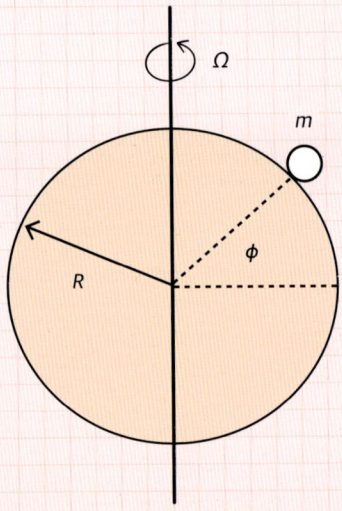

1) 물체의 선속력을 구해보자.

2) 지구 밖에 있는 관찰자가 본 물체에 작용하는 힘을 모두 표시하고, 합력을 구해보자.

3) 물체와 함께 있는 관찰자가 본 물체에 작용하는 힘을 모두 표시하고, 합력을 구해보자.

영재문제 창의적으로 생각하고 해결하는 문제에도 도전해보자

＊ 정답은 433쪽에

4 평면상에서 일정한 각속도로 회전하는 원판이 있다. 그림과 같이 이 원판의 가장자리에 물체를 고정하고, 물체로부터 x축에 내린 수선의 발에 그림자가 생긴다고 하자. 물체가 원판과 같은 각속도로 돌아갈 때 x축 상에 생긴 그림자의 운동은 $x=0$을 중심으로 한 단진동 운동이다.

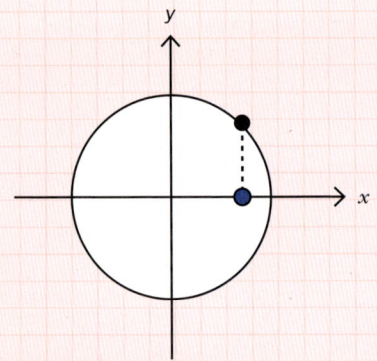

1) 원판에 물체 P, Q가 고정되어 있고, 중심에서 P까지 거리는 r이고, Q까지 거리는 $\sqrt{3}\,r$이다. x축에 생긴 그림자의 위치를 더한 값을 X라고 할 때 시간에 따른 X의 변화를 그래프로 나타내 보자. (단, 그림은 $t=0$일 때 모습이고, 원판은 일정한 주기 T로 회전한다.)

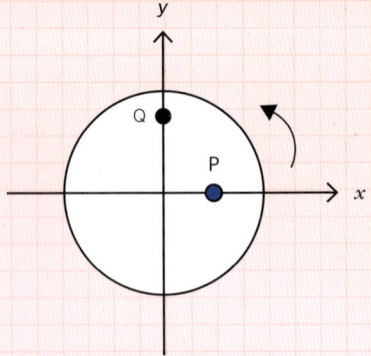

2) 두 개의 원판과 한 개의 물체로 1)번의 결과와 동일한 결과를 만들고자 한다. 장치를 고안한 다음, 각각의 원판을 어떻게 회전시켜야 동일한 결과가 나오는지를 설명해보자.

5 그림과 같은 도자기의 겉 표면적을 간단한 도구를 이용하여 실험적으로 보다 정밀하게 구할 수 있는 방법을 설명해보자.

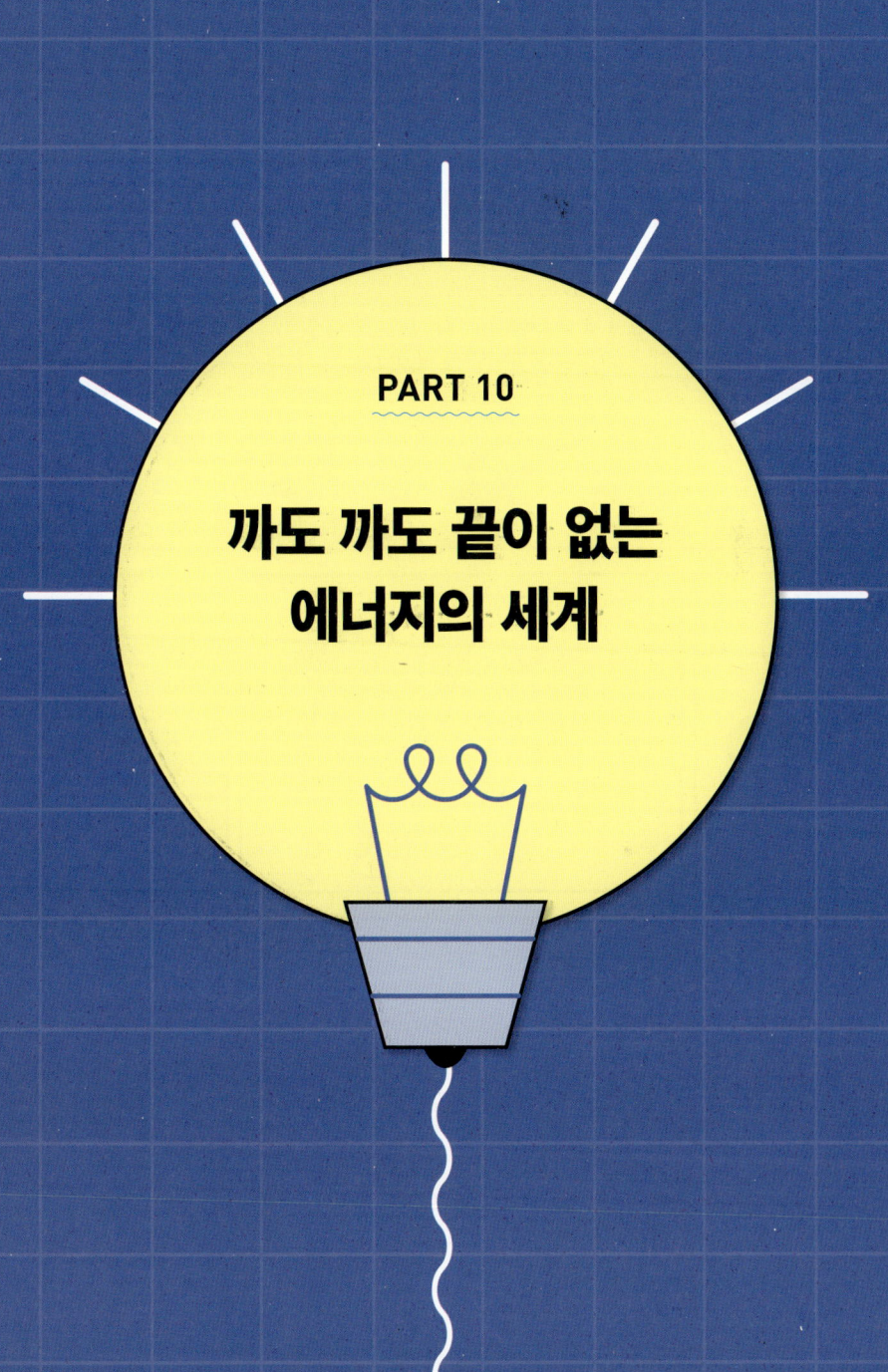

PART 10

까도 까도 끝이 없는
에너지의 세계

일과 에너지 교실

생각보다 더
다양한
에너지의 세계

에너지만큼 자연 현상을 설명하는데 다양하게 적용되는 개념은 찾아보기 힘들지. 에너지는 거의 모든 자연 현상을 설명하는데 있어서 중심적인 역할을 해. 하지만 그렇게 다양한 상황에 적용되어서인지, 에너지만큼 애매한 개념도 없는 것 같아.

그럴 수밖에 없는 이유가, 에너지라는 본질은 늘 일을 통하여 자신의 존재를 드러내기 때문이야.

에너지의 겉과 속이 구체적으로 뭐라고 생각해?

다음에 나오는 그림은 역도 선수가 바벨을 들어 올린 상태에서도 일을 하고 있는 모습을 보여주고 있어. 역도 선수의 표정과 근육의 긴장 상태가 그걸 말해주고 있지. 바로 그 긴장 상태가 바벨을 들어 올리

출처_연합뉴스

고 버티는데 사용한 일과 관련된 에너지의 근원을 나타내는 것이 아닐까?(322쪽 참고) 사람이 바벨을 들어올리고 버티는데 사용한 일은 근육에서 소모되는 화학적 에너지와 힘을 집중하는데 쓰인 신경계의 화학적 에너지가 그 근원이 될 거야.

이 세상에 에너지의 정체를 확실하게 설명할 사람은 아무도 없어. 단지 에너지가 표현되는 방식(일)을 기초로 에너지라는 것을 설명할 뿐이야. 에너지는 수많은 모습으로 이 세상에 표현되고 있어. 에너지를 속에 들어있는 본질이라고 한다면 일은 본질을 표현하고 있는 겉모습이라고 볼 수 있는 거지.

일은 과학적으로 어떻게 설명할 수 있을까?

어떤 물체에 일정한 힘 F를 가하여 물체를 S만큼 이동시켰을 때 일은 작용한 힘에다가 이동한 거리를 곱하는 것으로 정의해.

일 = (힘) × (이동거리)

$W = F \times S$

이러한 일의 단위는 N·m인데 이것을 줄여서 J로 쓰고 줄이라고 읽어. 선수가 200kg의 바벨을 2m 들어 올렸다고 하면, $W = 200kg \times 10m/s^2 \times 2m = 4,000J$의 일을 한 셈이야. 이것을 거리와 힘의 그래프로 나타내보자.

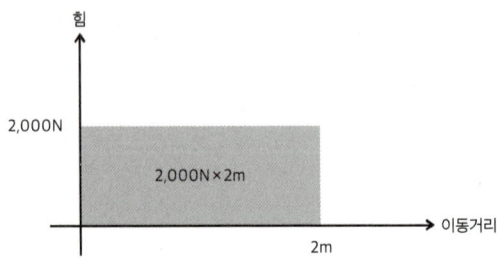

그래프에서 보면 일은 힘과 거리의 관계에서 그래프의 면적에 해당하는 양이고, 어떤 거리만큼 이동하는 동안 받게 되는 힘의 총량이라는 의미야.

그림과 같이 실제로 바닥에 있는 무거운 물체에 줄을 매고 끌고 가는 경우를 생각해보자.

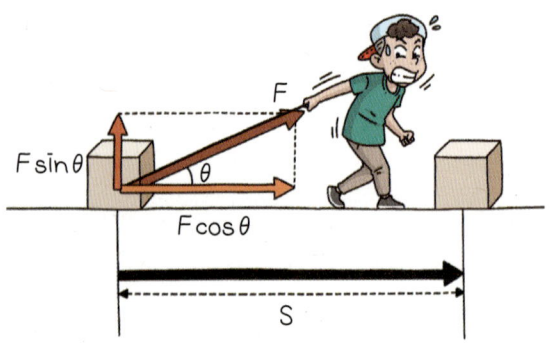

물체에는 실제로 F의 힘을 작용했지만 물체를 이동시키는데 사용된 힘은 $F_{수평}$이므로 물체가 받은 일 $W = F_{수평} \times S$야. 이것을 삼각함수를 이용하여 나타내면

$$W = F\cos\theta \times S = FS\cos\theta$$

이 돼.

중력과 같이 일정한 힘이 계속 작용하는 상황에서 일을 생각해 보자.

중력은 연직방향으로 물체의 질량에다 중력가속도($g = 9.8 m/s^2$)를 곱한 크기인 $F = mg$로 작용한다고 배웠지?

바닥에서 1.5m 높이에 선반이 있고, 영특이가 질량이 10kg인 물체를 선반에서 바닥으로 내리려고 한다고 생각해 봐. 이때 선반에 있는 물체를 내리려면 힘을 위쪽으로 들어 올리는 방향으로 작용하면서 내려야 하지. 힘을 다양한 방법으로 작용하면서 물체를 옮길 수 있지만, 단순하게 이해하기 위하여 물체의 무게만큼의 힘을 작용하면서 내리는 경우를 생각해보자. 물체의 무게는 98N이므로 물체를 선반에서 바닥으로 내리는데 필요한 일은 $W = -98N \times 1.5m = -147J$이야.

여기서 (-)는 힘을 작용하는 방향과 이동한 방향이 정반대이기 때문에 나타나는 양으로 사람이 물체에 음(-)의 일을 했고, 결과적으로 물체의 에너지를 감소시키는 일을 했다는 의미야.

물체에 힘은 작용하지만, 그 힘이 물체에 일을 하지 않는 상황을 생각해보자. 이런 경우, 물체의 에너지에는 아무런 변화가 없어. 일이 0이 되기 위해서는 힘의 방향과 이동 방향이 직각을 이루어야 해. 그러한 조건을 만족하는 대표적인 운동이 등속 원운동이야.

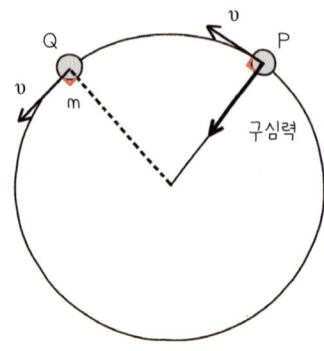

그림과 같은 등속 원운동에서 점 P를 v의 속력으로 통과한 물체가 점 Q를 v로 통과한다고 하자. 물체에는 힘은 원의 중심 방향으로 구심력이 작용하고, 물체의 운동 방향은 원의 접선 방향이야. 원의 성질에 따라 원주상 임의의 점에서 중심 방향과 접선 방향은 직각을 이루므로, 물체에는 구심력이 작용하지만 매 순간 이동 방향과 직각을 이루어 구심력이 물체에 한 일은 0이야.

$$W = 구심력의\ 크기 \times 이동거리 \times \cos\theta$$

즉, $\theta = \frac{\pi}{2}$이므로, $W = 0$이야. 이어서 물체가 받은 일은 없기 때문에 점 P와 점 Q에서의 운동에너지는 같을 수밖에 없어. 속력이 같다는 거지.

이러한 등속 원운동을 일으키는 원인은 일정한 구심력의 작용인데, 몇 가지 사례를 표로 정리해 봤어. 물론 다양한 상황에서 일정한 구심력이 작용할 수 있기 때문에 이 외에도 가능한 경우가 많이 있을 수 있어.

구심력의 종류	운동
중력	지구 주위를 등속 원운동하는 인공위성
전기력	원자핵 주위를 등속 원운동하는 전자
자기력	일정한 자기장에서 로렌츠 힘이 작용하여 등속 원운동하는 전자

일이 0이 되는 예로 가방을 수평 방향으로 옮기는 경우를 생각해보자.

얼핏 보면 맞는 것 같지만 조금만 생각해보면 잘못된 설명임을 알 수 있어.

무엇이 잘못되었는지 생각하면서 한번 읽어봐.

위의 그림을 보면 사람이 가방에 작용하는 힘은 중력의 반대 방향이고, 이동 방향과 수직이어서 가방이 받은 일이 0이라고 오해하는 경우가 있어. 즉, 수평 방향의 힘이 0이어서 일도 0이라는 거지. 맞는 생각일까?

사람이 가방을 들고 있을 때 가방에 작용하는 힘의 방향은 이동하려는 방향과 수직이야. 그 다음 순간 사람이 앞으로 가기 위하여 발을 내딛고 무게 중심을 앞으로 옮기면, 가방과 사람의 무게 중심은 어긋나게 되지. 사람의 무게 중심은 앞으로 이동했는데 가방은 그 자리에 그대로 있기 때문이야. 가방을 들고 간다는 것은 어긋난 상태에서 가방을 앞쪽으로 끌고 와서 무게 중심과 일치시키는 과정이 자동적으로 이루어지게 하는 거야. 즉, 가방이 사람과 함께 이동해야 하기 때문에 사람은 무게중심 뒤쪽에 있는 가방을 수평 방향으로 끌어야 해. 따라서 수평 방향 힘의 성분이 0이 아니고, 일도 0이 아니야.

무게 중심 이동에 의해
가방에 작용해야만 하는 힘

앞에서도 잠깐 얘기했었는데 다시 한번 생각해보자. 역도 선수가 바벨을 들고 멈추어 서 있을 때 선수가 바벨에 해준 일은 0일까? 이 경우, 힘은 일정하게 작용하지만 이동 거리가 0이어서 일이 0이라고 생각할 수도 있을 거야. 그렇다면 왜 선수가 바벨을 계속 들고 있을 수 없지? 일을 안한다면 에너지가 소모되지도 않을 것이고 바벨을 들고 있는 것이 전혀 불편하지 않을 텐데 말이야.

사실은 선수가 들고 있는 바벨이 어떤 높이에서 정확히 멈추지 못하고 위아래로 미세하게 움직인다고 봐야 해. 따라서 바벨을 들고 있는 동안 높이를 일정하게 유지하기 위해 팔이나 몸의 근육이 일을 해야만 해. 그러니까 일을 하지 않는다는 말은 잘못된 거야.

앞의 두 가지 예에서 봤듯이 물체에 일정한 힘이 작용하여 물체를 이동시키는 경우는 비교적 쉽게 물체가 받은 일을 계산할 수 있어.

그러면 이번에는 고무줄이나 용수철을 늘이거나, 우주선이 지구로부터 멀어지는 경우처럼 작용하는 힘의 크기가 거리에 따라 달라지는 경우에 어떻게 일을 계산할 수 있는지 살펴보자.

그림과 같이 용수철을 원래 길이에서 x만큼 늘이는데 필요한 일을 생각해보자.

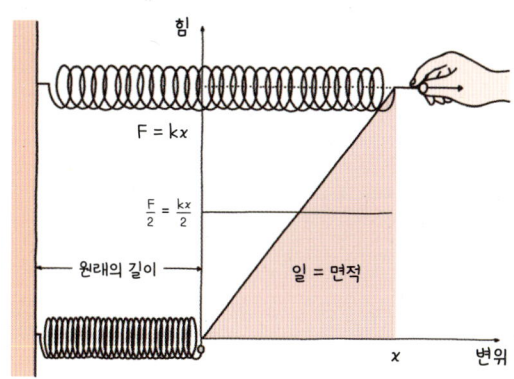

힘의 크기가 늘어난 길이에 비례하므로 일정한 힘이 작용한 경우와 같이 힘의 크기에다가 이동한 거리를 단순히 곱하는 방식으로는 일을 구하기가 어려워. 이러한 어려움은 이동하는 동안 작용한 평균적인 힘의 크기라는 개념을 도입하여 해결할 수 있어. 즉, 용수철을 늘이는데 필요한 일은 어떤 길이만큼 늘이는데 작용한 평균적인 힘의 크기에다가 늘어난 길이를 곱하는 것으로 계산하는 거야. 이것을 식으로 나타내면

$$W = \frac{kx}{2} \times x = \frac{1}{2}kx^2$$

이 돼.

탄성력이 작용하는 경우 일을 구하는 방법은 우리가 잘 알고 있는 삼각형이나 사다리꼴의 면적을 구하는 것에 불과해. 하지만 로켓을 발사할 때 중력이 로켓에 한 일이나 휘어진 면을 물체가 미끄러질 때 중력이 물체에 한 일은 용수철에서처럼 단순하지 않아.

물체가 s의 거리를 이동하는 동안 앞에서 나온 그림과 같이 물체에 힘이 작용하는 경우 물체에 해준 일은 어떻게 계산할까?

이러한 경우에도 원칙적으로 도형의 면적을 계산하면 일을 알 수 있어. 하지만 도형의 가장자리가 곡선인 경우 면적을 단순한 곱셈으로 계산하기는 어려워. 뉴턴과 라이프니츠는 이러한 어려움을 돌파하기 위해 이동거리 s를 작은 단위 Δs로 쪼개어 계산을 하는 방법을 고안했어.

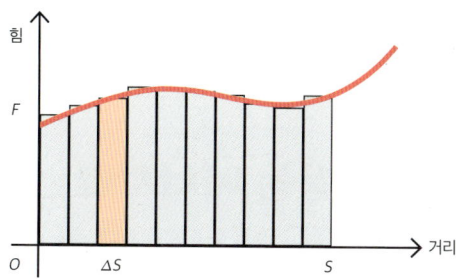

그림에서 Δs가 만드는 기둥의 위쪽 가장자리는 이제 곡선보다는 직선에 가깝게 보이지? 이 Δs를 매우 작은 크기로 만들면 곡선은 직선이 되고 기둥의 면적은 사다리꼴 면적을 구하는 것에 불과해. 이와 같은 작은 사다리꼴의 면적을 모두 더하면 곡선 아래에 있는 도형의 면적을 구할 수 있어. 이러한 방법을 적분이라고 해.

미분, 적분할 때 적분이라는 말 많이 들어봤지? 적분은 잘게 부순 것을 쌓는다는 의미를 가지고 있는데 조금 전에 선생님이 설명한 내용을 볼 때 의미가 참 적절한 것 같지 않아?

적분은 기본편제상 고등학교 2학년 2학기에 배우는 것으로 되어 있을 정도로 복잡하고 어려운 과목이기도 해. 하지만 선생님이 알려준 기본개념 정도는 알고 있는 것이 좋을 것 같아.

운동 에너지와
일-에너지 원리

수평면에서 처음 속도 v_0인 물체에 일정한 힘을 작용해서 물체를 S만큼 이동시키는 경우를 생각해보자.

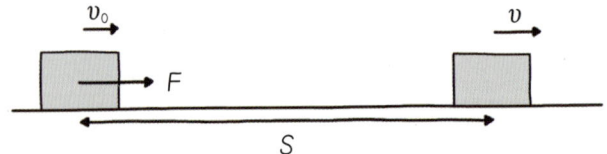

물체에 일정한 힘이 작용했으므로 물체가 받은 일은 $W=FS$이지. 또한 물체의 운동방정식은 $F=ma$이고, 물체가 등가속도 운동하므로 $2aS=v^2-v_0^2$이 돼. 이 두 식을 이용하여 일을 다시 구하면

$$W = \frac{1}{2}m(v^2 - v_0^2) = \frac{1}{2}mv^2 - \frac{1}{2}mv_0^2$$

이 됨을 구할 수 있어. 여기서 $\frac{1}{2}mv^2$을 질량이 m이고 속도가 v인 물체의 운동에너지라고 하는데, 일은 물체의 운동에너지의 변화량과 정확하게 같음을 알 수 있어. 이 관계를 일-에너지 원리라고 하는데, 정리하면 일-에너지 원리는

$$일(W) = 나중 운동에너지(E_{kf}) - 처음 운동에너지(E_{ki})$$

$$운동에너지(E_k) = \frac{1}{2}mv^2$$

이야. 운동에너지는 물체의 질량과 속도라는 물리량을 측정하면 명확하게 알 수 있는 '분명한' 에너지라고 할 수 있어.

일-에너지 원리에 따르면 물체가 받은 일은 운동에너지 차이를 구해서 알 수 있는 거야. 그러면 질량 2kg이고 속도 10m/s인 물체에 어떤 힘을 작용하여 속도가 20m/s가 되게 하려면 일을 얼마나 해주어야 할까?

보통의 경우 일을 계산하기 위해 작용하는 힘과 이동거리를 알아야 하지만, 일-에너지 원리를 알고 있는 사람이라면 그렇게 할 이유가 없어. 물체가 받은 일은 나중 운동에너지값에서 처음 운동에너지값을 빼주면 되거든. 이 경우 계산을 해보면 다음과 같아.

$$W = \frac{1}{2} \times 2 \times (20)^2 - \frac{1}{2} \times 2 \times (10)^2 = 300(J)$$

일률

○ 일률은 일을 얼마나 효율적으로 하느냐를 나타내는 양이야. 따라서 일률을 알기 위해서는 한 일을 그 일을 하는데 걸린 시간으로 나누는데, 이러한 양을 평균 일률이라고 해.

$$\overline{P} \equiv 평균일률 = \frac{한\ 일}{걸린\ 시간}$$

일률의 단위는 와트(W)인데, 단위 시간당 한 일 J/s의 의미를 지니고 있어. 일상생활에서 와트(W)는 전기 장치에서 흔히 찾아볼 수 있어. 전등이나 전열기의 W는 단위 시간당 전열기에서 전기에너지가 빛 에너지나 열 에너지로 변하는 비율이야. 이걸 소비전력이라고 하는데, 1시간 동안 소비되는 에너지는 와트시(Wh)로 표시해. 다음 그림은 전열기의 소비전력 등급을 나타낸 거야.

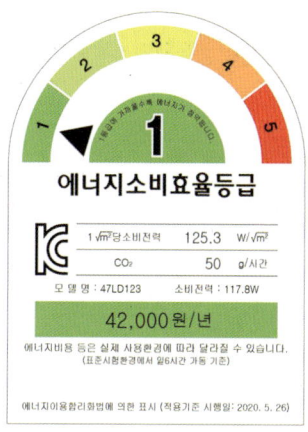

에너지소비효율등급 라벨

에너지와 일률의 차이를 알아보기 위해서 다음 예를 생각해보자. 사람이 할 수 있는 일은 필요한 총에너지뿐만 아니라 이 에너지를 얼마나 빠르게 전환할 수 있는가(일률)에 의해서도 제한을 받게 돼.

예를 들어, 계단을 따라 100m 달리기하듯이 빠르게 뛰어올라가는 사람은 한두 개 층을 올라가면 지쳐버리지. 천천히 걸어서 올라가면 10층을 올라가도 지치지 않는데 말이야. 이렇게 금방 지치는 이유는 몸이 저장하고 있는 화학적 에너지를 역학적 에너지로 전환하는 능력(일률)이 작기 때문이야.

운동에너지

○ 일-에너지 원리에 따르면 그림과 같이 질량 m인 물체가 속도 v로 운동할 때 물체의 운동에너지는

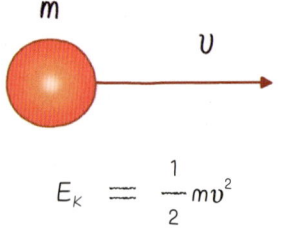

$$E_k = \frac{1}{2}mv^2$$

이야. 만일 물체와 같은 속도로 운동하는 기준계에서 물체의 운동에너지를 구하면 $E_k' = 0$인데, 이와 같이 물체의 운동에너지는 절대적인 양이 아니라 기준계에 따라 달라지는 양이야. 따라서 물체가 지

닌 운동에너지 값 자체가 중요한 것이 아니라 운동에너지의 차이가 더 중요한 양일 수 있어. 운동에너지의 차이를 알면 물체가 받은 일이 얼마인지 알 수 있음을 일-에너지 원리에서 공부했잖아. 처음에 v_i의 속력으로 운동하던 질량이 m인 물체가 v_f의 속력으로 운동하고 있다면 물체에 해준 일은 운동에너지 차이로 다음과 같이 구할 수 있어.

$$\frac{1}{2}mv_f^2 - \frac{1}{2}mv_i^2 = W$$

즉, 물체의 속도 변화만 알면 운동에너지의 변화를 알 수 있고, 그 결과로 물체가 일을 얼마나 받았는지 알 수 있다는 말이지.

퍼텐셜에너지
(위치에너지)

사람은 반드시 잠을 자야 하고 밥도 먹어야 해. 활동하는 것은 일을 하는 것이고, 잠을 자거나 밥을 먹는 것은 에너지를 비축하는 과정이야. 이때 잠이나 밥은 사람이 일을 할 수 있도록 해주는 근원적인 에너지, 가능성의 에너지(잠재적인 에너지)의 성격을 지니고 있어.

자동차에 주입하는 휘발유도 잠재적인 에너지를 화학적인 형식으로 지니고 있지. 휘발유 그것 자체만으로는 아무런 일을 할 수 없지만 그것이 엔진에 들어가서 열적인 과정을 거치면 자동차의 운동에너지로 변하게 되는 거잖아.

에너지는 다양한 방식으로 자연에 숨어 있어. 자연에 잠재된 에너지를 어떻게 이해하고 이용하느냐에 따라 인류의 문명이 크게 변화되었지. 증기기관의 발명은 물과 석탄에 잠재된 에너지를 운동에너지로 바꾸어 산업혁명을 일으켰고, 물에 숨어있는 에너지를 전기에너지로 바꾸어 20세기 전자기 문명의 시대를 열었지. 상대성이론과 양자역학은 물질이 지닌 거대한 에너지의 존재를 밝혀냈고, 그 유명한 $E = mc^2$으로 원자력에너지 시대가 열렸어.

이와 같이 여러 가지 상(相)으로 자연에 숨어 있는 에너지를 잠재에너지 혹은 가능성의 에너지라고 해. 이러한 상 가운데 물체의 위치 속에 숨겨진 에너지를 위치에너지(혹은 숨겨진 에너지의 의미를 강조하기 위해 퍼텐셜에너지)라고 하고, 이것은 위치의 함수로 표현되는 에너지야. 중력에 의한 퍼텐셜에너지(위치에너지)가 가장 친숙하고 단순한 에너지야.

그림과 같이 질량 m인 물체를 바닥으로부터 h_1만큼 들어 올리는 데 필요한 일은 $W = mgh_1$이지. 바닥의 퍼텐셜에너지를 0으로 잡으면 A점의 퍼텐셜에너지는 mgh_1이야.

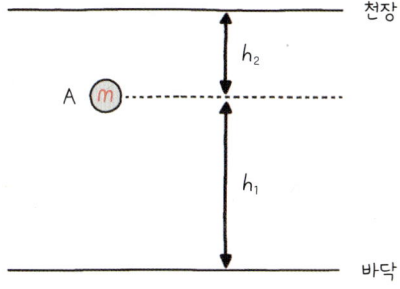

퍼텐셜에너지의 기준을 천장으로 잡아보자. 그 경우 A점의 퍼텐셜에너지는 $-mgh_2$가 될 거야. 이와 같이 퍼텐셜에너지의 값은 기준을 어디로 잡느냐에 따라 크게 달라져. 퍼텐셜에너지의 경우도 여전히 일-에너지 원리를 적용할 수 있는데, 물체에 일을 해주면 물체의 퍼텐셜에너지는 변화되지. 즉, 질량이 m인 물체를 h만큼 들어 올릴 때 물체가 받은 일은

$$W = mg \times h = U_f - U_i$$

인데, U_i는 처음 퍼텐셜에너지이고, U_f는 나중 퍼텐셜에너지야.

따라서 물체가 받은 일은 퍼텐셜에너지 값의 차이로 알 수 있어.

탄성력에 의한 퍼텐셜에너지도 있어. 용수철이 압축되거나 잡아당겨진 경우에 용수철은 퍼텐셜에너지를 갖게 돼. 그림과 같이 용수철을 압축했다가 놓으면 용수철이 풀리면서 용수철은 공에 일을 하게 돼.

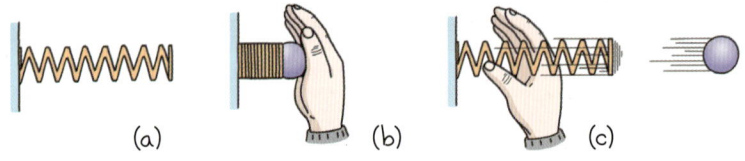

용수철이 공에 일을 얼마나 했는지 계산해 볼까?

용수철을 원래 길이로부터 x만큼 압축하거나 늘리려면 사람이

손으로 용수철에 x와 비례하는 힘 $F = kx$를 작용해야 하는데, k는 용수철의 용수철 상수 혹은 탄성 계수라고 하지.

그림과 같이 용수철이 늘어나거나 압축된 상태로 있을 때, 용수철은 손의 반대 방향으로 힘 $-F$를 작용하게 돼.

$$F = -kx$$

용수철이 손(물체)에 작용하는 힘은 변위와 반대 방향이기에 (-)부호로 표시했고, 용수철의 원래 길이로 되돌아가려는 성질 때문에 작용하는 것이므로 이 힘을 '복원력'이라고도 해.

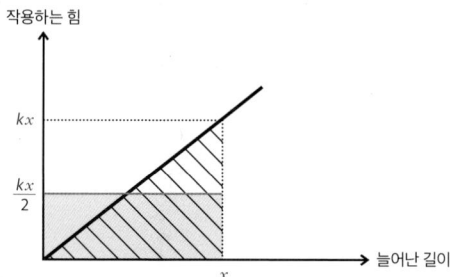

늘어난 용수철의 퍼텐셜에너지를 구하려면 용수철을 늘이는데 한 일을 계산해보면 돼. 그래프에서 볼 수 있듯이 용수철을 x만큼 늘일 때 힘의 크기는 x에 비례하여 증가하므로, 그때까지 평균적으로 작용한 힘은 그래프에서 붉은색 선으로 표시된 것처럼 $\bar{F} = \frac{1}{2}[0+kx] = \frac{1}{2}kx$이야. 따라서 용수철을 x만큼 늘이는데 필요한 일은 직선 아래 음영 처리된 면적을 구하면 되는데, 이 면적은

$$W = \bar{F}x = \frac{1}{2}kx \times x = \frac{1}{2}kx^2$$

이야. 이것은 빗금 친 삼각형의 면적과 같아. 용수철은 $\frac{1}{2}kx^2$의 일을 받아서 퍼텐셜에너지가 $U(0)$에서 $U(x)$로 변했어. 따라서 일과 에너지의 관계는

$$W = \frac{1}{2}kx^2 = U(x) - U(0)$$

이고, 만일 $x = 0$일 때 퍼텐셜에너지인 $U(0)$를 0으로 잡으면 $U(x) = \frac{1}{2}kx^2$으로, 탄성력에 의한 퍼텐셜에너지는 늘어난 길이(x)의 제곱에 비례함을 알 수 있어.

- **탄성력에 의한 퍼텐셜에너지** : $U(x) = \frac{1}{2}kx^2$

잠시 쉬어가는 이야기

뜨거운 감자, 질량에너지

인류의 문명은 불을 이용하기 시작하면서 시작되었다고 하지. 그 후 땅속에 묻혀있던 석탄을 에너지원으로 이용하면서 근대 산업혁명이 일어났고, 전기에너지의 발견은 현대 전자기 문명의 바탕이 되었어. 이러한 에너지들은 우연히 발견된 것이 아니고 과학기술의 발전과정에서 필연적으로 등장할 수밖에 없는 것이었지. 20세기 초 아인슈타인은 상대성이론을 발견하여 또 다른 거대한 에너지의 가능성을 보여주었어. 유명한 $E = mc^2$은 질량도 에너지로 변환될 수 있음을 의미하는 것으로 질량-에너지 등가법칙이라고 해. 이 관계식은 1g의 물질이 모두 에너지로 변하면 약 9×10^{13}J의 엄청난 에너지가 발생함을 보여주지. 당시 물리학자들은 이러한 가능성을 이용하여 원자폭탄을 만들었고, 이를 통해 수많은 사람이 고통받던 제2차 세계대전을 끝낼 수 있었던 거야.

한편 이러한 질량 에너지를 평화적으로 이용하는 기술인 원자력 발전이 개발되어 인류는 새로운 에너지를 이용하고 있어. 원자력 발전은 값싸게 에너지를 생산할 수는 있지만 발전소에서 나오는 핵폐기물 처리와 발전소의 사고의 가능성 때문에 우리나라뿐만 아니라 세계적으로도 현재 많은 논란을 부르고 있지.

무엇이 인류 문명의 지속을 위해 옳은 방향인지 지혜를 모아야 할 때이고, 과학을 좋아하는 친구들이 잘 성장해서 인류의 미래를 위해 더 많은 일을 해 주어야 할 때라고 할 수 있지.

내용을 잘 이해했는지 확인해볼까?

※ 정답은 434쪽에

1 그림과 같이 수평면상에 정지해 있는 질량이 10kg인 물체를 200N 으로 계속 밀어서 10m를 이동했다.

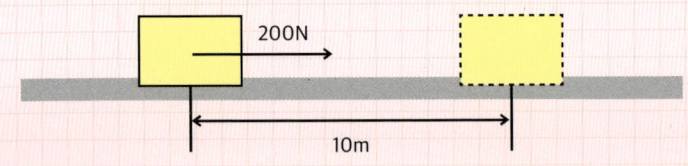

1) 물체에 해준 일은 몇 J일까?

2) 10m지점을 통과하는 순간 물체의 속도는?

2 높이가 2m인 선반 위에 질량이 2kg인 물체가 있다.

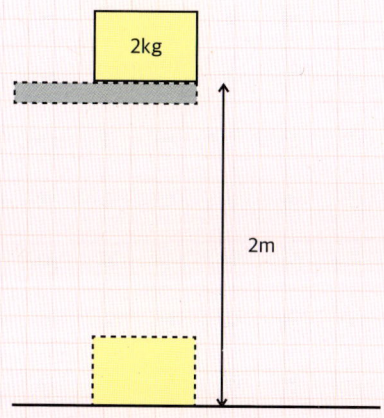

1) 물체를 손으로 들어서 선반 아래 바닥에 내려놓았다. 물체에 사람이 한 일과 중력이 한 일은?

2) 물체를 떨어뜨렸을 때 중력이 물체에 한 일은?

3 그림과 같이 마찰이 없는 수평면에서 손으로 상자에 수평 방향의 일정한 힘을 계속 가하여 정지해 있던 상자가 A지점에서 출발하여 거리 d인 B지점을 속력 v_B로 통과한다. 상자가 B지점에서 거리 d인 C지점을 통과할 때 속력은 $2v_B$보다 크거나 작은 값을 가지는가? 아니면 같은 값을 가지는가? 정답과 함께 그 이유를 설명해보자.

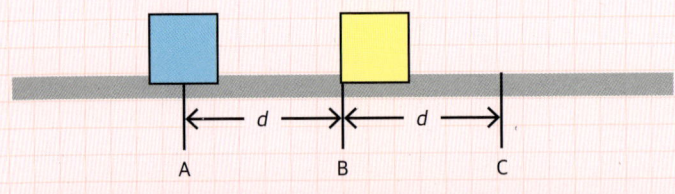

4 수직으로 매달린 용수철에 질량이 m인 물체를 매달았더니 용수철의 길이가 d만큼 늘어났다.

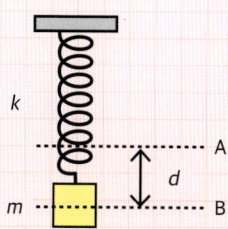

1) 용수철 상수 k를 m, g, d 등으로 나타내보자.

2) 용수철이 A에서 B까지 d만큼 늘어나면서 용수철이 물체에 한 일은?

3) 용수철에 매달린 물체를 A에서 놓았을 때 물체가 B까지 이동하는 동안 중력이 한 일은?

조금 더 어려운 문제들도
한번 풀어볼까?

＊ 정답은 435쪽에

5 그림과 같이 경사각이 30°인 빗면을 따라 질량이 300kg인 물체가 4m를 이동하였다. 물체가 움직이는 방향과 반대 방향으로 사람이 밀고 있어서 물체는 가속되지 않았다. 운동 마찰 계수는 0.40이다. 다음 물음에 답하시오.

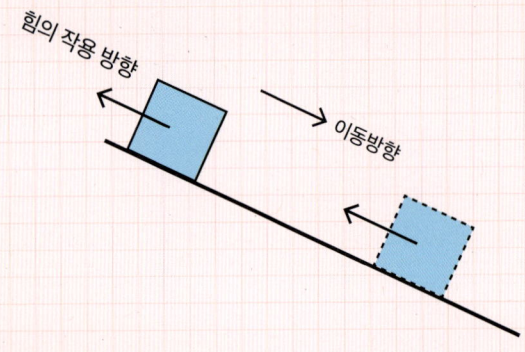

1) 사람이 가한 힘의 크기는 얼마인가?

2) 사람이 한 일은 얼마인가?

3) 마찰력이 한 일은 얼마인가?

4) 중력이 한 일은 얼마인가?

5) 물체에 한 알짜일은 얼마인가?

창의적으로 생각하고 해결하는 문제에도 도전해보자

※ 정답은 436쪽에

6 높이가 H인 번지 점프대에 질량이 m인 사람이 뛰어 내리기 위해 점프대에 서 있다. 몸을 묶고 있는 줄과 용수철의 전체 길이를 L, 용수철의 탄성 계수를 k, 중력가속도를 g라고 하자. (단, 공기의 저항과 줄과 용수철의 무게는 무시한다.)

1) 사람이 점프대에서 뛰어내리면 자유낙하 운동을 하다가 어느 순간 줄의 탄성력을 받게 된다. 탄성력이 작용하기 직전 사람의 낙하 속도를 구해보자.

2) 낙하 속도가 최대인 위치와 그때 낙하 속도는?

3) 점프대의 최소 높이는?

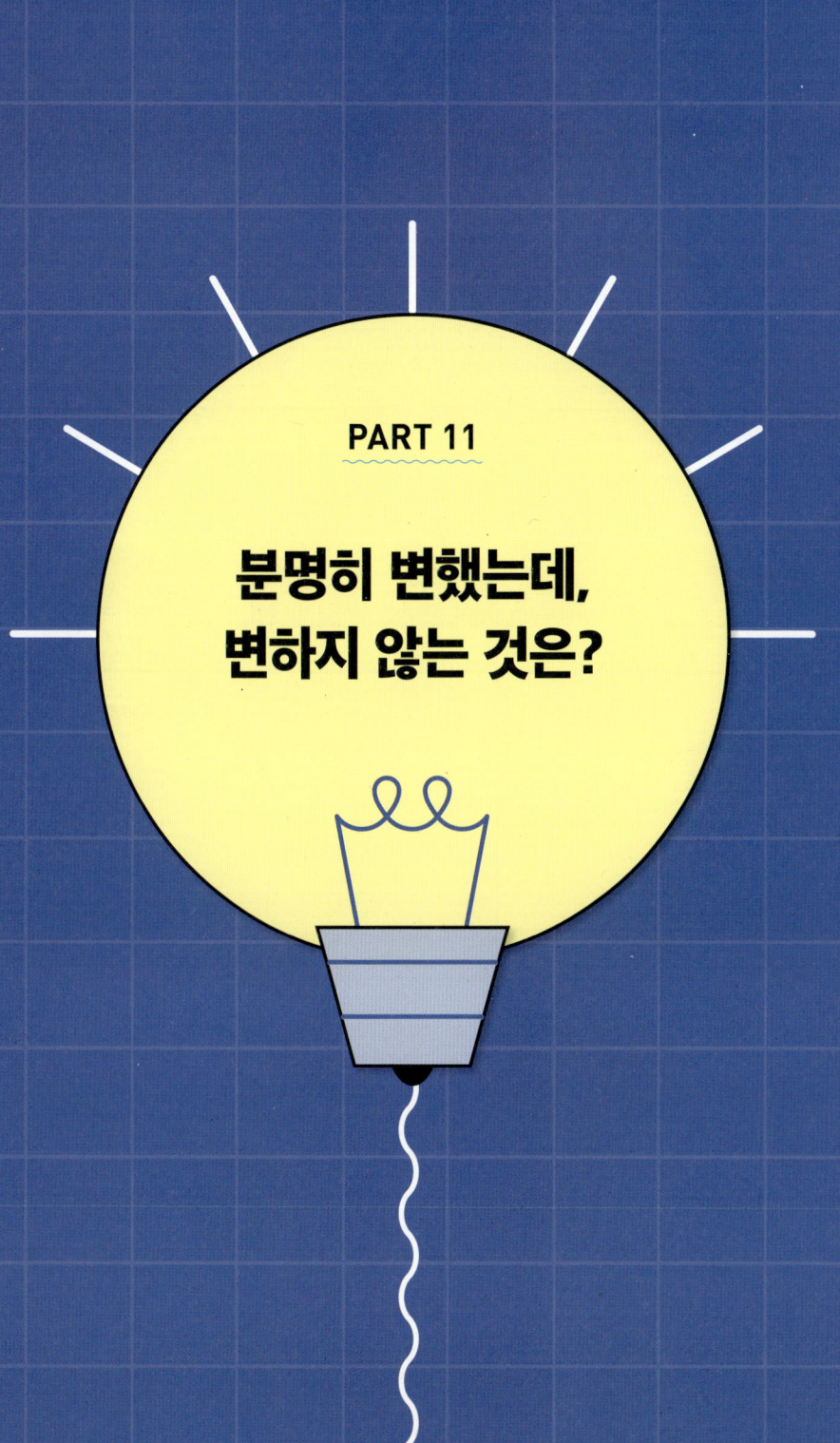

역학적 에너지 보존법칙 교실

역학적 에너지의 보존

먼저 보존이라는 말부터 생각해 보자. 보존과 관련하여 너희들이 제일 먼저 배운 내용은 아마도 질량보존의 법칙일 거야. 질량보존의 법칙이란 화학반응 전후에 그 반응에 참여한 물질의 질량이 같다는 거야. 앞에서 충돌 전후의 운동량의 합이 일정하다는 운동량 보존법칙도 공부했잖아.

일반적으로 말하자면 보존이란 화학반응이나 충돌과 같은 자연 현상이 진행되어도 어떤 양이 변하지 않는다는 거야.

특별히 자연 현상은 시간에 따라 진행되므로, 보존은 시간이 흘러도 어떤 양이 변하지 않고 일정하다는 것을 말하는 거지.

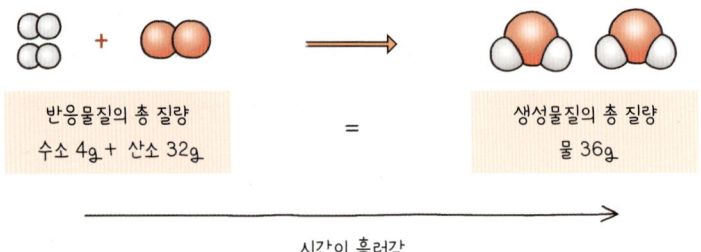

역학적 에너지는 물체의 운동과 운동의 변화에 관련된 에너지인 운동에너지와 퍼텐셜(위치)에너지를 의미하는 거야. 중력을 받으면서 떨어지는 물체의 운동에서 볼 수 있듯이, 퍼텐셜에너지는 운동에너지로 바뀔 수 있고, 운동에너지도 퍼텐셜에너지로 바뀔 수 있어. 물체가 운동하는 동안 운동에너지와 퍼텐셜에너지 각각은 그 양이 달라질 수 있지만, 운동에너지와 퍼텐셜에너지의 합이 변하지 않는다는 것이 역학적 에너지 보존법칙이야.

물체의 역학적 에너지가 보존된다는 것을 자유낙하 운동에서 확인해 볼까? 그림과 같이 질량이 m인 물체를 높이 H인 곳에서 떨어

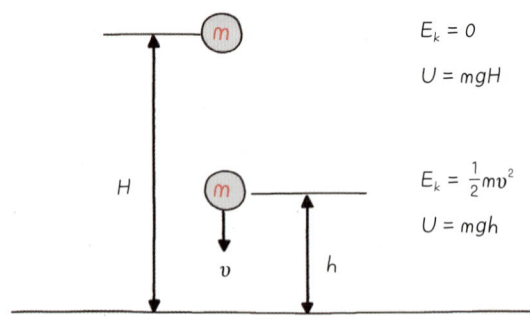

뜨려서 물체가 높이 h인 지점을 통과할 때의 속도가 v라면 두 지점에서 운동에너지와 위치에너지의 합이 일정하다는 것을 증명하는 거야.

일-에너지 원리를 적용하면 물체가 낙하하는 동안 물체의 운동에너지 변화량은 중력이 물체에 한 일의 양과 같다고 볼 수 있어.

$$W = mg \times (H-h) = \frac{1}{2}mv^2 - 0$$

이 식을 각 지점의 역학적 에너지의 합으로 다시 쓰면

$$0 + mgH = \frac{1}{2}mv^2 + mgh$$

인데, 낙하를 시작한 지점의 운동에너지와 위치에너지의 합인 $0 + mgH$는 높이 h인 지점을 통과하는 순간의 운동에너지와 위치에너지의 합 $\frac{1}{2}mv^2 + mgh$와 정확히 같음을 나타내고 있어.

일반적으로 공기의 저항과 같은 역학적 에너지 손실이 없는 이상적인 상황에서 역학적 에너지는 보존된다는 것을 알 수 있고, 운동에너지를 E_K, 퍼텐셜에너지를 U라고 하면 역학적 에너지의 보존은

$$E_k + U = 일정$$

으로 나타낼 수 있어.

단순함의 마력

역학적 에너지 보존법칙을 사용하면 어떤 점을 알 수 있을까?

다음에 나오는 그림을 봐. 그림에는 4가지 상황이 있는데 하나는 정지한 물체가 자유낙하 운동을 하는 것이고, 나머지 3가지는 마찰이 없는 경사면을 따라 운동하는 상황이야. 물체를 점 A에서 가만히 놓았을 때 점 B를 통과하는 순간 속력이 가장 빠른 것은 어느 것

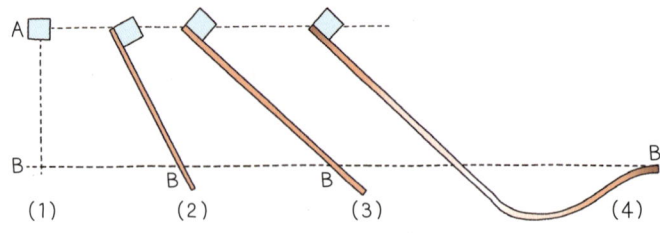

일까? 뉴턴의 운동법칙을 적용하여 (1)~(3)의 경우는 어느 정도 해결이 가능할 것 같은데, (4)의 경우는 운동법칙으로 속력을 알아내기가 쉽지 않아 보이지?

역학적 에너지 보존법칙은 복잡한 방정식을 일일이 풀지 않고서도 이런 문제를 단숨에 해결할 수 있게 도와줘. 역학적 에너지 보존법칙을 적용하면 A점의 위치에너지가 B점에서는 운동에너지로 전환되었기 때문에 중간에 어떤 과정이 있다 해도 위의 4가지 경우는 모두 속력이 같다는 것을 알 수 있지.

다음 그림과 같이 지면에서 높이 H인 지점에서 물체를 연직 위쪽으로 v_0로 던졌을 때, 물체가 다시 지면에 도달하는 순간 속력을 역학적 에너지 보존법칙을 적용하여 구해볼까?

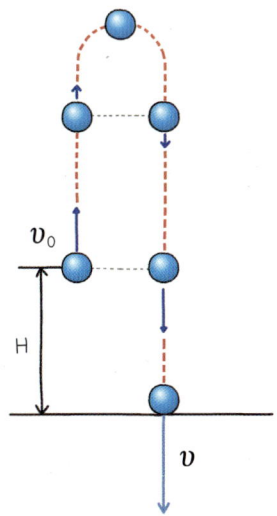

운동법칙을 적용하여 지면에 도달하는 순간의 속도를 계산하기 위해서는 몇 단계의 계산이 필요하지. 운동법칙으로부터 가속도 $-g$를 구하고, 등가속도 운동이므로 처음 위치 H와 처음 속도 v_0를 적용하여 시간과 속도의 관계, 시간과 위치의 관계를 구해야 하지. 그러한 일반적인 해를 구한 다음, 그 해에 조건을 대입하여 특별한 상황을 나타내는 해를 구할 수 있어.

하지만 역학적 에너지 보존법칙을 적용하면 단번에 바닥에 도달하는 순간의 속도를 계산할 수 있어. 바닥에 도달하는 순간의 속도를 v라고 할 때,
역학적 에너지 보존법칙 $\frac{1}{2}mv_0^2 + mgH = \frac{1}{2}mv^2$를 이용하면
$v = -\sqrt{v_0^2 + 2gH}$ 임을 알 수 있어.

이번에는 다음에 나오는 그림과 같은 단진자의 운동을 통해 역학적 에너지 보존법칙의 강력함을 다시 한번 생각해보자.

단진자가 규칙적으로 왕복운동하는 동안 작용하는 힘의 방향과 크기는 연속적으로 변하게 되지. 이러한 상황에서 진자의 속도를 운동법칙을 이용해서 알아내자면 상당한 수준의 수학적인 지식이 필요할거야.

하지만 역학적 에너지 보존법칙을 이용하면 운동하는 동안 진자의 속도를 힘들이지 않고 정확하게 이끌어낼 수 있어. 바로 이 점이 현실적으로 역학적 에너지 보존법칙이 갖고 있는 강력함이야.

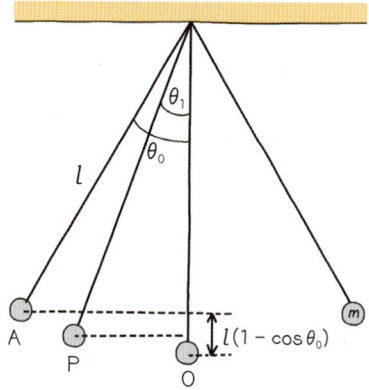

그림과 같이 길이가 l인 줄에 매달린 질량이 m인 물체가 천장에 매달려 진동하고 있다고 생각해봐. 진자는 θ_0의 진폭으로 진동하고 있고, 실의 장력을 $\vec{T}$라고 할 때 이 진자의 운동을 뉴턴의 운동 방정식으로 쓰면 다음과 같이 벡터 방정식으로 쓸 수 있어.

$$\vec{ma} = \vec{mg} + \vec{T}$$

이 방정식은 2차원 평면상에서 곡선 운동하는 물체의 방정식인데, 수학적으로 방정식을 풀려면 대학 수준의 지식이 필요해. 따라서 점 A에서 진자를 놓았을 때 임의의 점 P에서의 속도를 현재 수준에서는 계산하기 매우 어렵지.

하지만 역학적 에너지 보존법칙을 쓰면 매우 간단하게 임의의 점을 지나가는 진자의 속력을 계산할 수 있어.

진동의 중심점인 O를 통과하는 속력은 A점의 위치에너지가 모

두 운동에너지로 전환된다는 점을 이용하면 돼. 역학적 에너지 보존법칙을 적용하면

$$mgl(1 - \cos\theta_0) = \frac{1}{2}mv_O^2$$

이고, 점 O를 통과하는 속력이 $v_O = \sqrt{2gl(1-\cos\theta_0)}$임을 알 수 있어.

마찬가지로 점 P를 통과하는 속력도 구할 수 있는데, 점 O를 위치에너지의 기준으로 잡고 역학적 에너지 보존법칙을 적용하면

$$mgl(1 - \cos\theta_0) = \frac{1}{2}mv_P^2 + mgl(1 - \cos\theta_1)$$

이고, 점 P를 통과하는 속력을 구하면

$$v_P = \sqrt{2gl(\cos\theta_1 - \cos\theta_0)}$$

이 돼.

이와 같이 역학적 에너지 보존법칙은 물체의 운동 상태를 스칼라적으로 표현하는 관계식이어서 이 법칙을 적용하면 뉴턴의 운동법칙을 적용해서 물체의 운동을 알아내는 것보다 훨씬 수월하게 운동을 알아낼 수 있어. 즉, 에너지 값이 주어지면 물체가 가질 수 있는 속도와 위치의 범위가 정해지는 것이고, 거기에 속도와 위치에 대한 정보가 부차적으로 주어지면 물체의 운동을 알 수 있다는 거야.

현대 물리학적인 관점에서는 힘과 에너지 개념 중에서 어느 것을 더 본질적인 것으로 취급할까? 원자와 시공간에 대한 해석은 현대 과학의 밑바탕을 이루고 있는 가장 대표적인 지적 자산이야. 원자나 시공간을 이해하는데 힘의 개념은 더 이상 필요하지 않지만, 에너지 개념은 핵심적인 위치를 차지하고 있어.

원자의 상태를 이해하는 첫 단계는 원자의 에너지 스펙트럼을 보는 것이고, 에너지 스펙트럼의 미세한 구조를 이해하는 것이 그 다음 단계의 과제라고 할 수 있지. 마찬가지로 일반상대성이론의 핵심인 중력장 방정식은 시공간의 곡률(휘어진 정도를 나타내는 수학적인 양)과 에너지가 비례관계에 있음을 나타내고 있어.

요약하면, 에너지는 그 단순성으로 인하여 운동의 본질을 구체적인 계산 없이도 직관적으로 파악할 수 있게 하는 개념이야. 또한 자연 현상을 더 심층적으로 이해하고자 하면 할수록 그 중요도가 높아지는 개념이기도 해.

용수철 진자의
운동 해석

○ 그림은 마찰이 없는 수평면에서 질량이 m인 물체가 탄성 계수가 k인 용수철에 매달려 진동하는 것을 나타낸 거야. 용수철 진자의 경우에 마찰이나 공기 저항 같은 에너지를 소모하는 요소가 없다고 가정하면 역학적 에너지가 보존되므로 물체의 속도와 위치를 쉽게 구할 수 있어.

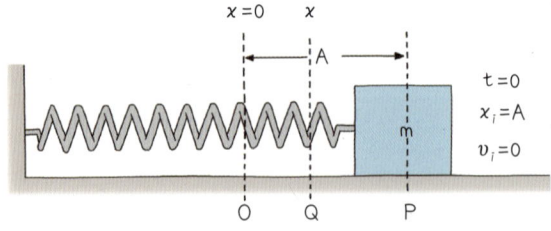

물체를 $x=0$인 평형점에서 A만큼 잡아당겼다가 놓았을 때 물체는 진폭이 A인 진동 운동을 하는데, 진동하는 동안 역학적 에너지는 변함이 없어. 역학적 에너지가 보존되므로 평형점 O를 통과하는 속력은 $\frac{1}{2}mv_0^2 = \frac{1}{2}kA^2$으로부터

$$v_0 = \sqrt{\frac{k}{m}}A$$

이고, 평형점으로부터 x만큼 떨어진 점 Q를 물체가 속력 v로 통과한다면 이때 역학적 에너지는

$$E = \frac{1}{2}mv^2 + \frac{1}{2}kx^2 = \frac{1}{2}kA^2$$

가 돼. 위치와 속력을 구하기 위해 식의 오른쪽 항을 1로 만드는 변환을 하면

$$\left(\frac{x}{A}\right)^2 + \left(\frac{v}{\sqrt{\frac{k}{m}}A}\right)^2 = 1$$

이 되고, 여기서 $X \equiv \frac{x}{A}$와 $V \equiv \frac{v}{\sqrt{\frac{k}{m}}A}$로 치환하면

$$X^2 + V^2 = 1$$

를 얻을 수 있어. 이 방정식은 X와 V의 좌표 평면상에서 반지름이 1인 원이야.

처음에 $x=A$까지 물체를 끌어당겼다가 놓았으므로 $t=0$일 때 $\theta=0$이라면, $X=\cos\theta$이고, 그에 따라 $V=-\sin\theta$가 돼.

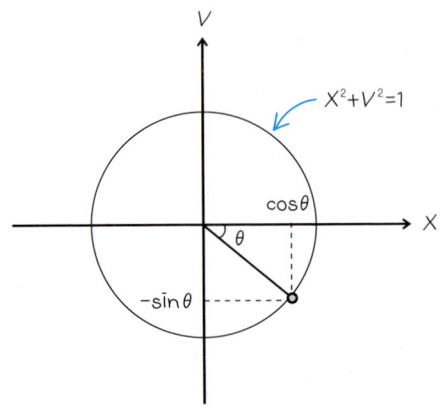

따라서 물체의 위치와 속도는

$$x(t) = A\cos\theta , \quad v(t) = -\sqrt{\frac{k}{m}}A\sin\theta$$

가 되는데, x와 v가 일정한 주기로 반복되는 조건인 $\theta(t+T) = \theta(t)+2\pi$를 만족하려면, $\theta(t)$는 시간 t에 비례하는 함수여야 하니까 $\theta(t) = \omega t$로 잡을 수 있어.

따라서 비례상수인 ω는 $\omega T = 2\pi$를 만족해야 하고, 용수철 진자의 주기가 $T = 2\pi\sqrt{\frac{m}{k}}$이므로 $\omega = \sqrt{\frac{k}{m}}$가 되지. 그래서 $\theta = \sqrt{\frac{k}{m}}t = \omega t$임

을 알 수 있어.

$$x(t) = A\cos\omega t \ , \ v(t) = -\omega A\sin\omega t$$

시간에 따른 진자의 위치와 속도를 그래프로 나타내면 다음과 같아.

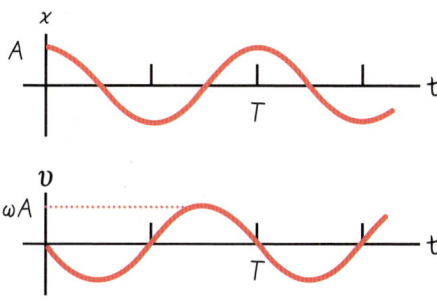

단진동

단진동은 한마디로 단순한 진동이야. 아무리 복잡한 진동도 세밀하게 들여다보면 단순한 진동들의 결합이라고 볼 수 있어. 마치 여러 개의 힘을 합쳐서 하나의 알짜 힘을 만드는 것과 비슷하게 여러 개의 단진동을 합쳐서 하나의 복잡한 진동을 만들어 낸다는 것이지. 좀 더 들어가면 아주 어려운 이야기가 되니 적당한 선에서 선생님이 얘기해줄게.

예를 들어, 등속 원운동을 하는 물체를 옆에서 보면 일직선상에서 일정하게 반복 운동하는 것처럼 보이지? 이와 같이 일정한 시간마다 같은 운동이 반복되는 운동을 주기 운동이라고 하고, 이러한 주기 운동 가운데 가장 기본이 되는 운동을 단진동이라고 하는 거야.

일반적으로 단진동은 물체에 작용하는 힘의 크기가 변위에 비례하고, 힘이 항상 진동의 중심 방향으로 작용할 때 나타나지.

단진동을 만들기 위해 앞에서 공부한 등속 원운동의 주요 사항을 정리해 볼까?(282쪽, PART 9 원운동 교실 참고) 그림은 질량이 m인 물체가 반지름 A인 원 궤도를 각속도 ω로 운동할 때의 속도와 가속도를 나타낸 거야.

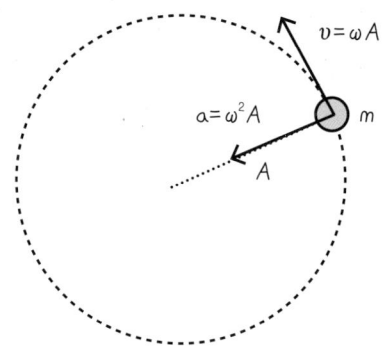

물체는 원 궤도에 접하는 방향으로 $v=\omega A$의 속력으로 돌고 있고, 가속도는 회전의 중심 방향으로 $a=\omega^2 A$의 크기이며 속도와 직각을 이루고 있다는 걸 공부했었어.

이렇게 등속 원운동하는 물체를 이용하여 단진동을 만들어 볼까? 다음에 나오는 그림과 같이 원운동하는 물체 왼쪽에 평행한 빛을 비추는 장치를 설치하고 오른쪽에 물체의 그림자가 나타나도록 스크린을 설치하면 돼. 각속력 ω로 등속 원운동하는 물체에 수평 방향으로 평행 광선을 비추었을 때 벽에 생기는 그림자의 운동을 분석하면 단진동을 알 수 있지.

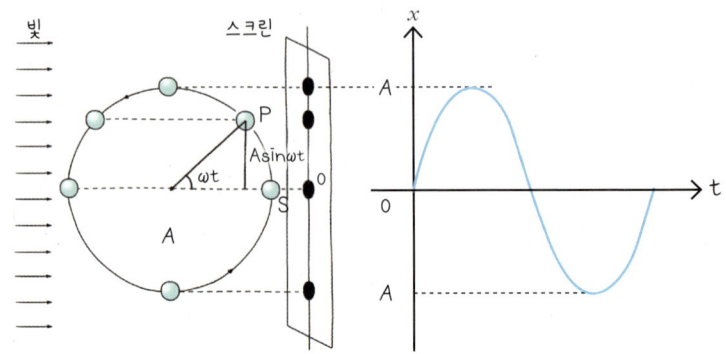

원주상의 점 S를 통과하는 순간을 $t=0$으로 잡아보자. 시간이 t일 때 물체가 점 P를 통과한다면 스크린에 나타난 그림자의 위치는

$$x = A\sin\omega t$$

이고, 이와 같이 변위가 시간에 따라 단순한 삼각함수로 표현될 때, 단진동 운동이라고 해. 단진동은 주기적인 운동이므로 주기 함수의 조건인 $x(t+T) = x(t)$를 만족해야 하지. 즉, 주기 T만큼 시간이 경과하면 한 바퀴 회전하는 셈이므로 $\omega(t+T) = \omega t + 2\pi$와 같은 관계가 성립해. 따라서 주기와 각속력의 관계는

$$T = \frac{2\pi}{\omega}$$

가 돼.

이제 점 P를 지나는 속도와 가속도는 스크린상의 그림자로 나타나지는 않지만, 그것이 있다고 가정하고 스크린상에 투영된 성분을 구해보자.

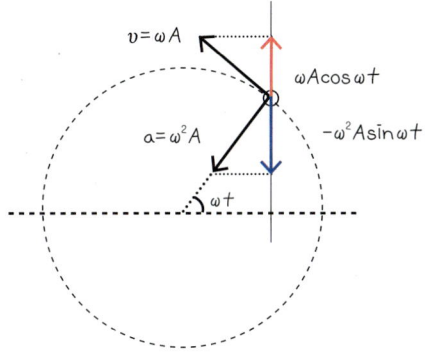

그림에서 볼 수 있듯이 스크린상에 투영된 속도 벡터는 빨간색 화살표로, 가속도 벡터는 파란색 화살표로 나타낸 거야. 속도와 가속도 벡터를 투영한 성분은 각각

$$v = \omega A \cos \omega t$$

$$a = -\omega^2 A \sin \omega t$$

임을 알 수 있어. 여기서 가속도를 자세히 살펴보면 가속도가 변위 x에 비례하는 것을 볼 수 있지.

$$a = -\omega^2 A \sin \omega t = -\omega^2 x$$

따라서 그림자는 마치 변위에 비례하는 힘이 진동의 중심 방향으로 받는 단진동을 하는 것처럼 보여. 운동 제2법칙을 적용하여 가속도에다가 질량을 곱해주면 복원력을 다음과 같이 구할 수 있지.

$$F = ma = -m\omega^2 x$$

이러한 단진동 운동에서 물체의 변위, 속도, 가속도를 시간에 따라 나타내면 다음과 같아.

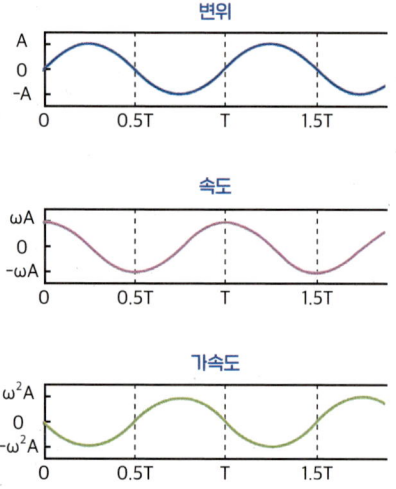

단진동하는 물체의 역학적 에너지는 용수철 진자의 역학적 에너지를 구하는 방법을 참고하여 구할 수 있어. 용수철 진자에서 탄성계수와 복원력의 비례상수가 같은 역할을 하므로,

$$k = m\omega^2$$

단진동하는 물체의 역학적 에너지는

$$E = \frac{1}{2}mv^2 + \frac{1}{2}m\omega^2 x^2$$

이고, 위 식에 $x = A\sin\omega t$와 $v = \omega A\cos\omega t$를 대입하면 역학적 에너지는 $E = \frac{1}{2}m\omega^2 A^2$임을 구할 수 있어. 이것은 반지름 A, 각속력 ω로 등속 원운동하는 물체의 에너지와 정확하게 일치하지.

우리 주변에서 단진동을 관찰할 수 있는 경우를 살펴볼까?

앞에서 배운 용수철 진자의 운동은 작용하는 힘이 변위에 비례하는 완벽한 단진동 운동이야. 단진동의 비례상수와 탄성 계수 사이의 관계로부터 용수철 진자의 주기에 관한 식을 이끌어 낼 수 있어. $m\omega^2 = k$이므로 $\omega = \sqrt{\frac{k}{m}}$이지. 따라서 주기는

$$T = \frac{2\pi}{\omega} = 2\pi\sqrt{\frac{m}{k}}$$

가 되지.

단진자는 '단순히 진동하는 물체'라는 뜻을 갖지만 운동은 단순하지 않아. 엄밀하게는 복잡한 운동이지만 진폭이 작은 경우는 단진동으로 근사할 수 있어.

단진자의 진동이 뒷장에 나오는 그림 (가)의 동그라미 친 부분의 진폭으로 일어난다고 할 때, 그 부분을 확대해서 보면 그림 (나)처럼 직선상에서 왕복 운동하는 것으로 생각할 수 있어. 진자의 변위에 비

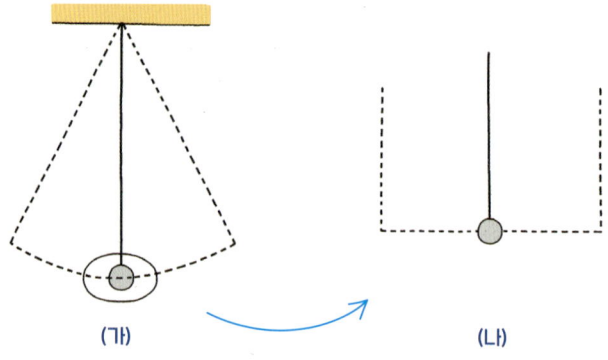

(가)   (나)

례하고 진동 중심 방향으로 복원력이 작용해서 단진동이 일어남을 확인할 수 있지.

단진동은 모든 진동의 기본이야. 자연 현상은 진동으로 이루어져 있고, 진동이 없는 자연 현상은 존재할 수 없지. 소립자의 세계에서부터 우주에 이르기까지 모두 진동이 존재해.

따라서 자연을 잘 이해하려면 그 기본이 되는 단진동을 잘 이해해야 하는 거야.

선생님이 알려준 내용 중에 이해가 잘 안되는 부분이 있으면 이해가 될 때까지 여러 번 반복해서 읽어봐. 그리고 그렇게 해서 어느 정도 이해를 한 다음에 뒤에 나오는 문제들을 풀면서 완벽하게 알아가도록 노력해보자고.

이번에 배운 내용들도 좀 어려웠지? 그래도 여러 번 읽다보면 어느 순간 잘 이해되는 날이 올거야. 모두 힘을 내보자!

잠시 쉬어가는 이야기

수식은 물리학을 이해하는 도구일 뿐이다

　물리학이라고 하면 왠지 재미없고 어렵기만 할 것 같지? 이런 생각을 하게 되는 건 물리학이 다른 교과보다 더 어렵거나 재미가 없기 때문이라기보다는 가르치는 방식때문이 아닐까 하는 생각이 들어.(그래서 생소한 물리수업에서는 쉽게 다가가려고 노력했지.)

　물리학을 제대로 하려면 수학을 많이 써야 한다고 하지만 사실은 수학으로 이해한 물리는 껍데기에 불과하지. 물리를 이해하려면 개념을 확고하고 명료하게 알아야 해. 개념이 명확해지면 수학은 저절로 따라 나오거나 필요 없게 되거든. 중요한 것은 계산이 아니라 물리 현상의 특징과 의미, 그리고 이에 대응하는 물리적 이론을 이해하는 데 있는 거야.

　세계에서 가장 많은 특허를 가진 에디슨의 이야기를 해 줄게.

　에디슨이 기술자 채용 시험에 응시한 청년에게 특기가 뭐냐고 물었대. 그 청년이 수학이라고 대답하자 에디슨은 "이 전구 내부의 부피를 재어보게."라고 했어. 청년은 자와 같은 측정도구를 빌려 전구의 지름과 길이를 재고 유리의 두께와 내부의 필라멘트를 지탱하는 유리 막대의 길이까지 추정하여 복잡한 계산을 반복했다고 해. 약 1시간 가까이 지난 후에 청년은 의기양양하게 결과를 에디슨에게 보였지. 그러자 에디슨은 잠자코 그 전구에 구멍을 내 수조 속에 넣었고, 전구 안에는 물이 가득 찼어. 에디슨은 옆에 있는 눈금 플라스크에 물을 쏟아붓고 간단하게 부피를 구해 청년에게 보여주었다고 해.

　이제 선생님이 하려는 말이 뭔지 알겠지? 어렵게 접근하면 한없이 어려운 물리학이지만, 우리는 쉽고 재미있게 공부해보자. 지치지말고 꾸준히 말이야.

내용을 잘 이해했는지 확인해볼까?

＊ 정답은 437쪽에

1 건물 옥상에서 공을 같은 속력이지만 각기 다른 각으로 던졌다. 이때, 공기 저항은 무시한다. 어느 경우 지면과 충돌하는 순간 가장 빠른 속력을 가질까?

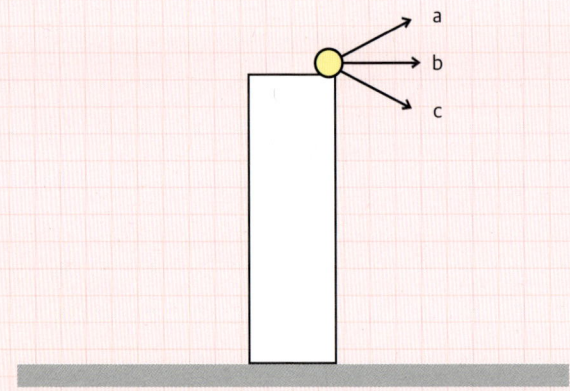

2 그림과 같이 질량 m인 물체가 마찰이 없는 원형 고리 모양의 트랙을 따라 미끄러진다. 다음 물음에 답하시오. (단, 중력가속도는 g이다.)

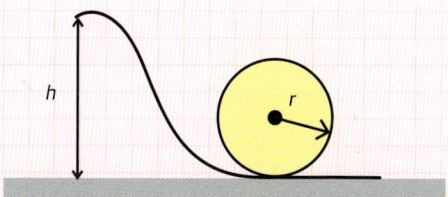

1) 물체가 반지름 r인 원형 고리 꼭대기에서 아래로 떨어지지 않고 원형 트랙을 따라 돌아가도록 하려면 물체를 놓아야 할 최소의 높이 h는?

2) 물체를 $2h$에서 놓을 때 원형 고리 바닥의 트랙이 작용하는 수직항력은 얼마인가?

3) 물체를 높이 $2h$에서 놓을 때 원형 고리 꼭대기의 트랙이 작용하는 수직항력은 얼마인가?

4) 물체가 원형 트랙에서 평평한 쪽으로 나오는 순간 트랙이 작용하는 수직항력은 얼마인가?

3 탁자 위에 장치된 용수철총으로 구슬을 쏘아 바닥에 있는 작은 상자를 맞추려고 한다. 상자는 탁자 모서리로부터 D만큼 떨어져 있다. 용수철을 x_0만큼 압축하여 쏘았더니 구슬이 상자의 중심에서 d만큼 못 미친 곳에 떨어졌다. 상자를 맞추려면 용수철을 얼마나 압축해야 할까?

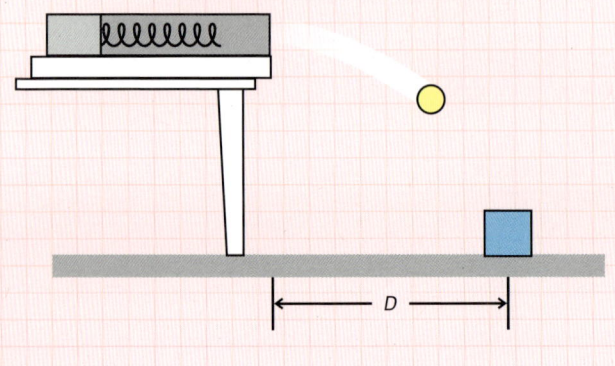

4 길이가 L인 실에 질량이 m인 작은 추를 매단 다음 추를 수평 높이까지 끌어 올렸다가 놓았다. 이때 최저점 바로 위의 진동의 중심으로부터 R인 지점에 가느다란 못에 실이 걸리도록 하였다. 추가 못을 중심으로 완전한 원을 그릴 수 있는 조건을 구하시오.

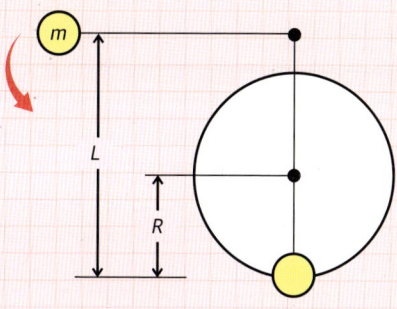

조금 더 어려운 문제들도 한번 풀어볼까?

※ 정답은 438쪽에

5 그림과 같이 탄성계수가 2,000N/m이고 길이가 0.4m인 용수철이 바닥에 고정된 채로 연직방향으로 서 있고, 바닥에서 물체의 밑면까지 0.8m인 높이에서 질량이 3kg인 금속 도막이 연직방향으로 2m/s의 속력으로 운동하고 있다. 물체의 밑면은 높이 0.4m지점에서 용수철과 충돌한다. (단, 중력가속도는 10m/s²이다.)

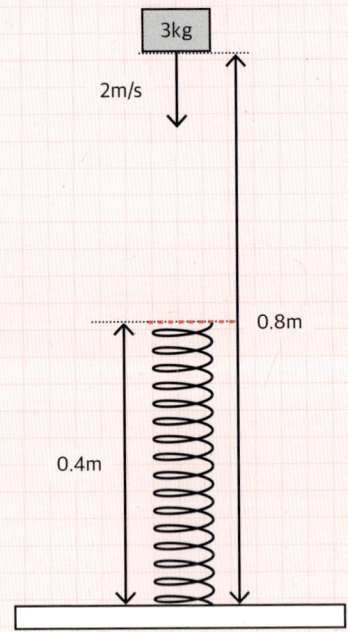

1) 금속 도막이 바닥에서 0.3m 지점을 통과하는 순간 속력은?

2) 금속 도막은 용수철을 압축하면서 점점 느려지다가 최저점에서 정지한 후 다시 반대 방향으로 가속되어 올라가게 된다. 금속 도막이 용수철에서 이탈하여 최대로 올라가는 높이는?

영재문제

창의적으로 생각하고 해결하는 문제에도 도전해보자

* 정답은 439쪽에

6 용수철, 솔레노이드, 네오디뮴 자석(0.5T), 역학용 추, LED, 나무 막대 등을 이용하여 그림과 같은 장치를 만들었다. 용수철의 한쪽 끝은 천장에 고정하고, 질량이 M인 역학용 추에 네오디뮴 자석을 붙인 다음 역학용 추를 나무 막대를 이용하여 용수철에 매달았다.

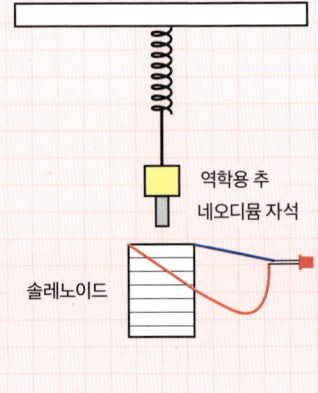

1) 처음에 역학용 추를 아래로 잡아당겼다가 놓으면 용수철 진자가 진동하면서 LED가 깜박거린다. 용수철 진자의 진폭이 시간에 따라 어떻게 달라지는지 그래프에 나타내고 그와 같이 그린 이유를 설명해보자. (단, 공기의 저항이나, 마찰에 의한 에너지 손실은 없다.)

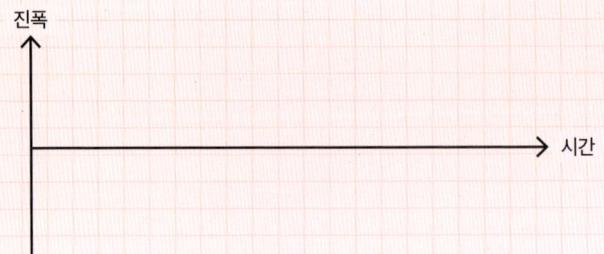

2) 실험 장치를 변화시켜 용수철 진자의 진폭을 일정하게 유지시킬 수 있는 방안을 제시해보자. (단, 솔레노이드와 네오디뮴 자석은 그대로 사용한다.)

7 길이가 l인 선분을 3등분하여 가운데 부분을 제거한 다음, 남아 있는 선분에 대해서 같은 과정을 반복적으로 적용하면 다음 그림과 같은 선분들을 얻을 수 있다.

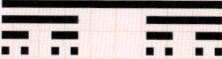 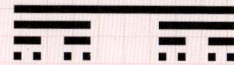

만일 이러한 과정을 n번 반복한다면 남아있는 선분의 총 길이는 얼마나 될까? 이러한 과정을 무한히 반복하면 남아있게 되는 선분의 총길이는?

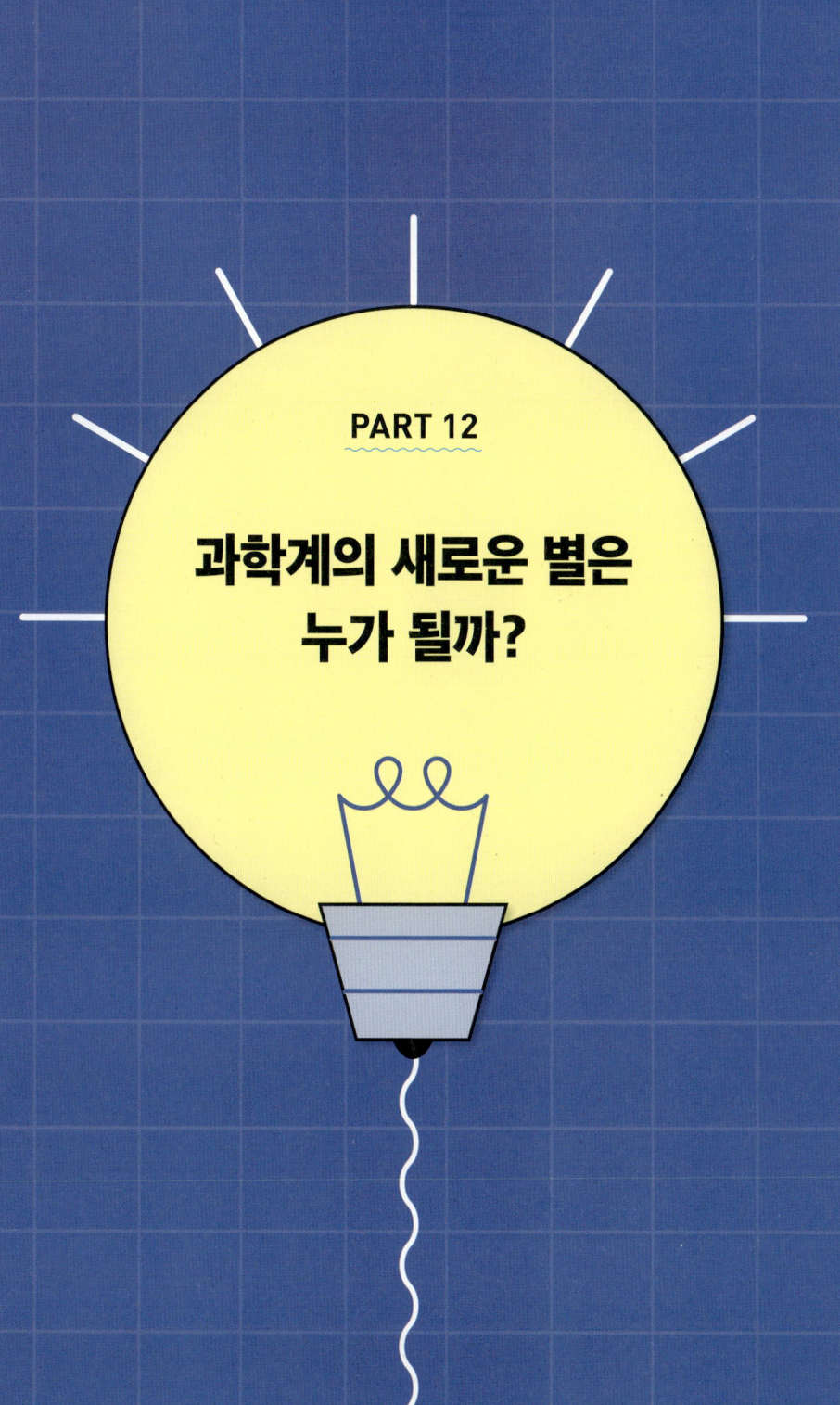

PART 12

과학계의 새로운 별은 누가 될까?

만유인력 교실

중력의 발견

○ 20세기 이후 현대 물리학의 주요 목표 중의 하나는 중력을 이해하는 거야.

중력은 물체를 떨어뜨리거나, 지구가 태양 주위를 공전하거나, 별들이 모여 은하를 이루는 것과 같은 거대한 자연 현상의 원인이기도 하지만, 일상생활에서 계단을 오를 때 숨이 차오르게 하기도 하고, 자동차가 언덕길을 오를 때 연료를 많이 소모하게 하는 원인이 되기도 하지. 아직까지는 중력에 대한 이해가 많이 부족하기 때문에 중력을 잘 이용한다기보다는 극복해야 할 대상이라고 할 수 있겠지. 인류가 우주 공간으로 나가기 위해서는 지구의 중력을 이겨야 하는 것이 그 근거라고 말할 수 있지.

현대 문명은 근본적으로 전자기적 상호작용을 충분히 이해한 결과라고 볼 수 있지. 그래서 말인데, 만약 너희들 중에서 지금까지 나온 중력 이론을 뛰어넘는 새로운 중력 이론을 구성하는 사람이 나온다면, 그 사람은 현대 전자기 문명을 한 단계 뛰어넘게 하는 새로운 문명을 개척한 선구자가 될 거야.

중력에 대한 이해

시기	근대	현재	미래
이론	만유인력	일반상대성이론	새로운 중력이론

인류 역사에서 16~17세기는 우주관(세계관)의 변혁이 일어난 때로 볼 수 있어. 망원경이라는 관측기구를 활용하여 다양한 증거들이 수집되었고, 그 결과로 태양중심설이 자리를 잡게 되었지. 태양중심설은 처음부터 환영받은 것은 아니야. 오히려 종교적 신념과 다르다고 해서 심한 탄압을 받았지.

이러한 탄압에도 불구하고 실증적인 관측 자료를 바탕으로 천동설을 수학적으로 부정할 수 있게 되었는데, 그 중심에 갈릴레이, 케플러, 뉴턴이 있었어. 코페르니쿠스가 주장한 이후 대략 2세기 만에 뉴턴에 의해 역학 혁명으로 결실을 맺은 거야.

케플러는 티코 브라헤의 관측 자료를 분석하여 '모든 행성이 태양을 초점에 두고 타원 궤도를 그린다'는 법칙을 발표했지. 이것은 지구중심설(천동설)을 부정할 뿐만 아니라 행성의 운동이 불완전한

원(타원)임을 밝힘으로써 하늘을 운행하는 천체조차도 신의 섭리에 따르지 않음을 의미하는 결과로 나타났어. 더구나 케플러는 누구든지 그 타당성을 믿을 수밖에 없게 하는 수학적인 분석으로 그러한 작업을 완수한 거야.

뉴턴의 최대 업적은 역학의 완성, 특히 만유인력 법칙의 발견에 있는 것 같아. 뉴턴은 지구의 중력이 달의 궤도 운동에 영향을 미친다고 생각했고, 또한 행성의 운동도 고찰했어.

1670년대 말로 접어들면서 당시 로버트 훅과 같은 학자들도 행성의 운동과 관련된 힘이 거리의 제곱에 반비례한다는 사실을 어렴풋이 알고는 있었어. 하지만 수학적 능력이 부족해서 이 가설을 증명하지 못하고 있었지. 뉴턴은 자신이 창안해낸 미분법을 이용하여 이 문제를 해결하고 '만유인력의 법칙'을 확립했어. 비로소 코페르니쿠스에서부터 시작된 우주관의 변혁이 고전역학의 완성으로 결실을 맺은 거야. 다음 도표는 그걸 요약한 거야.

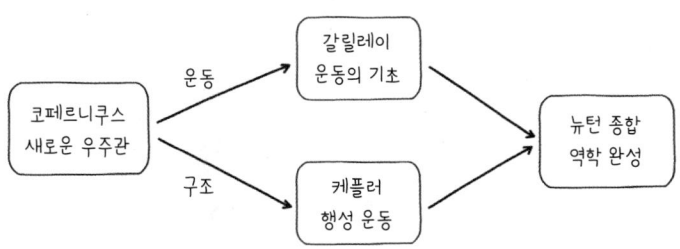

만유인력의 법칙

최초로 과학적인 의미의 로켓이 개발된 것은 제2차 세계대전 중 독일에서 개발한 V1, V2 로켓이야. 전쟁이 끝나고 로켓 기술은 과거 소련에 의하여 발전하여 1958년 최초로 스푸트니크라는 인공위성을 지구 궤도에 올리는 데 성공하지. 1968년에 미국은 아폴로 11호라는 유인 우주선을 달에 보내는 데 성공하게 되고.

사실 인공위성의 개념은 이미 300여 년 전에 출판된 뉴턴의 프린키피아에서 볼 수 있어. 자유낙하를 공부할 때 선생님이 프린키피아에 대해 설명했었는데, 혹시 기억나? 높은 산에서 대포를 쏘는 경우, 포탄이 일정한 속도에 도달하면 지구 주위를 한 바퀴 돌아서 오는 운동이 존재할 수 있음을 설명하고 있지.(214쪽, PART 7 자유낙하 교

실 참고)

지금부터는 뉴턴이 어떻게 해서 이런 뛰어난 생각을 하게 되었는지 알아보자.

뉴턴은 운동법칙을 발견한 후에 운동법칙을 행성과 달의 운동에 적용했어. 특히 달이 지구 주위를 거의 원 궤도로 돌게 하는 힘의 본성을 호기심 어린 눈으로 바라보았지. 낙하하는 물체의 가속 현상과 행성의 운동이 본질적으로 같은 운동이라는 것을 간파하였고, 달에 미치는 지구 중력의 크기를 지구 표면에서 무게와 비교했어. 달의 운동을 분석하여 구한 구심 가속도 a와 지구 표면의 중력 가속도 g를 비교한 결과,

$$\frac{a}{g} = \frac{0.00272 m/s^2}{9.8 m/s^2} \approx \frac{1}{3,600}$$

로 달의 구심 가속도는 지표면 낙하 가속도의 1/3,600임을 알아냈어. 지구에서 달까지 거리는 383,000km로 지구 반지름 6,380km의 약 60배야. 여기서 얻은 '60'을 제곱하면 60×60 = 3,600이고, 앞에서 구한 구심가속도와 중력가속도의 비와 일치한다는 것을 알게 되었어. 그래서 물체에 미치는 지구에 의한 중력은 지구 중심에서의 거리 r의 제곱에 반비례해서 줄어든다고 결론지을 수 있었던 거야.

$$중력 \propto \frac{1}{r^2}$$

이러한 관계를 기초로 뉴턴은 질량을 지닌 물체들 간에 작용하는 힘에 관한 법칙인 만유인력의 법칙을 발견했어.

만유인력이란 모든 질량을 갖는 물체들 사이에 작용하는 서로 끌어당기는 힘을 의미해. 이때 작용하는 힘의 세기는 떨어진 거리의 제곱에 반비례하고, 각각의 질량의 곱에 비례하지

$$F = \frac{GMm}{r^2} \quad (G는 \ 만유인력 \ 상수)$$

앞에서 자유낙하를 공부할 때(214쪽, PART 7 자유낙하 교실 참고) 왜 지구 표면에서는 질량에 관계없이 $9.8m/s^2$이라는 일정한 가속도로 낙하 운동을 하는지 알 수 없었지. 여기서 우리는 지구 표면에서 물체의 낙하 가속도가 $9.8m/s^2$인 이유가 만유인력의 작용 때문이라는 것을 알게 되었어. 질량 m인 물체를 가만히 들고 있다가 놓았을 때, 물체의 운동은 다음과 같은 운동방정식으로 나타낼 수 있어.

질량 × 가속도 = 물체에 작용하는 힘(만유인력)

$$\Leftrightarrow ma = \frac{GMm}{r^2}$$

물체의 낙하 가속도를 구하면 $a = \frac{GM}{r^2}$인데, 이 낙하 가속도에 몇 가지 특징이 있음을 볼 수 있어. 첫째는 물체의 낙하 가속도는 낙하하는 물체의 질량 m에 전혀 관계가 없어. 이 결과는 만유인력에 의한 물체의 낙하 가속도는 물체 자체의 특성(예를 들어 질량, 온도, 성분 등)에 전혀 관계없다는 것으로 일반화될 수도 있지. 둘째는 물체의 낙하 가속도는 엄밀한 의미에서 지구 중심으로부터 떨어진 거리와 관계되어 있어. 따라서 지구 중심으로부터 더 멀어질수록 물체의 낙하 가속도는 감소하지. 예를 들어 지구 중심으로부터 지구 반지름의 두 배만큼 떨어진 곳의 낙하 가속도는 지표면상에서 낙하 가속도의 $\frac{1}{4}$배에 불과해. 한편, 지표상에서 1m정도의 높이 차이가 날 때 낙하 가속도의 차이는 지표면 중력가속도의 약 3.3×10^{-7}배에 불과하므로 거의 일정한 값을 갖는다고 볼 수 있어.

그런데 한 가지 생각해 보고 넘어가야 할 점이 있어. 중력가속도의 원인을 알고, 중력과 관련된 자연현상을 설명하기 위해서는 근본적으로 만유인력 상수값 G를 정확히 알아야 해. 그래서 G값의 정밀한 측정이 필요한 거였어.

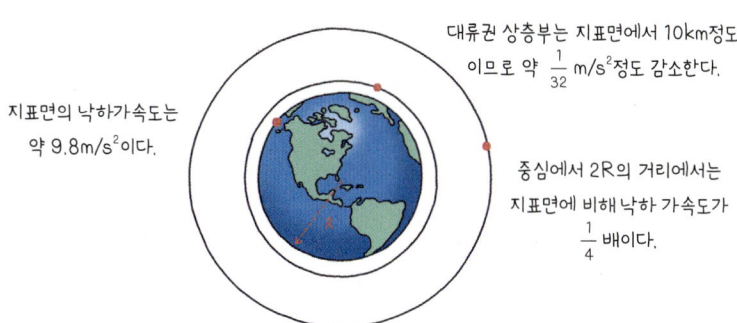

지표면의 낙하가속도는 약 $9.8m/s^2$이다.

대류권 상층부는 지표면에서 10km정도이므로 약 $\frac{1}{32}$ m/s^2정도 감소한다.

중심에서 2R의 거리에서는 지표면에 비해 낙하 가속도가 $\frac{1}{4}$배이다.

G값은 뉴턴이 만유인력의 법칙을 발표한 지 약 100년이 지난 1798년 헨리 캐번디시에 의하여 처음 측정되었어. 캐번디시는 그림 (가)와 같은 비틀림 저울의 물리적 특성을 이용해서 r과 F를 정확히 측정하였고, 이미 측정된 공의 질량 M과 m을 활용해서 만유인력 상수 G를 결정할 수 있었지.

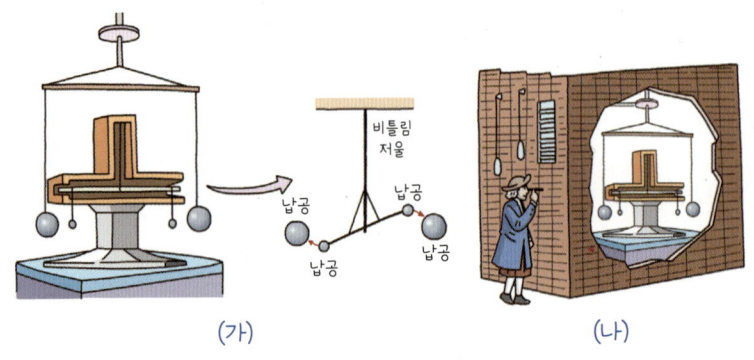

(가)　　　　　　　　　(나)

$$G = 6.67 \times 10^{-11} Nm^2/kg^2$$

이 실험이 얼마나 어려운 실험인지는 그림 (나)를 보면 알 수 있어. 측정하고자 하는 값이 당시의 계측기로 측정 불가능한 엄청나게 작은 값이어서 실험 장치 주변의 모든 물체가 오차의 원인이 될 수 있었어. 그림 (나)에서 볼 수 있듯이 실험자가 실험실 밖에서 망원경으로 데이터를 읽는 모습이 그걸 상징적으로 보여주고 있지. 일상생활에서 만유인력을 거의 느낄 수 없는 것은 만유인력 상수라 부르는 G의 값이 이렇게 매우 작기 때문이야.

그러면 이제 만유인력 상수를 이용하여 중력가속도를 계산해 보자. 지구의 질량을 $M = 5.98 \times 10^{24}$kg, 지구 반지름을 $r = 6.38 \times 10^{6}$m 로 잡을 때 중력가속도는 다음과 같이 계산할 수 있어.

$$a = \frac{GM}{r^2} = \frac{6.67 \times 10^{-11} \times 5.98 \times 10^{24}}{(6.38 \times 10^{6})^2} \simeq 9.79 (m/s^2)$$

계산 결과를 보면 왜 중력가속도를 $9.8m/s^2$으로 잡는지 이해가 되지?

중력가속도가 거리의 제곱에 반비례하기 때문에 지구 표면상에서 물체의 중력가속도는 중심으로부터 떨어진 거리에 따라 다를 거야. 다음 표는 지구 표면으로부터 고도에 따라 중력가속도 값이 달라지는 것을 정리한 거야.

	고도(km)	$a_g (m/s^2)$
평균 해수면	0	9.83
에베레스트 산	8.8	9.80
유인 기구의 최고 높이	36.6	9.71
우주왕복선의 궤도	400	8.70
통신위성	35,700	0.025

지표상에서 중력가속도 값의 변화는 고도뿐만 아니라 다른 요인에 의해서도 달라질 수 있어. 지표 근처의 물질 분포, 지구의 모양이 완전한 구가 아닌 타원체라는 점, 지구가 자전하고 있다는 점 등이 중력가속도의 변화를 일으키는 요인이야. 예를 들어 지구의 자전이 중력가속도에 어떤 영향을 주는지를 알아보기 위해 적도상에서 원심 가속도 $a = r\omega^2$을 계산해 볼까.

$$a = r\omega^2 = 6.4 \times 10^6 \times \left(\frac{2\pi}{24 \times 3600}\right)^2 \sim 3.38 \times 10^{-2} \text{m/s}^2$$

적도상에서 만유인력과 원심력은 방향이 정반대이므로 0.038m/s^2 정도 중력가속도가 감소하게 돼.

이러한 만유인력 상수 G를 알게 됨으로써 물체에 작용하는 만유인력의 크기를 정확하게 계산할 수 있게 되었지. 예를 들어, 지구 중심으로부터 지구 반지름의 2배 떨어진 곳을 도는 1,000kg의 인공위성에 작용하는 만유인력을 계산할 수 있어. 지구 반지름을 $r_E = 6,400$km로 잡고, 지구의 질량을 $M_E = 6 \times 10^{24}$kg으로 어림잡아서 계산해 보면

$$\begin{aligned} F &= 6.67 \times 10^{-11} \text{N} \cdot \text{m}^2/\text{kg}^2 \frac{M_E m}{(2r_E)^2} \\ &= 6.67 \times 10^{-11} \text{N} \cdot \text{m}^2/\text{kg}^2 \frac{6 \times 10^{24} \times 10^3 \text{kg}^2}{(2 \times 6.4 \times 10^6 \text{m})^2} \\ &\simeq 2.44 \times 10^3 \text{N} \end{aligned}$$

가 돼. 이것은 지구 표면에서 질량이 약 250kg의 무게 정도에 해당하는 힘이야.

그러면 지구에 작용하는 지구 주변 천체들의 만유인력 크기도 비교해 볼까? 비교적 지구에 크게 영향을 끼칠 수 있는 천체인 태양, 달, 화성, 목성으로 비교해 보자.

달을 기준으로 다른 천체의 질량과 거리를 상대적인 값으로 구한 다음, 만유인력을 구하는 공식에 대입하여 힘의 상대적인 비를 구하는 거야. 이러한 계산을 하려면 천체들까지 거리와 천체들의 질량을 알아야 해. 그런데 행성의 경우 공전하기 때문에 지구와의 거리가 달라질 수 있어. 그래서 지구와 가장 가까이 있을 때를 기준으로 계산해봤어.

천체	질량		지구로부터의 거리		만유인력의 비 (달 = 1)
	천체천체의 질량(kg)	달의 질량을 1로 함	천체까지 거리(km)	달까지 거리를 1로 함	
태양	2×10^{30}	2.7×10^7	1.5×10^8	400	168
달	7.4×10^{22}	1	3.8×10^5	1	1
화성	6.4×10^{23}	8.6	7.5×10^7	197	2.2×10^{-4}
목성	1.9×10^{27}	2.56×10^4	6.3×10^8	1.65×10^3	9.4×10^{-3}

각 천체들이 지구에 작용하는 만유인력의 크기를 비교한 결과, 사실상 지구의 운동과 환경에 영향을 주는 것은 태양과 달이라는 것이

분명해 보여. 태양이 달의 168배, 달은 목성보다 약 100배로 나타났어. 지구 근처의 화성이나 목성의 영향력은 달의 영향력보다 $\frac{1}{100}$ 이하이고.

중력장

○ 중력장에서 장이라는 말은 영어로는 Field(들판, 밭)이고 한자로는 場(마당, 장) 이야. 장은 일종의 공간을 뜻하는데, 특히 어떤 힘이 작용하는 공간을 나타내고자 할 때 쓰는 말이야.

장의 개념을 이해하기 위해 다음 그림과 같은 평면을 생각해보자. 수학적으로 공간을 설명하기 위해서는 두 점 간의 거리, 방향과 같은 수학적인 양으로 이 공간의 특성을 나타낼 거야. 이러한 특성을 수학적으로 표현하기 위해서는 평면상 임의의 점을 나타낼 수 있는 양인 좌표계를 도입해야만 해. PART 2 속도와 가속도 교실에서 선생님이 잠깐 이야기했는데 기억이 나는지 모르겠다. 점 P의 좌표 값이 (x, y)이고, 점들 사이의 거리를 구하는 규칙이 주어지면 이 공간의 성격을 모두 알 수 있어. 요약하면, 수학적인 공간은 좌표계를 도입하여 나타낼 수 있다는 거야.

이제 동일한 평면에 전기를 띤 물체를 놓는 경우 공간을 나타내기 위해서는 모든 위치에 대해 전기력의 세기를 나타낼 수 있어야 해.

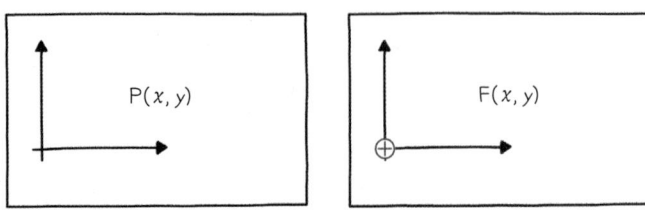

수학적으로는 점 P를 (x, y)로서 충분히 나타낼 수 있었지만, 기준점에 (+) 전기가 존재하는 공간이 되면 점 P는 수학적으로는 (x, y)의 위치를 갖지만 전기력 F가 작용하게 돼. 이 둘을 동시에 나타내면 $F(x, y)$라고 할 수 있겠지. 이와 같이 전기력이 작용하는 공간을 전기장이라고 해.

마찬가지로 평면에 전기 대신 질량을 갖는 물체를 놓게 되면 주변 공간의 임의의 점에 중력이 작용하게 되는데, 그러한 공간을 나타내는 방법은

$$중력(x, y)$$

가 될 거야. 그런데 공간상의 위치가 같더라도 그 위치에 있는 물체의 질량이 다르게 되면 중력의 세기가 달라질 것이므로 질량에 대한

표준화가 필요하게 되지. 즉 중력장은 공간상 임의의 점에 질량 1kg인 물체가 받는 중력의 세기로 정의할 수 있어. 이것을 식으로 나타내면

$$\text{중력장의 세기} = \frac{(x, y) \text{ 위치에서의 중력의 세기}}{\text{그 지점에 있는 물체의 질량}} = \frac{F(x, y)}{m}$$

이 돼. 중력을 만유인력으로 바꾸어 말하면 중력장의 세기는 정확히 물체의 낙하가속도가 됨을 알 수 있어. 따라서 중력장의 세기는 물체의 낙하가속도 즉, 중력가속도 g가 된다는 거야.

만유인력이나 전기력과 같은 힘의 법칙은 상대적인 2개 이상의 물체가 존재해야 정의할 수 있는 한계를 갖고 있었지. 이에 비해 중력장이나 전기장과 같은 개념은 상대적인 물체의 존재 없이도 질량이나 전기를 띤 어떤 존재에 의하여 그 주변 공간이 그 물체의 영향을 받게 된다는 것을 나타내는 거야. 이와 같은 개념을 도입하여 미신이라고 비난받았던 원격 작용을 떨쳐버릴 수 있었고, 물리학이 수학적으로 좀 더 정교하게 표현될 수 있게 되었어.

인공위성의 운동

자, 이제부터는 선생님이 앞부분에서 언급했던 인공위성의 운동에 대해서 자세하게 알아보자. 뉴턴은 높은 산의 꼭대기에 대포를 설치한 다음 그 포신을 지면에 수평하게 조준하여 충분히 빠른 속도로 쏘게 되면, 발사된 포탄이 지구를 한 바퀴 돌고 다시 제자리로 올 수 있다는 생각을 밝혔어. 만유인력이 포탄에 구심력으로 작용한 결과로 포탄이 원운동을 하는 거라는 생각이야. 만유인력에 의해 포탄이 원운동을 한다면 포탄의 속력과 포탄이 돌아오는데 걸리는 시간을 물리법칙을 이용하여 다음과 같이 계산할 수 있지.

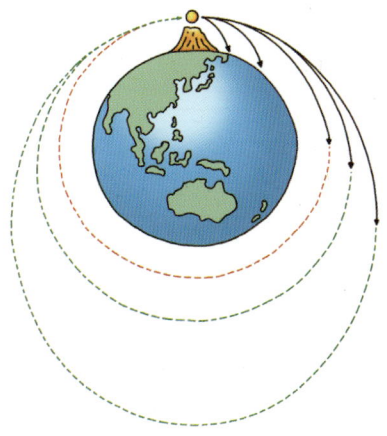

- 구심력 = 만유인력 : $\dfrac{mv^2}{R} = \dfrac{GMm}{R^2}$

- 포탄의 속력 : $v = \sqrt{\dfrac{GM}{R}} = \sqrt{\dfrac{GM}{R^2} \cdot R} = \sqrt{gR} = 7.9\text{km/s}$

- 한 바퀴 도는데 걸린 시간 : $T = \dfrac{2\pi R}{v} = 2\pi\sqrt{\dfrac{R}{g}} = 84\text{분}$

실제로 뉴턴 시절의 기술로는 도달할 수 없는 일이었을 뿐만 아니라, 현재의 기술로도 지표 근처의 대류권에서는 공기 때문에 그러한 상황을 만들어 내기는 매우 어려워. 하지만 공기의 밀도가 희박한 성층권이나 그 이상의 영역에 올라가면 뉴턴이 상상했던 일이 현재의 기술로도 가능한데, 200~500km 높이에서 원운동을 했던 초기의 위성들이 바로 그 예들이야.

지표면으로부터 h인 높이에서 운동하는 질량이 m인 위성의 속력과 공전 주기는 구심력이 만유인력과 같다는 사실을 이용하여 계산할 수 있어.

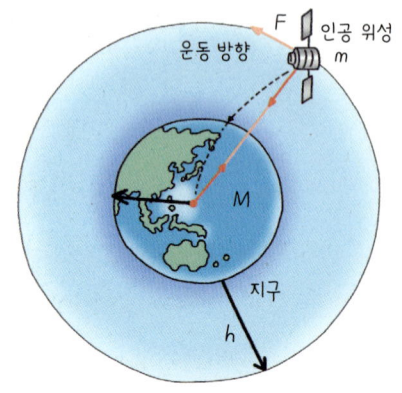

- $\dfrac{mv^2}{R+h} = \dfrac{GMm}{(R+h)^2} \Rightarrow v = \sqrt{\dfrac{GM}{R+h}}$

- $T = \dfrac{2\pi(R+h)}{v} \Rightarrow T = 2\pi\sqrt{\dfrac{(R+h)^3}{GM}}$

초기 인공위성의 경우, h가 약 400km이어서 한 바퀴 도는데 걸리는 시간이 84분보다 약간 긴 90분이었고, 인공위성의 속력은 약 8km/s였어.

실제로 인공위성을 띄우는 데 있어서 가장 큰 문제는 최소한 질량이 1,000kg이상인 위성체를 임무궤도까지 쏘아 올리는 거야. 늦기는 했어도, 우리나라도 나로우주센터에서 2022년 누리호 2차 발사에 성공한 데 이어, 2023년에는 누리호 3차 발사에도 성공했지.(048쪽 PART 2 속도와 가속도 교실 참고) 국내에서 개발한 위성의 발사 수요를

충족시키고 발사 프로세스 최적화 및 안정화를 이루어 발사체의 신뢰성을 향상시키기 위하여 앞으로도 반복해서 발사를 할 예정이라고 해.

17세기 말 뉴턴에 의해 인공위성의 이론적인 가능성이 제기되었고, 로켓 기술과 전자기 문명이 발달한 20세기에 들어서야 그 이론들이 실현되게 된 것이지.

이렇게 현재와 과거를 잇는 과학자들의 연구와 노력에 의해 과학은 지금도 발전하고 있어. 앞으로의 과학은 이 책을 읽고 있는 너희들과 같이 과학을 사랑하는 미래의 과학자들에 의해 더 발전하게 되겠지. 부푼 기대를 안고 생소한 물리수업①은 여기에서 마무리 하려고 해.

뒷장에서는 선생님이 낸 문제들에 대한 해설과 정답이 있으니 스스로 공부해보고, 질문해보는 시간을 갖기를 바라.

그러면 다음에 또 만나자!

개념문제

내용을 잘 이해했는지 확인해볼까?

※ 정답은 440쪽에

1 지구 중심으로부터 지구 반지름의 2배 떨어진 곳을 도는 질량이 2,000kg인 인공위성에 작용하는 만유인력의 세기를 구해보자. (단, 지구 반지름은 r_E=6,380km이고, 지구의 질량은 M_E=5.98×10^{24}kg이다.)

2 그림과 같이 질량이 M이고 반지름이 R이며 밀도가 균일한 구형 지구에서 북극에서 남극으로 구멍을 뚫었다. 이 지구의 북극에서 질량이 m인 두 물체 중 A는 뚫린 구멍 위에서 가만히 놓았고, B는 지면과 평행하게 속력 v로 발사했다.

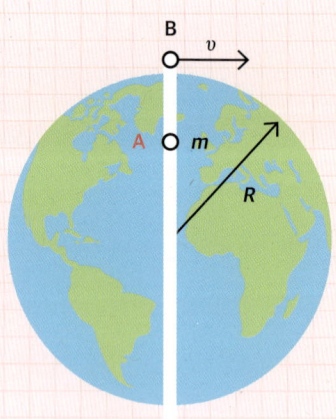

1) 물체 A가 중심으로부터 거리가 r인 지점을 통과하는 순간 물체에 작용하는 만유인력이 $F=\frac{GMm}{R^3}r$이 됨을 설명해보자.

2) 물체 A가 북극과 남극 사이를 한번 왕복하는 데 걸리는 시간을 계산해 보자.

3) 물체 B를 북극에서 지면과 평행하게 v로 쏘았을 때 물체가 반지름 R로 원운동을 하고 있다. 물체 A와 B의 북극 도달 시간을 비교해 보자.

조금 더 어려운 문제들도 한번 풀어볼까?

※ 정답은 441쪽에

3 슈바르츠실트 블랙홀은 블랙홀의 사건지평선이 $R_h = \frac{2GM}{c^2}$에 위치한다. 여기서 M은 블랙홀의 질량이고, c는 빛의 속도이다. 블랙홀의 중심에서 $r_0 = 1.001 R_h$의 거리에 있는 물체의 중력가속도를 $a_g = \frac{GM}{r_0^2}$이라고 가정하자.

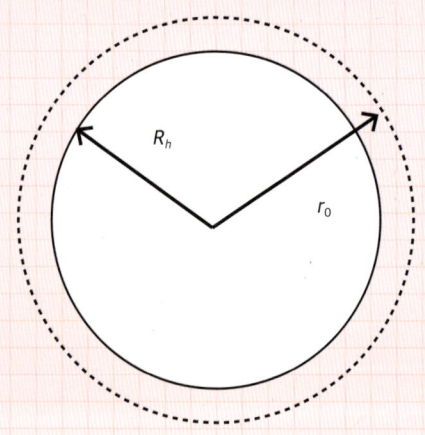

1) r_0에서 a_g를 M으로 나타내보자.

2) 블랙홀의 질량 M이 증가하면 r_0에서 a_g는 증가할까?

3) 우주 비행사의 발이 r_0에서 블랙홀 쪽으로 향한다면 머리와 발 사이의 중력 차이는 얼마일까?

4) 우주비행사는 중력의 차이가 몸을 잡아 늘이는 힘을 감당할 수 있을까?

창의적으로 생각하고 해결하는 문제에도 도전해보자

※ 정답은 441쪽에

4 어떤 로켓이 지구의 중력장을 탈출하려고 한다. 주 엔진에 들어있는 연료의 총량은 중력장을 탈출하는데 필요한 양보다 약간 적다. 그래서 보통 짧은 시간만 작동하는 보조 엔진이 사용되기도 한다. 그러면 보조 엔진을 작동시켜야 하는 가장 적당한 시기는 언제일까? 이륙 직후? 아니면 로켓이 거의 멈출 때? 아니면 아무래도 상관없을까?

여기까지 **고민**하고 **생각**하며 문제를 풀어왔다면, 아마도 **물리학에 관심**이 아주 많고, 실력도 아주 좋은 친구가 아닐까 하는 생각이 들어. 앞으로도 흥미와 관심 놓지말고 **꾸준히 공부해보자**

풀이 확인하고 넘어가세요

PART 1

 내용을 잘 이해했는지 확인해볼까?

1 1)   2)

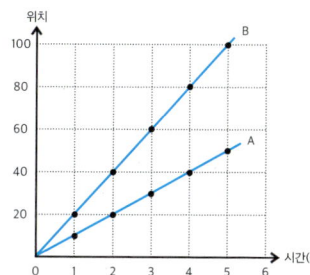 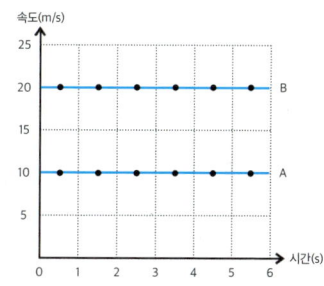

2

1) A : $t=0$일 때 원점을 속도 20m/s로 통과하는 등속 운동임.
   B : $t=0$ 일 때 70m를 속도 6m/s로 통과하는 등속 운동임.

2) A가 B를 따라 잡는 순간의 시간을 t라고 할 때 그 시간의 A와 B의 위치는
   $x_A = 20t$, $x_B = 70 + 6t$이다.
   A가 B의 위치와 같을 조건은 $x_A = x_B$ 이므로 $20t = 70 + 6t$이고, $t=5s$이다.
   따라서 $t=5s$일 때부터 A가 B를 추월한다.
   그때까지 이동한 거리는 A는 100m, B는 30m이다.

조금 더 어려운 문제들도 한번 풀어볼까?

3 일정한 속도로 돌기 때문에 같은 시간 동안 같은 각도로 돌아간다. 따라서 원점을 중심으로 일정한 각으로 분할된 원주상의 점을 x축에 정사영 시키면 결과를 얻을 수 있다.

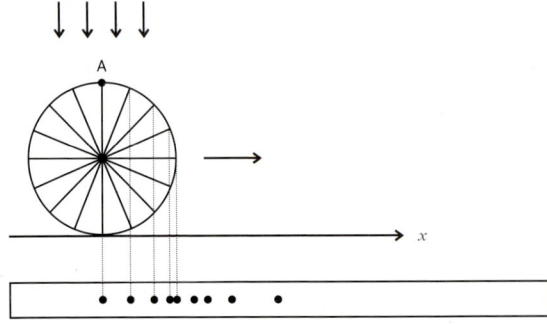

4

1) 입자가 원판 사이를 날아가는 시간은 $\frac{\theta}{2\pi}T$ 이므로, 입자의 최대 속력은

$$v = \frac{L}{\frac{\theta}{2\pi}T} = \frac{2\pi}{\theta}\frac{L}{T}$$ 이다.

2) 원판의 회전 주기(T)를 짧게 하거나 두 원판 사이의 거리(L)를 증가시킨다.

 창의적으로 생각하고 해결하는 문제에도 도전해보자

5

1) s를 천둥 번개가 발생한 지점까지 거리라고 하고, t를 신호가 발생한 후 망막과 고막까지 오는데 걸린 시간이라고 하자.

  소리가 인식되는 데 걸리는 시간 : $t_s = \frac{s}{v} + 0.13$

  빛이 인식되는데 걸리는 시간 : $t_l = \frac{s}{c} + 0.17$

천둥과 번개의 시간 차이 : $t_s - t_l = \dfrac{s}{v} - \dfrac{s}{c} - 0.04 = 2$

따라서 천둥과 번개가 발생한 지점까지 떨어진 거리는

$s = \dfrac{cv}{c-v}(2.04) \sim v \times 2 =$ $6.4 \times 10^2 \text{m}$ 이다.

2) ▶ 밤에 대포를 발사할 때 발사한 지점까지 거리를 추정할 수 있고, 폭발 사고가 일어났을 때도 마찬가지로 폭발 사고가 일어난 위치를 추정할 수 있다.
   ▶ TV, 영화 등 시각과 청각을 동시에 이용하는 장치는 0.04초의 차이를 고려해서 작품을 제작해야 한다.
   ▶ 움직이는 야간 감시 장치나 속도 감시 장치는 센서에 의하여 발생한 전기 신호와 음파 신호의 차이를 이용하여 위치를 추정해야 한다.

PART 2

 내용을 잘 이해했는지 확인해볼까?

1 1)

구간(s)	0~0.1	0.1~0.2	0.2~0.3	0.3~0.4	0.4~0.5
평균 속도(cm/s)	60	80	100	120	140

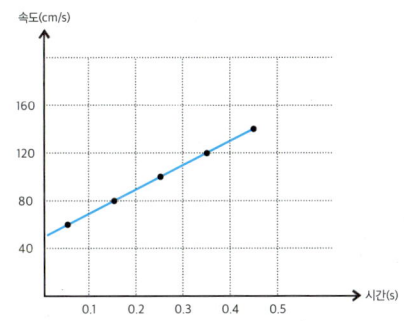

2) $a = \dfrac{20\text{cm/s}}{0.1\text{s}} = $ 200cm/s^2

 조금 더 어려운 문제들도 한번 풀어볼까?

2

1) 등가속도 운동을 하는 경우, $v^2 - v_0^2 = 2as$의 관계가 성립하고
   처음속도 $v_0 = 0$, 가속도 $a = 3.2\text{m/s}^2$, 이동 거리 $s = 1{,}200\text{m}$이므로

   $v = \sqrt{2 \times 3.2 \times 1{,}200} = $ $\sqrt{7.68 \times 10^3} \sim 87.6\text{m/s}$ 이다.

2) 로켓은 1,200m까지는 가속도 3.2m/s²으로 속력이 증가한다.
   따라서 1,200m에 도달하는 시간을 구하면

   $t_{1200} = \dfrac{v}{a} = $ $\dfrac{87.6}{3.2} \sim 27.4\text{s}$ 이다.

3) 1,200m를 지난 다음 중력에 의하여 감속되는 구간에서 올라간 높이를 계산하여 더하면 최대 고도를 구할 수 있다.

   $H = 1{,}200 + \dfrac{v_{1200}^2}{2g} = 1{,}200 + \dfrac{7.68 \times 10^3}{2 \times 9.8} = 1{,}200 + 391.8 = $ $1{,}591.8\text{(m)}$

4) 로켓은 1,200m까지는 가속도 3.2m/s²으로 속력이 증가하다가, 그 이후에는 중력에 의하여 -9.8m/s²로 감속되는 운동을 한다. 따라서 1,200m에 도달하는 시간을 구하면
   $t_{1200} = \dfrac{v}{a} = \dfrac{87.6}{3.2} \sim 27.4\text{s}$이다.
   이 지점을 87.6m/s로 통과하고 이후부터 중력에 의하여 매초 9.8m/s²으로 감속되므로

   최고점 도달 시간은 $t = t_{1200} + \dfrac{87.6}{9.8} = $ $27.4 + 8.9 \sim 36.3\text{s}$ 이다.

5) 최고점의 높이가 1,591.8m이므로 $v^2 = 2gs$에서 $v = \sqrt{2 \times 9.8 \times 1,591.8} \approx 176.6$m/s 이다.

3

1) 반응시간: $t = \sqrt{\dfrac{2d}{g}}$

2) ▶ 손가락 굵기 때문에 생기는 오차 : 손가락의 어느 부위를 기준으로 할지 명확히 한다.
   ▶ 자와 손가락의 접촉면 사이의 거리에 따른 오차 : 손가락과 자 사이의 거리가 가까울수록 시간이 줄어들 수 있으므로 거리를 일정하게 한다.
   ▶ 자의 흔들림에 의한 오차 : 자가 흔들리면서 낙하할 경우 거리 측정에 오차가 발생할 수 있으므로 흔들리지 않도록 한다.

3) 자가 통과하는 순간 소리를 발생시키는 장치 설계
   ▶ 레이저 포인터, 광전관(LED), 증폭 장치, 스피커(이어폰)을 이용하여 자가 레이저 광선을 막는 순간 회로에 전류가 흘러서 소리가 나도록 장치를 만든다.
   ▶ 이어폰을 끼고 눈을 감은 상태에서 자를 낙하시키면서 낙하거리를 측정한다.

 창의적으로 생각하고 해결하는 문제에도 도전해보자

4 ① 그래프상에서 원점을 잡고 A, B의 좌표값을 구한다.
   ② 신호가 발생한 위치의 좌표를 (x, y)라 하고, 신호가 발생한 곳에서 각 관측소까지 신호가 이동한 거리를 계산한다. 편의상 A점을 기준점으로 잡으면, 신호가 발생한 지점까지 거리는 $x^2 + y^2 = 10^2$, $(x-5)^2 + (y+5)^2 = 8^2$ 이다.
   ③ 위 관계식을 풀면 (x, y)가 2개가 나오는데 두 값 중 하나를 결정하기 위해서는 신호가 들리는 방향에 대한 부가 조건이 필요하다.

5 ① 기준점을 잡고, 신호가 발생한 점의 좌표를 (x, y, z)로 잡는다.

② A, B, C가 관측한 결과를 식으로 쓴 다음, 신호가 발생한 지점 (x, y, z)를 구한다.

A : $(x-2)^2 + (y-6)^2 + z^2 = 12^2$

B : $(x-2)^2 + (y+4)^2 + z^2 = 8^2$

C : $(x+5)^2 + (y+3)^2 + z^2 = 14^2$

$x = \frac{56}{7} = 8$, $y = -3$, $z = 3\sqrt{3}$

좌표평면상 위치: $(x, y, z) = (8, -3, 3\sqrt{3})$,

실제 위치: $(8, -3) \times$ (10초 동안 충격파가 전파된 거리)

높이 $H = 3\sqrt{3} \times$ (10초 동안 충격파가 전파된 거리)

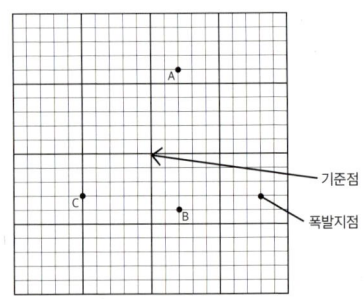

기준점
폭발지점

PART 3

 내용을 잘 이해했는지 확인해볼까?

1

1) $v_{버스택시} = v_{택시} - v_{버스} = 40 - 30 =$ 10(m/s)

2) $v_{택시버스} = v_{버스} - v_{택시} = 30 - 40 =$ -10(m/s)

2

1) 모터 보트가 최대 속력으로 올라갔다가 내려오는 것이 최소 시간이 걸리는 경우이다.

올라가는데 걸리는 시간 : $t_1 = \frac{L}{V-v}$

내려가는데 걸리는 시간 : $t_2 = \frac{L}{V+v}$

최대속력으로 왕복하는데 걸리는 시간 : $t = t_1 + t_2 = \frac{L}{V-v} + \frac{L}{V+v} = \frac{2VL}{V^2-v^2}$

2) 강물의 속력이 0이면 $t_0 = \frac{2L}{V}$ 이고,

강물이 속력 v로 흐르면

$t = \frac{2VL}{V^2 - v^2} = \frac{2L}{V}\left[\frac{1}{1 - \frac{v^2}{V^2}}\right]$ 인데, $\left[\frac{1}{1 - \frac{v^2}{V^2}}\right] > 1$ 이므로,

흐르는 강물에서 왕복운동하는데 걸리는 시간이 잔잔한 강물에서 왕복운동하는데 걸리는 시간보다 더 길게 걸린다.

3

1)

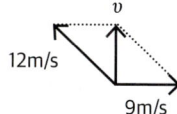

강물이 흐르는 방향과 직각을 이루는 방향이 최단거리이므로 방향의 속력은

$v = \sqrt{12^2 - 9^2} = \boxed{\sqrt{63}}$ 이다.

2)

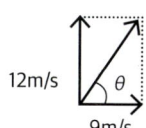

최단시간의 경우, 그림과 같이 강물이 흐르는 방향과 수직인 속도 성분이 가장 크게 운동하는 경우이므로 $\vec{v} = (9, 12)$인데, 속력은 15m/s, 방향은 $\tan\theta = \frac{4}{3}$ 이다.

조금 더 어려운 문제들도 한번 풀어볼까?

4

1)

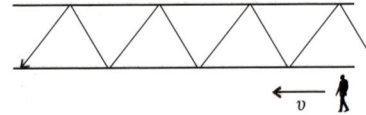

2) 중력에 의해 올라갈수록 속도의 수직 성분은 감소하지만, 수평 성분은 일정하므로 포물선 모양의 궤적이 나타난다.

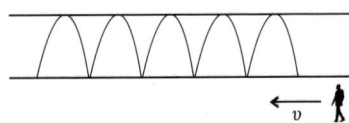

5 우주선 S에서 측정한 빛의 속력은 c이다.

우주선 S의 관찰자는 자신은 정지해 있고, 우주선 K가 뒤쪽으로 v의 속도로 운동한다고 생각한다. 따라서 우주선 S에서 측정한 빛의 속력은 c이다.

운동 속도가 다른 우주선 K와 S 모두에서 빛의 속력을 c로 측정한다면, K와 S가 빛의 속력을 측정하는 방법이 달라야 한다. 이러한 측정 방법을 기준계라고 하는데, 두 기준계 간의 특별한 관계가 존재해야 한다. 이 관계를 로렌츠 변환이라고 한다.

 창의적으로 생각하고 해결하는 문제에도 도전해보자

6

1) 행성 X, 위성 A, B가 동시에 같은 위치인 서쪽 지평선으로 돌아와야 하므로 $T, \frac{T}{2}, \frac{3T}{2}$의 최소 공배수는 $3T$이다. 따라서 $3T$의 정수배인 $3T, 6T, 9T, \cdots$에 같은 지점에 도달한다. A는 반시계 방향, B는 시계 방향으로 일주 운동한다.

2) 행성 X를 기준으로 위성의 상대적 운동을 계산한다.

행성을 기준으로 할 때 행성 A의 각속도 : $\omega_{XA} = \dfrac{2\pi}{\frac{T}{2}} - \dfrac{2\pi}{T} = \dfrac{2\pi}{T}$

행성에서 볼 때 위성 A는 반시계 방향으로 T시간 동안 한 바퀴를 돈다.

행성을 기준으로 할 때 위성 B의 각속도 : $\omega_{XB} = \dfrac{2\pi}{\frac{3T}{2}} - \dfrac{2\pi}{T} = -\dfrac{2\pi}{3T}$

행성에서 볼 때 위성 B는 시계방향으로 $3T$시간 동안 한 바퀴를 돈다.

행성을 기준으로 +는 밤, -는 낮을 의미한다.

따라서 B가 한번 일주하는 것을 기준으로 보면

A와 B가 밤하늘에서 동시에 보이는 시기는

$2T \sim \dfrac{5T}{2}$에 처음 나타나고, 두 번째는 $5T \sim \dfrac{11T}{2}$, 세 번째는 $8T \sim \dfrac{17T}{2}$ 에 나타난다.

시간	0	$\frac{T}{6}$	$\frac{T}{3}$	$\frac{T}{2}$	$\frac{2T}{3}$	$\frac{5T}{6}$	T	$\frac{7T}{6}$	$\frac{4T}{3}$	$\frac{3T}{2}$	$\frac{10T}{6}$	$\frac{11T}{6}$	$2T$	$\frac{13T}{6}$	$\frac{7T}{3}$	$\frac{5T}{2}$	$\frac{8T}{3}$	$\frac{17T}{6}$	$3T$
A의 위치	0	+	+	π	−	−	2π	+	+	π	−	−	2π	+	+	π	−	−	2π
B의 위치	0	−	−	−	−	−	−	−	−	π	+	+	+	+	+	+	+	+	2π

3)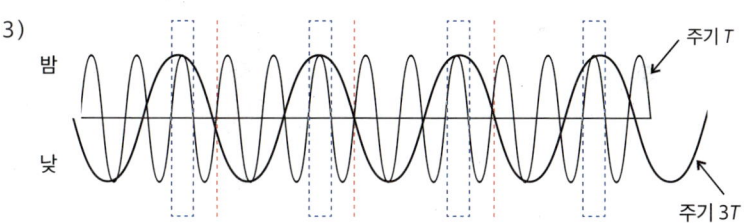

점선으로 된 푸른색 네모 칸 시간 동안 두 행성이 밤하늘에 같이 보인다.

PART 4

 내용을 잘 이해했는지 확인해볼까?

1

1) $\vec{A}$ = (4, 2), $|\vec{A}| = \sqrt{4^2 + 2^2} = 2\sqrt{5}$ N
   $\vec{B}$ = (-5, 5), $|\vec{B}| = \sqrt{(-5)^2 + 5^2} = 5\sqrt{2}$ N
   $\vec{C}$ = (0, -3), $|\vec{C}|$ = 3N

2) $\vec{A} + \vec{B} + \vec{C}$ = (-1, 4)

2

1)

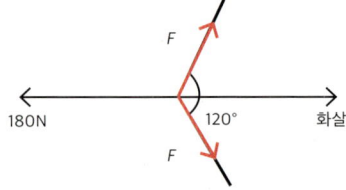

사잇각이 120°인 경우 두 힘의 합력은 F이고, 이 힘이 180N과 평형을 이룬다. 따라서 장력 F = 180N이다.

2) 화살을 잡은 손을 놓는 순간 줄의 장력이 작용하는데 화살에 작용하는 장력의 크기는 점점 작아지다가 화살이 시위를 떠나는 순간 0이 된다. 화살이 시위를 떠나는 순간부터 중력과 공기의 저항력이 작용한다.

조금 더 어려운 문제들도 한번 풀어볼까?

3 A점을 원점으로 하는 3차원 공간을 생각해보자. P방향으로 작용하는 힘을 $\vec{F_1}$, Q방향으로 작용하는 힘을 $\vec{F_2}$, R방향으로 작용하는 힘을 $\vec{F_3}$이라고 하자.

$$\vec{F_1} = \frac{F}{\sqrt{2}}(-1, 0, 1), \quad \vec{F_2} = \frac{F}{\sqrt{2}}(0, 1, 1), \quad \vec{F_3} = \frac{F}{\sqrt{2}}(-1, 1, 0)$$

$$\vec{F_{tot}} = \vec{F_1} + \vec{F_2} + \vec{F_3} = \frac{F}{\sqrt{2}}(-2, 2, 2)$$

$$F_{tot} = \sqrt{6}F$$

따라서 알짜힘의 크기는 $\sqrt{6}F$이다.

4 ① 국궁은 처음에 시위를 당기는데 큰 에너지가 든다. 5cm를 늘이는데 드는 에너지를 비교하면 국궁은 2J, 양궁은 0.5J로 국궁이 약 4배 정도 더 많은 에너지가 필요하다.
② 국궁의 탄성력은 비선형적으로 작용한다.
변위가 5cm일 때 탄성계수가 k = 1,600N/m에서 k = 200N/m로 $\frac{1}{8}$ 작아진다. 양궁의 탄성 계수는 변위가 20cm일 때 약간의 변화가 생기는데, k = 400N/m에서 k = 300N/m로 작아진다.
③ 국궁의 에너지가 양궁의 에너지보다 약 27% 정도 더 크다. 시위를 60cm 늘이는데 필요한 에너지를 계산해 보면 국궁은 81.5J이고, 양궁은 64J이다. 따라서 국궁의 에너지는 양궁에 비해 약 17.5J만큼 크다.(27.3%)

 창의적으로 생각하고 해결하는 문제에도 도전해보자

5
1) ① 진동을 이용하는 방법
- 초보적인 방법 : 용수철 진자의 원리를 이용하여 진자의 질량이 변하면 진동수가 달라지는 효과를 이용한다.

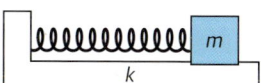

용수철 진자의 주기는 $T = 2\pi\sqrt{\dfrac{m}{k}}$이므로, 일정한 주기로 진동하는 진동자의 질량이 달라지는 경우 주기가 변하기 때문에 주기의 변화를 측정하여 질량을 결정할 수 있다.

- 심화된 방법 : 좀 더 세부적으로 들어가 보면 공진 현상을 이용하는 것이다. 진자에 외부에서 주기적으로 힘을 가할 때 외부에서 걸어주는 힘의 진동수 ω_d와 고유 진동수 ω_0가 일치할 때 진폭이 크게 증가하는 공진 현상이 나타난다. 질량이 m인 진자의 고유 진동수는 $\omega_0 = \sqrt{\dfrac{k}{m}}$이다. m이 $m + \Delta m$으로 증가하면 고유 진동수도 그에 따라 변하게 되는데 그때 공진을 일으키기 위해서 외부에서 걸어주는 진동수가 고유 진동수와 같아야 한다.

$$\omega_d = \sqrt{\dfrac{k}{m + \Delta m}}$$

$m \gg \Delta m$인 경우, $\Delta m \approx 2m(1 - \dfrac{\omega_d}{\omega_0})$이다.

② **낙하운동을 이용하는 방법**
- 공기 중에서 밀가루를 분무하여 입자가 낙하하는 낙하운동을 분석하여 질량을 측정
- 중력과 공기의 저항력을 받고 있으므로 입자의 부피, 단면적, 속도를 측정하여 질량을 분석
- 준비물 : 낙하 실험을 할 수 있는 통, 해상도가 높은 고속 카메라, 조명 장치

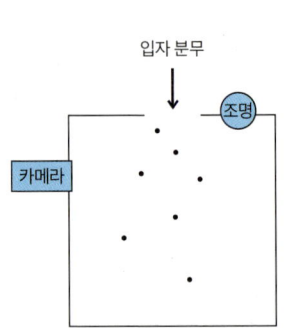

2) ① **진동을 이용하는 방법**
- 초보적인 방법 : 용수철 진자의 원리를 이용하여 진자의 질량이 변하면 진동수가 달라지는 효과를 이용한다.

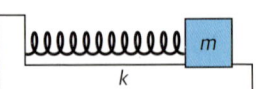

용수철 진자의 주기는 $T = 2\pi\sqrt{\dfrac{m}{k}}$ 이므로, 일정한 주기로 진동하는 진동자의 질량이 달라지는 경우 주기가 변하기 때문에 주기의 변화를 측정하여 질량을 결정할 수 있다.

- 심화된 방법 : 좀 더 세부적으로 들어가 보면 공진 현상을 이용하는 것이다. 진자에 외부에서 주기적으로 힘을 가할 때 외부에서 걸어주는 힘의 진동수 ω_d와 고유 진동수 ω_0가 일치할 때 진폭이 크게 증가하는 공진 현상이 나타난다. 질량이 m인 진자의 고유 진동수는 $\omega_0 = \sqrt{\dfrac{k}{m}}$ 이다. m이 $m + \Delta m$으로 증가하면 고유 진동수도 그에 따라 변하게 되는데 그때 공진을 일으키기 위해서 외부에서 걸어주는 진동수가 고유 진동수와 같아야 한다.

$$\omega_d = \sqrt{\dfrac{k}{m + \Delta m}}$$

$m \gg \Delta m$인 경우, $\Delta m \simeq 2m(1 - \dfrac{\omega_d}{\omega_0})$ 이다.

- 실제로 수정진동자의 표면에 질량 변화가 생기면 수정진동자의 진동 주파수가 변화하고 이 주파수 변화를 측정함으로써 극미량의 질량 변화를 측정할 수 있는 미량수정저울(Quartz Crystal Microbalance)을 제작하는 기술이 있다.

- 원자력 현미경(SPM)의 탐침과 같이 일정한 주기로 진동하는 미세한 탐침에 바이러스가 붙는 경우 탐침의 진동수 변화를 측정하여 질량을 결정할 수도 있다.

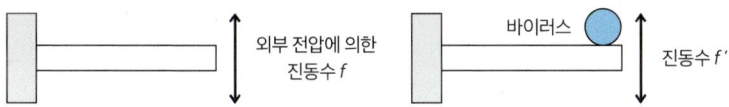

PART 5

 내용을 잘 이해했는지 확인해볼까?

1

1) 운동 제2법칙을 적용하면 $a = \dfrac{F}{m} = \dfrac{50\text{N}}{10\text{kg}} =$ 5m/s² 이다.

2) 처음 속도가 0인 등가속도 운동이므로 $v = at = 5 \times 1 =$ 5m/s 이다.

3) $s = \dfrac{1}{2}at^2 = \dfrac{1}{2} \times 5 \times 1^2 =$ 2.5m

2

1) 0~3초 동안 가속도는 $a = \dfrac{30\text{m/s}}{3\text{s}} = 10\text{m/s}^2$ 이고, 운동 제2법칙에 따라 힘을 구하면
   $F = ma = 2\text{kg} \times 10\text{m/s}^2 =$ 20N이 운동방향으로 작용한다.

2) 3~5초 동안 가속도는 0이므로 알짜힘도 0 이다.

3) 5~7초 동안 가속도는 $a = \dfrac{-30\text{m/s}}{2\text{s}} = -15\text{m/s}^2$ 이고, 물체에 작용하는 알짜힘은
   $F = ma = 2\text{kg} \times (-15\text{m/s}^2) =$ -30N의 힘이 운동 방향의 반대 방향으로 작용한다.

조금 더 어려운 문제들도 한번 풀어볼까?

3

1) 평균 속력은 $\bar{v} = \dfrac{1\text{m}}{2\text{s}} =$ 0.5m/s 이다.

2) 평균 속력은 $\bar{v} = \dfrac{v_i + v_f}{2} = 0.5\text{m/s}$ 이다. $v_f > 0$이면 $v_i < 1\text{m/s}$이므로
   가속도의 최댓값은 $a_{max} = \dfrac{0-1}{2} =$ -0.5m/s² 이다.

3) 물체에 작용하는 힘은 마찰력이므로 $f = \mu mg \leq ma_{max}$ 이다.

따라서 운동 마찰계수는 $\mu = \dfrac{a_{max}}{g} = \boxed{\dfrac{0.5}{9.8}} \sim 0.051$ 이다.

4) 마찰계수가 0.051로 나무판 위에서 미끄러질 때의 0.2에 비해 약 $\dfrac{1}{4}$ 에 불과하므로 물체가 구르는 운동을 할 것으로 추정된다.

 창의적으로 생각하고 해결하는 문제에도 도전해보자

4

1) 뉴턴의 운동 제2법칙 : $ma = F$
   중력의 세기 : $F = mg$
   중력을 받으면서 낙하하는 물체의 운동 방정식 : $ma = mg$
   따라서 낙하하는 물체의 가속도는 $a = g$로 물체의 질량에 전혀 관계가 없다.

2) 물체의 가속을 방해하는 요소인 관성 질량(m_I)과 중력의 세기에 비례하는 요소인 중력질량(m_G)이 같아야만 한다.
   즉, $m_I a = m_G g$에서 $m_I = m_G$인 조건이 만족될 때 $a = g$가 성립한다.

3) 제5의 힘 혹은 반중력과 관련된 다양한 실험들을 조사해 보아야 한다.

PART 6

 내용을 잘 이해했는지 확인해볼까?

1

1)

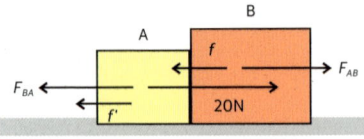

A, B 두 물체 각각에 힘의 평형이 이루어져야 한다.

A : $20 = F_{BA} + f'$ (f': 물체 A와 바닥 사이의 마찰력)

B : $F_{AB} = f$ (f: 물체 B와 바닥 사이의 마찰력)

두 식을 결합하면 $f + f' = 20$으로 물체에 작용하는 외력이 평형을 이루어야 함을 알 수 있다.

2)

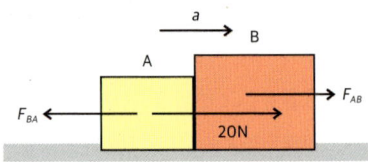

물체 A, B 모두 가속도 a로 운동한다. 따라서 운동 방정식은

$4a = 20 - F_{BA}$

$6a = F_{AB}$ 이고,

가속도를 구하면 $a = 2\text{m/s}^2$이다. 따라서 $F_{AB} = F_{BA} = 12\text{N}$이다.

3)

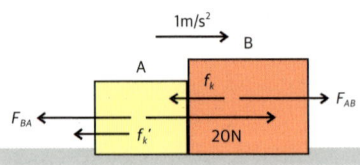

운동 방정식은

$4 \times 1 = 20 - F_{BA} - f'_k$, $f'_k = 4\mu g$

$6 \times 1 = F_{AB} - f_k$, $f_k = 6\mu g$ 이고,

두 식을 연립하여 풀면 $\mu = \dfrac{1}{g}$ 을 구할 수 있다.

따라서 $f_k = 6N$, $f_k' = 4N$, $F_{AB} = F_{BA} = 12N$ 임을 알 수 있다.

2

1) 작용과 반작용 법칙을 적용하여 힘을 표시한다.

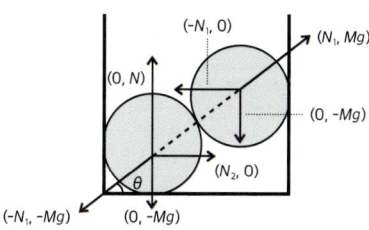

위 구슬에 작용하는 힘들의 평형 : 중력 + 오른쪽 벽이 미는 힘 + 아래 구슬이 미는 힘 = 0

$(0, -Mg) + (-N_1, 0) + (N_1, Mg) = 0$

아래 구슬에 작용하는 힘들의 평형 : 위의 구슬이 미는 힘 + 중력 + 왼쪽 벽이 미는 힘 + 바닥이 미는 힘 = 0

$(-N_1, -Mg) + (0, -Mg) + (N_2, 0) + (0, N) = 0$

$N_1 = N_2$, $N = 2Mg$

2) $\tan\theta = \dfrac{Mg}{N_1}$ 이므로 $N_1 = N_2 = Mg\cot\theta$

3) 구슬이 밑바닥을 누르는 만큼 밑바닥이 구슬을 밀어 올리므로 구슬이 밑바닥을 누르는 힘의 크기는 N이다. 따라서 $N = 2Mg$이다.

3

1) 운동 방정식 : $m_1 a = T - m_1 g$

$m_2 a = m_2 g - T$

2) $a = \dfrac{m_2 - m_1}{m_1 + m_2} g$, $T = 2\dfrac{m_1 m_2}{m_1 + m_2} g$

> 조금 더 어려운 문제들도 한번 풀어볼까?

4

1)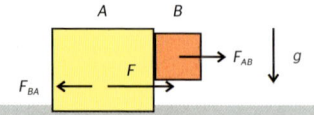

$m_A a = F - F_{BA}$, $m_B a = F_{AB}$

$a = \dfrac{F}{m_A + m_B}$, $F_{AB} = F_{BA} = \dfrac{m_B}{m_A + m_B} F$

2) B의 수직면에 정지해 있으려면 $m_B g = \mu F_{AB}$ 이므로 $m_B g = \mu \dfrac{m_B}{m_A + m_B} F$ 가 된다.

따라서 $F = \dfrac{m_A + m_B}{\mu} g$ 이다.

5

1) ① $ma = N$
   ② $2ma = mg - T$
   ③ $Ma = 2T - N$
   ④ $a = \dfrac{2m}{M + 5m} g$

2) 낙하가속도가 $2a$이므로 $d = \dfrac{1}{2} \times 2a \times t^2$가 성립한다.

따라서 낙하시간은 $t = \sqrt{\dfrac{d}{a}} = \sqrt{\dfrac{(M+5m)d}{2mg}}$ 이다.

창의적으로 생각하고 해결하는 문제에도 도전해보자

6

1) 작용과 반작용 법칙을 응용하여 자석들 사이에 작용하는 힘을 측정한다.

2) ① 셀로판테이프를 이용하여 종이컵을 엎은 상태에서 바닥의 뒷면에 자석을 붙이고, 나무젓가락에도 붙인다.
   ② 스탠드에 클램프를 이용하여 플라스틱 자를 수직으로 세워 고정한다.
   ③ 자석을 붙인 종이컵을 전자저울 위에 놓고 0점을 맞춘다.
   ④ 플라스틱 자를 고정한 스탠드를 전자저울 근처에 위치시킨다.
   ⑤ 나무젓가락과 종이컵의 마주보는 자극이 모두 N 혹은 S극으로 같게 한다.
   ⑥ 나무젓가락의 자석을 종이컵 자석의 연직 위에 위치시킨 다음 거리를 변화시키면서 전자저울의 눈금을 읽는다.

PART 7

 내용을 잘 이해했는지 확인해볼까?

1

1) 아래쪽 방향을 (+)로 잡으면 운동방정식은 $ma = mg$이므로 $a = g$이다.

2) 등가속도 운동에서 이동거리와 시간 사이의 관계는 $s = \frac{1}{2}at^2$이므로 $t = \sqrt{\frac{2s}{a}}$이다.

   따라서 $t = \sqrt{\frac{2H}{g}}$ 이다.

3) $v = at = g\sqrt{\frac{2H}{g}} = \sqrt{2gH}$

2

1) 두 물체가 모두 등가속도 운동을 한다고 가정하면 대포알이 이동한 거리를 s, 낙하한 시간을 t라고 할 때 $s = \frac{1}{2}gt^2$, 쇠구슬의 이동거리는 $s - \Delta s = \frac{1}{2}at^2$이다.
이때 $\Delta s = 10cm$이다.
따라서 $\frac{a}{g} = \frac{s - \Delta s}{s} = 1 - \frac{\Delta s}{s} = 1 - 0.0017 = 0.998$이다.

2) 타당하지 않다. 대포알과 쇠공의 무게가 엄청나게 차이가 남에도 불구하고 낙하가속도의 비가 1에 수렴한다.
위의 경우는 공기의 저항이 있음에도 불구하고 대포알과 쇠구슬이 모두 등가속도 운동을 한다는 가정을 한 결과이다. 물체의 가속도는 물체의 속도에 비례하는 공기 저항에 따라 달라지므로 물체의 무게가 가속도에 영향을 주기는 하지만 비례 관계라고는 볼 수 없다.
즉, 공기 중에서 낙하하는 물체의 이동거리가 질량에 관계되어 있기는 하지만 비례하지는 않는다는 것이다.

3

1) 자유낙하하는데 걸리는 시간은 $t = \sqrt{\frac{2h}{g}}$ 이므로
A에서 발사하는 물체의 수평속도의 크기는 $v_{수평} \geq \frac{s}{t}$ 이어야 한다.

따라서 수평속도 성분의 크기는 $\frac{s}{t} = s\sqrt{\frac{g}{2h}}$ 이상 이어야 한다.

2) 발사하는 물체 A의 초속도는 $\vec{v} = (v_0\cos\theta, v_0\sin\theta)$이고 물체 B는 자유낙하한다.
물체 A가 어떤 시간 t에 수평 방향으로 s의 거리를 통과하고 있다면 $v_0\cos\theta \times t = s$가 성립하고, 물체 A의 수직 방향 위치는 $y = v_0\sin\theta \times t - \frac{1}{2}gt^2$ 이다.
물체 B는 높이 h에서 자유낙하하므로 시각 t일 때 위치는 $(s, h - \frac{1}{2}gt^2)$이다.
시각 t일 때 충돌이 일어나려면 두 물체의 위치가 일치해야 하므로
$v_0\sin\theta \times t = s$
$v_0\sin\theta \times t - \frac{1}{2}gt^2 = h - \frac{1}{2}gt^2$ 이다.

따라서 $v_0\cos\theta \times t = s$, $v_0\sin\theta \times t = h$임을 알 수 있고, 두 식으로부터 $\tan\theta = \dfrac{h}{s}$를 얻을 수 있다. 즉, $v_{수평} \geq \dfrac{s}{t}$이고 발사하기 전에 물체를 겨누기만 하면 물체 A의 속력에 관계없이 물체 A와 B가 충돌한다.

조금 더 어려운 문제들도 한번 풀어볼까?

4 물체가 중력장에서 등가속도 운동을 한다고 가정하고, 포토게이트 1을 통과하는 순간 속도를 v_1, 포토게이트 2를 통과하는 순간 속도를 v_2라고 하자.

$v_2^2 - v_1^2 = -2gd$가 성립하고, 최고점에 도달하는 조건을 써서 v_1과 v_2를 측정할 수 있다.
$v_1 - g(\dfrac{T_1}{2}) = 0$, $v_2 - g(\dfrac{T_2}{2}) = 0$ 이므로 $v_1 = \dfrac{1}{2}gT_1$, $v_2 = \dfrac{1}{2}gT_2$이다.

이 조건을 위의 관계식에 대입하면 $g = \dfrac{8d}{T_1^2 - T_2^2}$를 얻을 수 있다.

창의적으로 생각하고 해결하는 문제에도 도전해보자

5

1) $\Delta P = \rho gh$이므로 $\Delta P = 10^3 \times 10 \times 0.5 (kg \cdot m/s^2)/m^2 = 5 \times 10^3 N/m^2 =$ **38mmHg**

2) 사람의 몸은 지구 중력에 적응되어 있는데 인공위성 내부에는 무중력상태가 되므로 지구에서와 같이 심장이 작동한다면 머리 쪽으로 혈액이 많이 몰리고 심장 아래쪽으로는 혈액이 적게 가게 될 것이다.

3) 머리를 보호하기 위하여 머리 쪽으로 과도하게 몰리는 혈액의 양을 스스로 조절한다. 그에 따라 심장에서 나가는 혈액의 양을 줄이게 된다. 장기적으로 심장의 크기 혹은 능력이 줄어드는 효과가 나타날 것이다.

6

1) **모두 같다.**

    물체가 경사면을 미끄러져 내려갈 때 등가속도 운동을 하므로 가속도와 미끄러져 내려간 거리와 시간과의 관계는 $\frac{1}{2}at^2$이다. 여기서는 직각삼각형을 이루는 세 개의 경사면을 물체가 미끄러져 내려갈 때 경사면이 수직으로 세워져 있으면 세 물체가 미끄러져 내려가는데 걸리는 시간은 같다.

    경사면의 길이를 L, 걸린 시간을 t, 중력가속도를 g라 하면 $L = \frac{1}{2}at^2$이다. 연직선과 이웃한 변이 이루는 각을 θ라 하면 이웃한 변의 길이와 시간 t'의 관계는 $L\cos\theta = \frac{1}{2}g\cos\theta t'^2$이고 마주보는 변의 길이와 시간 t''의 관계는 $L\sin\theta = \frac{1}{2}g\sin\theta t''^2$이므로 $t = t' = t''$이다.

2) 경사면과 E점을 연결하면 **경사면에 대해 직각**을 이룬다.

    1)의 결과를 이용하면 그림처럼 직각삼각형을 이루게 된다. 점 D에서 두 물체를 가만히 놓으면 한 물체가 점 E에 도달하는 순간 다른 한 물체는 경사면에 수직이 되도록 경사면상의 점 G에 도달하게 된다.

    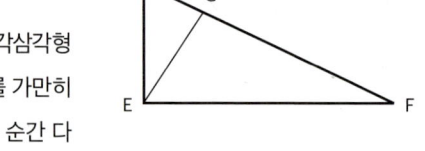

3) 2)의 결과를 이용하여 DE를 지름으로 하는 원을 그려보면 지름에 대한 원주각은 직각이므로 그 원은 점 G를 지난다. 그림과 같이 다양한 경사각을 만드는 경사면을 그려볼 수 있다.

    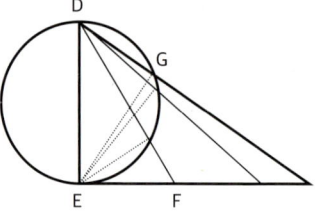

7 ① 스타이로폼 구에 침 핀을 꽂고, 침 핀에 실을 묶은 다음 실을 스탠드의 클램프에 묶는다.

② 역학용 추를 실로 묶은 다음 실을 클램프에 묶는다.

③ 그림과 같이 스타이로폼 구와 역학용 추를
   묶은 실이 접하도록 한다.
④ 접하는 지점을 사인펜으로 표시하고, 구를
   약간씩 돌리면서 접하는 부분을 사인펜으로
   표시한다.
⑤ 스타이로폼 구에 표시된 점들을 직선으로 연
   결한다.

※ 이 외에도 다양한 방법을 쓸 수 있음.

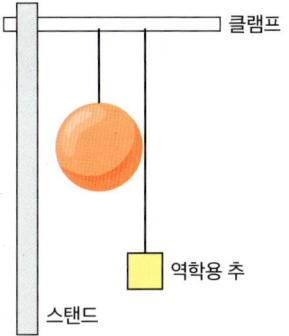

PART 8

 내용을 잘 이해했는지 확인해볼까?

1

1) $mgh = \frac{1}{2}mv^2$을 적용하여 충돌 직전 속력과 충돌 직후 속력을 계산할 수 있다.
충돌 직전 속력 : $v_i = \sqrt{2gh} = \sqrt{2 \times 0.8 \times 10} = 4\text{m/s}$
충돌 직후 속력 : $v_f = \sqrt{2gh} = \sqrt{2 \times 0.45 \times 10} = 3\text{m/s}$
운동량의 변화량 : $\Delta p = p_f - p_i = mv_f - m(-v_i) = m(v_f + v_i) = 1\text{kg} \times 7\text{m/s} = $ **7kg·m/s**

2) 운동량과 충격량의 관계 $F\Delta t = \Delta p$를 적용하면
$F = \frac{\Delta p}{\Delta t} = \frac{7\text{kg·m/s}}{10^{-2}\text{s}} = $ **700N**임을 알 수 있다.

2

1) 운동량 보존법칙 : $mv_0 = (M+m)V$

   나무토막의 속력 : $V = \frac{m}{M+m}v_0$

2) 나무토막이 받은 충격량은 나무토막의 운동량 변화와 같으므로

$F\Delta t = M(V - 0) = \dfrac{Mm}{M+m}v_0$ 이다.

 조금 더 어려운 문제들도 한번 풀어볼까?

3

1) 충돌 직전 두 물체의 속도를 각각 $-v_0$, v_0라고 하면, 운동량 보존법칙과 역학적 에너지 보존법칙을 적용하여 충돌 후 각각의 속도 v_1과 v_2를 구할 수 있다.

$v_1 = \dfrac{3m_2 - m_1}{m_1 + m_2}v_0$, $v_2 = \dfrac{m_2 - 3m_1}{m_1 + m_2}v_0$

m_1이 가장 큰 역학적 에너지를 얻을 조건은 m_2의 역학적 에너지가 0인 경우이므로 $m_2 = 3m_1$이 이에 해당한다. 이 조건을 대입하면 $v_1 = 2v_0$가 되고, 역학적 에너지가 4배가 되므로 올라간 높이는 4h가 된다.

2) m_1이 가장 높이 올라갈 수 있는 경우는 충돌 후에도 m_2의 속도가 달라지지 않는 경우이다. 즉 $m_2 \gg m_1$이어서 충돌 후 m_2의 운동량 변화가 없는 경우이다.
운동량 보존법칙 : $(m_2 - m_1)v_0 = m_1v_1 + m_2v_2$
반발계수 1인 조건 : $2v_0 = v_1 - v_2$ (※ 이 식 대신 역학적 에너지 보존법칙을 사용해도 됨)
두 식을 연립하여 풀면

$v_1 = \dfrac{3m_2 - m_1}{m_1 + m_2}v_0$, $v_2 = \dfrac{m_2 - 3m_1}{m_1 + m_2}v_0$를 얻을 수 있다.

$m_2 \gg m_1$인 경우 $v_1 = 3v_0$이고 $v_2 = v_0$이다. 따라서 m_1은 9h까지 올라갈 수 있다.

4

1) 탄성충돌이므로 운동량 보존법칙과 역학적 에너지 보존법칙을 이용하여 충돌 후의 속도를 계산한다.

A와 B의 충돌 후, $v_A = 3$m/s, $v_B = 9$m/s

B와 C의 충돌 후, $v'_B = -\frac{9}{2}$m/s, $v'_C = \frac{9}{2}$m/s

따라서 C의 속도는 $v'_C = \frac{9}{2}$m/s 이다.

2) B와 충돌한 A가 다시 C와 충돌한 후 다가오는 B와 충돌한다.
   탄성충돌이므로 운동량 보존법칙과 역학적 에너지 보존법칙을 이용하여 충돌 후의 속도를 계산한다.

   $v''_A = -\frac{3}{4}$m/s , $v''_B = \frac{27}{4}$m/s

   따라서 두 번 충돌한 후 B의 속도는 $v''_B = \frac{27}{4}$m/s 이다.

 창의적으로 생각하고 해결하는 문제에도 도전해보자

5

1) 현의 길이를 계산하는 것으로 빗변의 길이가 R이고 꼭지각이 2θ인 이등변 삼각형에서 변의 길이를 계산하는 문제이다.
   $2R\sin\theta$

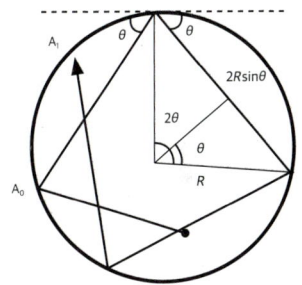

2) A_0부터 A_1까지 N번 충돌하면서 돌아간 각도는 $(N-1) \times 2\theta$이고, 두 점 간의 각도는 $(N-1) \times 2\theta - 2\pi$이므로 호의 길이는
   $\widehat{A_0 A_1} = [2(N-1)\theta - 2\pi]R$이다.

3) $A_n = 2n[(N-1)\theta - \pi] = 2m\pi$이면 닫힌 궤도이고($m, n$은 정수), 그 외는 열린 궤도이다.

PART 9

 내용을 잘 이해했는지 확인해볼까?

1

1) $\omega = \dfrac{2\pi}{T} = 3\text{rad}$ 이므로 $T = \dfrac{2\pi}{3}\text{s}$

2) 구심가속도는 $a = r\omega^2$ 이므로 $a = 2 \times (3)^2 = 18\text{m/s}^2$

2

1) $\omega = \dfrac{2\pi}{T_0}$

2) 회전 반지름이 $l\sin\theta$ 이므로 회전 선속력 $v = \dfrac{2\pi l\sin\theta}{T_0}$ 이다.

3) 구심력 $= T\sin\theta$, $mg = T\cos\theta$

   $\tan\theta = \dfrac{\text{구심력}}{mg}$ 이므로, 구심력은 $mg\tan\theta$ 이고,

   그에 따라 $T = \dfrac{mg}{\cos\theta}$ 이다.

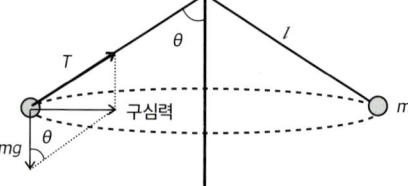

조금 더 어려운 문제들도 한번 풀어볼까?

3

1) $v = R\cos\phi\,\Omega$

2) 만유인력과 지구 표면 수직항력의 알짜힘이 구심력으로 작용한다. 합력은 구심력, 만유인력과 수직항력의 합력이 구심력 역할을 함.

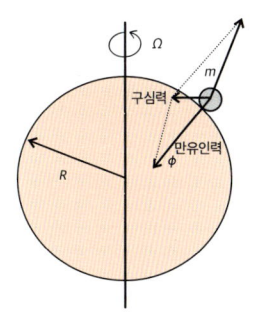

3) 가속되는 물체에 타고 있는 관찰자는 원심력의 작용을 경험한다. 즉, 만유인력, 수직항력, 원심력이 평형을 이룬다. 합력은 만유인력, 원심력, 수직항력의 합력이 0이므로 평형을 이룸. 원심력은 만유인력과 수직항력의 합력과 크기가 같고 정반대 방향임.

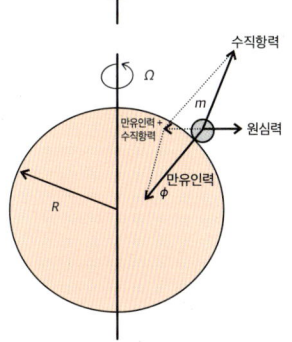

 창의적으로 생각하고 해결하는 문제에도 도전해보자

4

1) P점과 Q점의 x축상 그림자의 합성은 두 위치벡터를 합성한 R점의 그림자와 같다.

※ $X(t) = -2r\sin(\omega t - \frac{\pi}{6})$

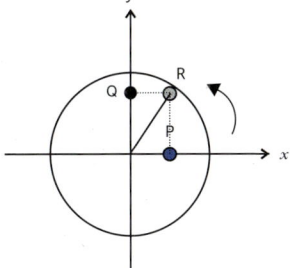

2) 반지름이 r인 작은 원판에 그림과 같이 물체를 고정하고 작은 원판의 중심을 큰 원판의 중심으로부터 $\sqrt{3}r$인 자리에 고정한다. 큰 원판을 일정한 주기로 반시계 방향으로 회전시키면서 그림자의 위치를 기록한다.

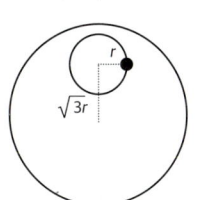

5 ① 실험적으로 참값에 가까운 면적을 구하는 방법을 고안한다.
   ② 도자기의 축과 직각을 이루는 방향으로 직사각형 밴드를 잘라서 붙인다.
   ③ 굴곡이 심한 곳은 밴드의 폭을 작게 조절하여 밴드가 면에 완전히 밀착하도록 한다.
   ④ 각 밴드의 면적을 더하여 총합을 구한다.

PART 10

 내용을 잘 이해했는지 확인해볼까?

1

1) $W = F \cdot S = 200 \times 10 = 2,000J$

2) $W = \frac{1}{2}mv^2$ 이므로 $2,000 = \frac{1}{2} \times 10 \times v^2$ 이어서 $v = 20m/s$ 이다.

2

1) 사람은 위쪽으로 힘을 작용하면서 아래쪽으로 물체를 이동시킨다. 따라서 힘을 작용하는 방향과 이동 방향이 정반대이므로 (-)일을 한다.
   $W_{사람} = -20 \times 2 = -40J$

   중력은 아래쪽 방향으로 계속 작용하고 있으므로 중력은 (+)일을 한다.
   $W_{중력} = 20 \times 2 = 40J$

   사람이 물체에 한 일과 중력이 물체에 한 일이 정확하게 상쇄되기 때문에 물체의 운동 에너지 증가는 없다.

2) 중력은 아래쪽 방향으로 계속 작용하고 있으므로 중력은 (+)일을 한다.
   $W_{중력} = 20 \times 2 = 40J$

중력이 물체에 한 일은 물체의 운동에너지를 증가시킨다.

3 B, C 지점을 통과할 때 속도는 일과 운동에너지의 관계를 이용하여 구할 수 있다.
$W = \frac{1}{2}mv_f^2 - \frac{1}{2}mv_i^2$
B점을 통과하는 속도는 $\frac{1}{2}mv_B^2 = F \cdot d$이므로 $v_B = \sqrt{\frac{2Fd}{m}}$이고, C점을 통과하는 속도는 $\frac{1}{2}mv_C^2 = F \cdot 2d$이므로 $v_C = \sqrt{\frac{4Fd}{m}}$이다. 따라서 $v_C = \sqrt{2}v_B$이다.
그러므로 v_C는 $2v_B$보다 작다.

4

1) 중력과 탄성력이 평형을 이루고 있으므로 $mg = kd$이다.

따라서 $k = \frac{mg}{d}$ 이다.

2) 용수철이 x만큼 늘어날 때의 일은 $W = -\frac{1}{2}kx^2$이다.

따라서 $W = -\frac{1}{2}kd^2 = -\frac{1}{2}\frac{mg}{d}d^2 = -\frac{1}{2}mgd$ 이다.

3) $W_{중력} = mg \cdot d = mgd$

 조금 더 어려운 문제들도 한번 풀어볼까?

5

1) 물체가 일정한 속도로 운동하므로 물체에 작용하는 알짜힘은 0이다.
물체가 빗면 위쪽으로 운동하기 때문에 마찰력은 빗면 아래쪽으로 작용한다.

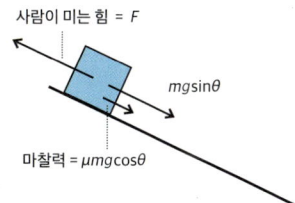

물체에 작용하는 알짜힘은 $F - \mu mg\cos\theta - mg\sin\theta = 0$이다.

따라서 사람이 미는 힘은

$F = mg\sin\theta + \mu mg\cos\theta = 300 \times 10 \times \dfrac{1}{2} + 0.4 \times 300 \times 10 \times \dfrac{\sqrt{3}}{2} =$ 1,500+600$\sqrt{3}$ ~ 2,539.2N 이다.

2) $W_{사람} = F \cdot s = (1,500 + 600\sqrt{3}) \times 4 =$ 10,156.9J

3) $W_{마찰} = -600\sqrt{3} \times 4 =$ -2,400$\sqrt{3}$ ~ -4,156.9N

4) $W_{중력} = -1,500 \times 4 =$ -6,000J

5) $W_{tot} = W_{사람} + W_{마찰} + W_{중력} =$ 0

 창의적으로 생각하고 해결하는 문제에도 도전해보자

6

1) 줄과 용수철 길이 L만큼 자유낙하하므로 $mgL = \dfrac{1}{2}mv_f^2$이다. 따라서 $v = \sqrt{2gL}$이다.

2) 역학적 에너지 보존법칙을 적용하면 용수철이 x만큼 늘어났을 때 운동에너지는

$\dfrac{1}{2}mv^2 = mg(L+x) - \dfrac{1}{2}kx^2$ 이다. 속력을 구하면

$v^2 = 2g(L+x) - \dfrac{k}{m}x^2$

$= -\dfrac{k}{m}(x - \dfrac{mg}{k})^2 + 2gL + \dfrac{m}{k}g^2$ 이다.

따라서 $x = \dfrac{mg}{k}$, 즉 $L + \dfrac{mg}{k}$의 위치를 통과할 때

$v = \sqrt{2gL + \dfrac{m}{k}g^2}$ 의 최대 속력을 갖게 된다.

3) 용수철이 최대로 늘어난 지점에서 속력은 0이므로 $v^2 = 2g(L+x) - \frac{k}{m}x^2 = 0$이다.
$x = \frac{mg}{k}(1+\sqrt{1+\frac{2kL}{mg}})$이고 줄과 용수철의 길이를 고려하면 점프대의 최소 높이는

$L + \frac{mg}{k}(1+\sqrt{1+\frac{2kL}{mg}})$ 이어야 한다.

PART 11

 내용을 잘 이해했는지 확인해볼까?

1 역학적 에너지 보존법칙을 적용하면 바닥에 도달하는 순간 a, b, c의 속력은 모두 같다.

2

1) 꼭대기에서 구심력이 중력보다 크면 아래로 떨어지지 않는다. $\frac{mv^2}{r} = mg$이므로, 그 점에서 물체의 역학적 에너지 $E = \frac{1}{2}mv^2 + mg(2r) = \frac{5}{2}mgr$이다.

따라서 물체는 최소한 $h = \frac{5}{2}r$ 에서 출발해야 한다.

2) 물체를 $2h$에서 놓을 때 원형 고리의 바닥을 통과하는 속력은 $\frac{1}{2}mv^2 = 2mgh$이고, 그 지점의 구심력은 $\frac{mv^2}{r} = \frac{4mgh}{r}$이다. 그런데 구심력은 바닥의 수직항력과 중력의 합성에 의하여 발생하므로 $\frac{4mgh}{r} = N - mg$이다.
따라서 수직항력은 $N = mg + \frac{4mgh}{r}$이다.
만일 $h = \frac{5r}{2}$이라고 하면 $N = 11mg$이다.

3) 물체를 $2h$에서 놓을 때 원형 꼭대기를 통과하는 속력은
$\frac{1}{2}mv^2 + mg(2r) = 2mgh$이다.
그 지점에서의 구심력은 $\frac{mv^2}{r} = \frac{4mg(h-r)}{r}$이다.
꼭대기의 구심력은 중력과 수직항력의 합성에 의해서 발생한다.

즉, $\dfrac{mv^2}{r} = \dfrac{4mg(h-r)}{r} = mg + N$. 따라서 $N = \dfrac{4mg(h-r)}{r} - mg$이다.

$h = \dfrac{5r}{2}$인 경우, $N = 5mg$이다.

4) 물체가 등속 직선 운동하므로 작용하는 중력과 수직항력은 상쇄되어야 한다. 따라서 수직항력의 크기는 $N = mg$이다.

3 x_0로 압축하여 발사할 때 속도는 $\dfrac{1}{2}kx_0^2 = \dfrac{1}{2}mv_0^2$으로부터 구할 수 있다.
$v_0 = \sqrt{\dfrac{k}{m}}\,x_0$이고, 이 속도를 발사했을 때 지면에 도달하는 시간을 t_0라고 하면
$v_0 t_0 = D - d$이다. 여기서 물체가 낙하하는데 걸리는 시간 t_0를 구하면
$t_0 = \sqrt{\dfrac{m}{k}}\,\dfrac{D-d}{x_0}$ 임을 알 수 있다.
이제 용수철을 x만큼 압축하여 발사할 때, 상자가 있는 곳에 명중한다고 하면
$\dfrac{1}{2}kx^2 = \dfrac{1}{2}mv^2$에서 $v = \sqrt{\dfrac{k}{m}}\,x$를 구할 수 있고, $vt_0 = D$이므로 $vt_0 = \dfrac{D-d}{x_0}x = D$이다.

따라서 $x = \dfrac{D}{D-d}x_0$ 이다.

4 원의 맨 꼭대기에서 떨어지지 않을 조건은 구심력이 최소한 중력과 같아야 한다.
즉, $\dfrac{mv^2}{R} = mg$이다. 따라서 그 지점의 역학적 에너지는 $E = \dfrac{1}{2}mv^2 + 2mgR = \dfrac{5}{2}mgR$이고
역학적 에너지 보존법칙을 고려하면 $mgL \geq \dfrac{5}{2}mgR$을 만족해야 한다.

따라서 $L \geq \dfrac{5}{2}R$ 이어야 한다.

우수문제 조금 더 어려운 문제들도 한번 풀어볼까?

5

1) 역학적 에너지 보존법칙을 적용하면
$\dfrac{1}{2}mv_0^2 + mgh = \dfrac{1}{2}mv^2 + mgh' + \dfrac{1}{2}kx^2$

$$\frac{1}{2} \times 3 \times 2^2 + 3 \times 10 \times 0.8 = \frac{3}{2}v^2 + 3 \times 10 \times 0.3 + \frac{1}{2} \times 2000 \times 0.1^2$$

$v^2 = \frac{2}{3}[30 - 19] \approx 7.33$이고,

따라서 $v \sim 2.71 m/s$

2) 역학적 에너지 보존법칙을 적용하면 물체가 0.8m를 통과하는 순간의 속력으로 반대 방향으로 올라갈 것이기 때문에 금속 도막이 도달하는 최고점은
$y_f = y_i + \frac{v_0^2}{2g} = 0.8m + \frac{2^2}{20} = 1.0m$이다.

 창의적으로 생각하고 해결하는 문제에도 도전해보자

6

1)

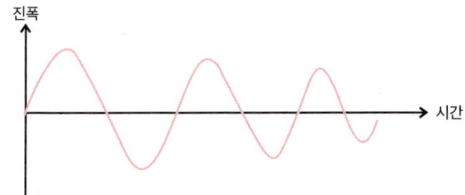

전자기 유도 현상에 의해 회로에 전류가 흘러서 LED에서 에너지가 소모되므로 진폭이 점점 줄어들고 주기도 짧아진다.

2) 진자가 진동하는 동안 소모되는 에너지를 공급하여 진폭이 일정하게 유지되도록 한다. 용수철을 지지하고 있는 지지대를 진자의 진동 주기와 위상을 고려하여 적절하게 진동시켜 에너지를 공급한다.

7 n번째 선분의 개수는 2^n개이고, 선분 하나의 길이는 $(\frac{1}{3})^n$이므로
총 길이는 $2^n \times (\frac{1}{3})^n = (\frac{2}{3})^n$이다.
무한히 반복하는 경우는 $n \to \infty$에 해당하므로, 총길이는 $(\frac{2}{3})^\infty \to 0$이므로 **0**이다.

PART 12

 내용을 잘 이해했는지 확인해볼까?

1 $F = \dfrac{GMm}{r^2} = \dfrac{6.67 \times 10^{-11} \times 5.98 \times 10^{24} \times 2 \times 10^3}{(2 \times 6.38 \times 10^6)^2} \simeq 4.9 \times 10^3 \text{N}$

지구 표면에서 약 500kg의 무게 정도에 해당한다.

2

1) 물체가 반지름 r인 지점을 통과할 때 받게 되는 만유인력은
   반지름이 r인 구의 질량에 의한 힘이다.
   (반지름이 r보다 큰 영역에 있는 부분의 만유인력은 서로 상쇄되어 0이 된다.)
   $F = \dfrac{GM(r)m}{r^2}$ 인데, $M(r) = \dfrac{4}{3}\rho r^3 = M\dfrac{r^3}{R^3}$ 이므로 이것을 대입하면
   $F = \dfrac{GMmr}{R^3}$ 을 얻을 수 있다.

2) 물체가 터널을 따라 직선 운동하므로 운동방정식을 쓰면
   $ma = -\dfrac{GMm}{R^3}r$ 이다. 가속도를 구하면 $a = -\dfrac{GM}{R^3}r$ 인데
   용수철 진자의 운동 방정식 $a = -\omega^2 x$ 와 비교해보면 $\dfrac{GM}{R^3} = \omega^2$ 임을 알 수 있다.

   따라서 진동 주기는 $T = \dfrac{2\pi}{\omega} = 2\pi\sqrt{\dfrac{R^3}{GM}}$ 이다.

3) 원운동을 하면 구심력이 만유인력이므로 $\dfrac{mv^2}{R} = \dfrac{GMm}{R^2}$ 이다.
   따라서 속력은 $v = \sqrt{\dfrac{GM}{R}}$ 이다.
   한 바퀴를 도는데 걸리는 시간을 T라고 하면 $T = \dfrac{2\pi R}{v} = \dfrac{2\pi R}{\sqrt{\dfrac{GM}{R}}} = 2\pi\sqrt{\dfrac{R^3}{GM}}$ 이다.

   따라서 A의 진동 주기와 B의 한 바퀴 도는 데 걸리는 시간은 같다.

응용문제 조금 더 어려운 문제들도 한번 풀어볼까?

3

1) $a_g = \dfrac{GM}{r_0^2} = \dfrac{GM}{(1.001R_h)^2} = \dfrac{GM}{R_h^2}(1+0.001)^{-2} \simeq \dfrac{GM}{R_h^2}(1-0.002) = \boxed{\dfrac{c^4}{4GM}(1-0.002)}$

2) 블랙홀 질량이 증가하면 r_0에서 가속도는 감소한다.
   질량이 증가하면 R_h가 증가하기 때문이다.

3) 발 부근에 있는 입자의 가속도 : $a_g = \dfrac{GM}{r_0^2}$

   머리 부근에 있는 입자의 가속도 : $a'_g = \dfrac{GM}{(r_0+d)^2} = \dfrac{GM}{r_0^2}(1+\dfrac{d}{r_0})^{-2} \simeq \dfrac{GM}{r_0^2} - \dfrac{2GM}{r_0^3}d$

   발과 머리 사이의 끌어당기는 힘의 차이 : $\Delta F = \rho(a_g - a'_g) \simeq \dfrac{2GM\rho}{r_0^3}d$

   예를 들어 태양 정도의 질량을 갖는 블랙홀에서 작용하는 힘을 계산해 보자.

   $M = M_{sun} = 2\times 10^{30}\text{kg}, R_h = \dfrac{2\times 6.67\times 10^{-11}\times 2\times 10^{30}}{(3\times 10^8)^2} \simeq 3\times 10^3\text{m}$

   $\dfrac{\Delta F}{\rho} = \dfrac{2\times 6.67\times 10^{-11}\times 2\times 10^{30}\times 1}{(3\times 10^3)^3} \simeq 9.8\times 10^9 \text{m/s}^2$

   즉 머리와 다리 부분의 1kg에 작용하는 중력차이는 $\boxed{약\ 10^{10}\text{N}}$이다.

4) 우주비행사 뿐만 아니라 우주선 자체가 감당할 수 없다.

 창의적으로 생각하고 해결하는 문제에도 도전해보자

4 이륙 직후에 작동하는 것이 유리하다.

에너지적 측면에서 보면 주엔진의 작동이 멈출 때 보조 탱크가 작동하는 경우, 보조 탱크를 그 높이까지 올리는 에너지가 추가로 소모된다. 따라서 발사 직후 보조 엔진을 작동하는 것이 양적으로 보면 더 유리하다.(물론 실제로는 다양한 변수를 조정해야 하므로 다를 수 있음.)

초판 1쇄 발행 2023년 7월 20일

지은이 신학수, 남철주
펴낸이 박 용
기획·구성 이지은
편집부 권미형, 주혜원, 장주은
편집·디자인 씨오디
캐릭터·삽화 백용원

펴낸곳 도서출판 세화
출판등록 1978년 12월 26일 (제 1-338호)
주 소 경기도 파주시 회동길 325-22(서패동 469-2)
영업부 (031)955-9331~2 편집부 (031)955-9333
팩 스 (031)955-9334
홈페이지 www.sehwapub.co.kr
이메일 sehwa3142@naver.com

ISBN 978-89-317-1212-4 (03420)
ⓒ 신학수, 남철주 2023

- 책값은 뒤표지에 있습니다. 잘못된 책은 구입하신 곳에서 바꿔드립니다.
- 이 책의 내용은 저작권법의 보호를 받는 저작물이므로 무단 전재와 무단 복제를 금합니다.